山東省珍貴古籍名錄

（第一批）

山東省圖書館
山東省古籍保護中心 編

齊魯書社

《山東省珍貴古籍名錄(第一批)》編纂委員會

山东省人民政府

鲁政字〔2009〕72号

山东省人民政府
关于同意公布第一批山东省珍贵古籍名录和山东省古籍重点保护单位的批复

省文化厅：

你厅《关于公布第一批“山东省珍贵古籍名录”和“山东省古籍重点保护单位”的请示》（鲁文群〔2009〕7号）收悉。经研究，同意将3810种古籍列为第一批山东省珍贵古籍名录，将24个单位列为第一批山东省古籍重点保护单位。请以你厅名义按照有关规定向全省公布。

保护和利用好我省丰富的珍贵文献典籍，对于继承和发扬齐鲁优秀文化传统、建设社会主义核心价值体系具有重要意义。要以第一批珍贵古籍名录和古籍重点保护单位的公布为契机，加强科学规划，加大工作力度，切实做好古籍保护工作，为建设经济文化强省作出贡献。

山东省人民政府

二○○九年四月二十一日

主题词：文化　古籍　保护　批复

抄送：各市人民政府，省政府各部门、各直属机构，各大企业，各高等院校。省委各部门，省人大常委会办公厅，省政协办公厅。

山东省人民政府办公厅　　　　2009 年 4 月 22 日印发

前　言

山東乃孔孟桑梓，禮儀之邦，典籍浩瀚，亟需保護。2007年1月，在“中華古籍保護計劃”正式實施後，我省行動迅速，於是年10月下發了《山東省人民政府辦公廳關於進一步加強古籍保護工作的意見》，並於2008年4月9日成立“山東省古籍保護中心”，負責指導全省古籍保護工作。2008年5月14日，為貫徹落實省政府的意見要求，山東省文化廳下發通知，決定開展第一批“山東省古籍重點保護單位”和《山東省珍貴古籍名錄》的申報評审工作。接到《通知》後，各公共圖書館、博物館、大學圖書館和古籍收藏者申報非常踴躍，省古籍保護中心共收到申報第一批“山東省古籍重點保護單位”材料30份，收到來自81家單位或個人申報第一批《山東省珍貴古籍名錄》材料10358件。此後，在全省古籍收藏單位、專家學者和廳際聯席會議單位的共同努力下，經數據整理、专家初評、終審等一系列嚴格周密的程序，共有24家單位達到第一批“山東省古籍重點保護單位”評審條件，3810部古籍符合第一批《山東省珍貴古籍名錄》評審標準。在向社會公示後，2009年4月21日，山東省人民政府批准山東省圖書館、山東大學圖書館、山東省博物館等24家古籍收藏單位為第一批“山東省古籍重點保護單位”，漢簡《孫臏兵法》、《趙秉忠狀元卷》、宋刻《萬卷菁華》等3810部珍貴古籍入選第一批《山東省珍貴古籍名錄》。

爲了繼承和弘揚齊魯文化的優秀傳統，推動全社會關心、參與全省古籍保護工作，我們組織編輯了這部《山東省珍貴古籍名錄（第一批）》，以期社會各方面對我省的古籍保護工作有更多的瞭解，並自覺地關心、支持和參與古籍保護，為建設文化強省貢獻一份力量。

這次評選工作，得到了全省各級領導、各公共圖書館、博物館、高校圖書館及其他古籍收藏單位和古籍愛好者的鼎力支持，特别是周晶、陳乃華、郭君雙、李劍鋒、劉心明、周洪才、楊利民、王之厚、王恒柱、普武勝等專家，一併致以謝忱！

目录

先秦兩漢時期

第 0001　晏子　西漢　竹簡　山東臨沂銀雀山 1 号漢墓　山東省博物館

第 0002　唐勒　西漢　竹簡　山東臨沂銀雀山 1 号漢墓　山東省博物館

第 0003　孫子兵法　西漢　竹簡　山東臨沂銀雀山 1 号漢墓　山東省博物館

第 0004　孫臏兵法　西漢　竹簡　山東臨沂銀雀山 1 号漢墓　山東省博物館

第 0005　六韜　西漢　竹簡　山東臨沂銀雀山 1 号漢墓　山東省博物館

第 0006　守法守令十三篇　西漢　竹簡　山東臨沂銀雀山 1 号漢墓　山東省博物館

第 0007　尉繚子　西漢　竹簡　山東臨沂銀雀山 1 号漢墓　山東省博物館

第 0008　地典　西漢　竹簡　山東臨沂銀雀山 1 号漢墓　山東省博物館

第 0009　天地八風五行客主五音之居　西漢　竹簡　山東臨沂銀雀山 1 号漢墓　山東省博物館

第 0010　占書　西漢　竹簡　山東臨沂銀雀山 1 号漢墓　山東省博物館

第 0011　元光元年曆譜　西漢　竹簡　山東臨沂銀雀山 2 号漢墓　山東省博物館

魏晋南北朝隋唐五代時期

第 0012　十方千五百佛名經一卷　大魏三年寫本　山東省博物館

第 0013　妙法蓮華經卷五　(後秦)釋鳩摩羅什譯　唐垂拱四年(688)寫本　山東省博物館

第 0014　大方等大集經無盡意菩薩品第二　(北凉)釋曇無讖等譯　唐寫本　山東省圖書館

第 0015　思益梵天所問經卷三　(後秦)釋鳩摩羅什譯　唐寫本　山東省圖書館

第 0016　金光明最勝王經卷七　(唐)釋義净譯　吐蕃統治敦煌時期寫本　山東省博物館

宋遼夏金元時期

第 0017 三國志六十五卷 (晉)陳壽撰(劉宋)裴松之注 宋衢州州學刻元明遞修本(卷三十一至四十一有鈔配) 青島市博物館

第 0018 宋書一百卷 (梁)沈約撰 宋刻宋元明遞修本 山東師範大學圖書館 存 66 卷:缺本紀卷 6–10,志卷 9–17、卷 20–23、卷 26–27,列傳卷 25–28、卷 38–44、卷 58–60

第 0019 魏書一百十四卷 (北齊)魏收撰 宋刻宋元明遞修本(張鏡夫跋) 青島市博物館 存 114 卷:卷 1–114

第 0020 資治通鑑綱目五十九卷 (宋)朱熹撰 宋刻本 山東省博物館 存 4 卷:卷 50–52、卷 55

第 0021 通鑑紀事本末四十二卷 (宋)袁樞撰 宋淳熙二年(1175)嚴陵郡庠刻遞修本 山東省博物館 存 3 卷:卷 4、卷 13、卷 20

第 0022 通鑑紀事本末四十二卷 (宋)袁樞撰 宋寶祐五年(1257)趙與篙刻元明遞修本 山東省圖書館

第 0023 通鑑紀事本末四十二卷 (宋)袁樞撰 宋寶祐五年(1257)趙與篙刻元明遞修本 濟寧市圖書館 存 40 卷:卷 1–10、卷 12–14、卷 16–42

第 0024 通鑑紀事本末四十二卷 (宋)袁樞撰 宋寶祐五年(1257)趙與篙刻元明遞修本 山東省博物館 存 1 卷:卷 29

第 0025 開元釋教錄二十卷 (唐)釋智升撰 南宋刻本 山東大學圖書館 存 1 卷

第 0026 西山讀書記乙集下二十二卷 (宋)眞德秀撰 宋開慶元年(1259)福州官刻元修本 山東省圖書館 存 2 卷:卷 15–16

第 0027 西山先生眞文忠公讀書記乙集上大學衍義 (宋)眞德秀撰 宋開慶元年(1259)福州官刻元修本 山東省博物館 存 1 卷:卷 43

第 0028 西山先生眞文忠公讀書記甲集三十七卷丁集二卷 (宋)眞德秀撰 宋福州學官刻元明遞修本 乙集下二十二卷(宋)眞德秀撰 宋開慶元年(1259)福州官刻元明遞修本 山東省博物館 存 27 卷:甲集卷 1–2、卷 8–28,丁集二卷,乙集下卷 11–12

第 0029 慈溪黃氏日抄分類九十七卷 (宋)黃震撰 宋紹定二年(1229)積德堂刻元至元重修本 山東省博物館 存 24 卷:卷 4–5、卷 12–13、卷 17、卷 19、卷 25–26、卷 29、卷 34–38、卷 71–78、卷 94、卷 96(每卷不全)

第 0030 皇朝仕學規範四十卷 (宋)張鎡輯 宋刻本 曲阜市文物管理局孔府文物檔案館

第 0031 太學新增合璧聯珠萬卷菁華前集六十卷 (宋)李昭玘輯 後集八十卷(宋)李似之輯 宋刻

本(目錄第一葉、卷七第一葉、第八至第九葉、卷九第十三葉、卷十二至卷二十四有鈔配) 山東省圖書館

第 0032 妙法蓮華經七卷 (後秦)釋鳩摩羅什譯 宋慶曆二年(1042)杭州晏家刻本 山東省博物館

第 0033 妙法蓮華經七卷 (後秦)釋鳩摩羅什譯 宋慶曆四年(1044)寫本(卷一明洪熙元年修補) 即墨市博物館 胶州市博物館

第 0034 妙法蓮華經七卷 (後秦)釋鳩摩羅什譯 宋嘉祐五年(1060)杭州錢家刻本 山東省博物館

第 0035 妙法蓮華經七卷 (後秦)釋鳩摩羅什譯 宋嘉祐八年(1063)杭州錢家刻本 山東省博物館

第 0036 妙法蓮華經七卷 (後秦)釋鳩摩羅什譯 宋熙寧元年(1068)杭州晏家刻本 山東省博物館 存 6 卷:卷 1–2、卷 4–7

第 0037 妙法蓮華經七卷 (後秦)釋鳩摩羅什譯 宋熙寧二年(1069)刻本 山東省博物館

第 0038 一切如來心秘密全身舍利寶篋印陀羅尼經一卷 (唐)釋不空譯 北宋寫本 山東省博物館

第 0039 大方廣佛華嚴經合論一百二十卷 (唐)李通玄造論(唐)釋志寧合論 宋紹聖三年(1096)刻福州東禪等覺禪院崇寧萬壽大藏經本 山東省博物館 存 1 卷:卷 118

第 0040 臨川先生文集一百卷目錄二卷 (宋)王安石撰 宋紹興二十一年(1151)兩浙西路轉運司王珏刻元明遞修本 山東省圖書館

第 0041 臨川先生文集一百卷目錄二卷 (宋)王安石撰 宋紹興二十一年(1151)兩浙西路轉運司王珏刻元明遞修本 青島市博物館

第 0042 晦菴先生文集一百卷目錄二卷 (宋)朱熹撰 宋刻本 山東省博物館 存 25 卷(每卷不全)

第 0043 晦庵先生朱文公文集一百卷目錄二卷續集十一卷別集十卷 (宋)朱熹撰 宋咸淳元年(1265)建安書院刻宋元明遞修本 青島市博物館 存 1 卷:卷 2

第 0044 文選六十卷 (梁)蕭統輯(唐)李善、吕延濟、劉良、張銑、吕向、李周翰注 宋贛州州學刻宋元明遞修本 山東省博物館 存 2 卷:卷 56、卷 59

第 0045 文選六十卷 (梁)蕭統輯(唐)李善、吕延濟、劉良、張銑、吕向、李周翰注 宋贛州州學刻宋元明遞修本(清王懿榮跋,王崇煥、王獻唐跋) 山東省圖書館 存 3 卷:卷 12–13、卷 42

第 0046 皇朝文鑑一百五十卷目錄三卷 (宋)吕祖謙輯 宋嘉泰四年(1204)新安郡齋刻本 山東省博物館 存 10 卷:卷 23–29、卷 77–79

第 0047 易學啓蒙通釋二卷 (宋)胡方平撰 元至正二十九年(1292)熊禾武夷書室刻明修本 山東省博物館

第 0048 周易經傳集程朱解附錄纂註十四卷朱子易圖附錄纂註一卷朱子啓蒙五贊附錄纂註一卷朱子筮儀附錄纂註一卷 (元)董真卿撰 元刻本 山東省圖書館

第 0049 周易經傳集程朱解附錄纂註十四卷朱子易圖附錄纂註一卷朱子啓蒙五贊附錄纂註一卷朱子筮儀附錄纂註一卷 (元)董真卿撰 元刻本 曲阜市文物管理局孔府文物檔案館

第 0050 周易本義集成十二卷 (元)熊良輔撰 元刻本 山東省圖書館 存 7 卷:卷 6–12

第 0051 朱子訂定蔡氏書集傳六卷 (元)董鼎輯錄纂注 元刻本 山東省博物館

第 0052 附釋音周禮註疏四十二卷 (漢)鄭玄注(唐)賈公彦等疏(唐)陸德明釋文 元刻明修本 山東省圖書館

第 0053 附釋音周禮註疏四十二卷 (漢)鄭玄注(唐)賈公彦等疏(唐)陸德明釋文 元刻明修本 山東省博物館 存 39 卷:卷 1-6、卷 10-42

第 0054 儀禮集説十七卷 (元)敖繼公撰 元大德刻明修本(王獻唐跋) 山東省博物館 存 12 卷:卷 1-12

第 0055 禮書一百五十卷 (宋)陳祥道撰 元至正七年(1347)福州路儒學刻明修本(有十四卷鈔配) 通禮 山東省博物館

第 0056 樂書二百卷目錄二十卷 (宋)陳暘撰 元至正七年(1347)福州路儒學刻明修本 山東省博物館 存 28 卷:卷 25-27、卷 30-35、卷 76-77、卷 120-125、卷 183-193(每卷不全)

第 0057 增入音注括例始末胡文定公春秋傳三十卷 (宋)胡安國撰(宋)林堯叟標注 春秋名號歸一圖(蜀)馮繼先撰 經傳始見諸國圖一卷東坡春秋列國圖説二卷列國興廢一卷氏族二卷 元初刻本 山東省博物館

第 0058 四書章圖纂釋二十卷 (元)程復心撰 元刻本 山東省博物館 存中庸章句章圖纂釋 45 葉

第 0059 四書輯釋三十六卷 元至正二年 (1342) 日新書堂刻本 蓬萊市文化局慕湘藏書館 存 2 卷:大學一卷、中庸一卷

第 0060 四書集注二十一卷 (宋)朱熹撰 元至正二十二年(1362)沈氏尚德堂刻本 山東省博物館

第 0061 廣韻五卷 (宋)陳彭年等撰 元刻本 山東省圖書館

第 0062 古今韻會舉要三十卷禮部韻略七音三十六母通攷一卷 (元)熊忠撰 元刻明修本(有鈔配) 山東大學圖書館

第 0063 韻書二卷免疑雜字一卷 元鈔本 山東省博物館

第 0064 通志二百卷 (宋)鄭樵撰 元大德三山郡庠刻元明遞修本 山東省圖書館

第 0065 通志二百卷 (宋)鄭樵撰 元大德三山郡庠刻元明遞修本 山東省圖書館 存 179 卷:卷 1-10、卷 13-39、卷 42-54、卷 57-70、卷 74-83、卷 85-86、卷 88-101、卷 103-107、卷 109-114、卷 116-132、卷 134-149、卷 151-154、卷 156-184、卷 187-190、卷 193-200

第 0066 通志二百卷 (宋)鄭樵撰 元大德三山郡庠刻元明遞修本 山東省圖書館 存 163 卷:卷 1-9、卷 11-50、卷 55-68、卷 74-84、卷 86-87、卷 90-93、卷 96-107、卷 109-110、卷 113-143、卷 146、卷 148-150、卷 153-159、卷 161-163、卷 167、卷 173-181、卷 183-190、卷 194-197、卷 199-200

第 0067 北史一百卷 (唐) 李延壽撰 元大德信州路儒學刻明嘉靖遞修本 山東省博物館 存 3 卷:卷 17-19

第 0068 五代史記七十四卷 (宋)歐陽修撰(宋)徐無黨注 元宗文書院刻明修本 山東大學圖書館

第 0069 漢書一百卷 (漢)班固撰(唐)顔師古注 元大德九年(1305)太平路儒學刻明成化、正德遞修本(有鈔配) 山東省博物館

第 0070 後漢書九十卷 (劉宋)范曄撰(唐)李賢注 志三十卷(晉)司馬彪撰(梁)劉昭注 元大德九年(1305)寧國路儒學刻明遞修本 山東省圖書館

第 0071 三國志六十五卷 (晉)陳壽撰(劉宋)裴松之注 元大德十年(1306)池州路學刻明嘉靖、萬曆南京國子監遞修本 山東省圖書館

第 0072 隋書八十五卷 (唐)魏徵等撰 元大德饒州路儒學刻明正德、嘉靖遞修本 山東省圖書館

第 0073 隋書八十五卷 (唐)魏徵等撰 元大德饒州路儒學刻明正德、嘉靖遞修本 山東省圖書館

第 0074 隋書八十五卷 (唐)魏徵等撰 元大德饒州路儒學刻明正德、嘉靖遞修本 曲阜市文物管理局孔府文物檔案館 存 19 卷:卷 1–19

第 0075 唐書二百二十五卷 (宋)歐陽修、宋祁等撰 元大德九年(1305)建康路儒學刻明成化、弘治、嘉靖、萬曆、崇禎南京國子監遞修本 山東省圖書館

第 0076 唐書二百二十五卷 (宋)歐陽修、宋祁等撰 唐書釋音二十五卷 (宋)董衝撰 元大德九年(1305)建康路儒學刻明清遞修本 山東省圖書館

第 0077 少微家塾點校附音通鑑節要五十六卷外紀四卷 (宋)江贄撰 元至治元年(1321)趙氏鍾秀家塾刻本 山東省博物館

第 0078 通鑑續編二十四卷 (明)陳桱撰 元至正二十一年(1361)顧逖刻明修本(清于廉基跋) 山東省圖書館 存 2 卷:卷 21–22

第 0079 增入名儒講義續宋資治通鑑長編□□卷 元刻本 山東省博物館 存 1 卷:卷 34(不全)

第 0080 續資治通鑑前集十八卷 (題宋)李燾撰 後集十五卷(宋)劉時舉撰 元雲衢張氏刻本 青島市博物館 存 2 卷:前集卷 10–11

第 0081 戰國策十卷 (宋)鮑彪校注(元)吳師道補正 元至正二十五年(1365)平江路儒學刻明修本(卷一至卷三配清鈔本) 山東省博物館

第 0082 註陸宣公奏議十五卷 (唐)陸贄撰(宋)郎曄注 元至正十四年(1354)劉氏翠巖精舍刻本 山東省圖書館

第 0083 忠惠咸陽王賽氏家傳不分卷 (元)番東明(清)賽宣、賽灼等輯 元大德三年至清光緒八年(1299—1882)寫本 山東省博物館

第 0084 至大重修宣和博古圖錄三十卷 (宋)王黼等撰 元刻明修本 山東省博物館

第 0085 十七史纂古今通要十七卷 (元)胡一桂撰 史纂通要後集三卷(元)董鼎撰 元刻本 山東省博物館 存 2 卷:卷 16–17

第 0086 纂圖互註揚子法言十卷 (漢)揚雄撰(晉)李軌(唐)柳宗元(宋)宋咸、吳秘、司馬光注 元刻本 濟南市圖書館

第 0087 經史證類大觀本草三十一卷 (宋)唐慎微撰 本草衍義二十卷(宋)寇宗奭撰 元大德六年(1302 年)宗文書院刻明重修本 青島市博物館 存 29 卷:卷 1、卷 3–30

第 0088 圖繪寶鑑五卷補遺一卷 (元)夏文彥撰 元至正二十六年(1366)刻本(王獻唐批校) 山東省博物館

第 0089 呂氏春秋二十六卷 (漢)高誘注 元至正嘉興路儒學刻本(卷十四第五、六、十一、十二葉,卷十七第十三葉,卷十五第一、十七葉,卷十八第九、二十葉的下半葉,卷十九第六、七葉的下半葉,卷二十第三、四葉等補配) 山東省博物館

第 0090 白虎通德論十卷 (漢)班固撰 元大德九年(1305)無錫州學刻明修本 山東省博物館

第 0091 山堂先生羣書考索前集六十六卷後集六十五卷續集五十六卷別集二十五卷 (宋)章如愚輯 元延祐七年(1320)圓沙書院刻本 山東省博物館 存 17 卷:卷 3–9、卷 12–21

第 0092 玉海二百卷辭學指南四卷詩考一卷詩地理考六卷漢藝文志考證十卷通鑑地理通釋十四卷漢制考四卷踐阼篇集解一卷周易鄭康成注一卷姓氏急就篇二卷急就篇補注四卷周書王會補注一卷小學紺珠

十卷六經天文篇二卷通鑑答問五卷　(宋)王應麟撰　元至元六年(1340)慶元路儒學刻元明遞修本　山東省博物館　存84卷:卷1-3、卷52-79、卷103-105、卷109-110、卷115-151、卷181-183、卷187-192、卷195-196

第0093　玉海二百卷辭學指南四卷詩考一卷詩地理考六卷漢藝文志考證十卷通鑑地理通釋十四卷漢制考四卷踐阼篇集解一卷周易鄭康成注一卷姓氏急就篇二卷急就篇補注四卷周書王會補注一卷小學紺珠十卷六經天文篇二卷通鑑答問五卷　(宋)王應麟撰　元至元六年(1340)慶元路儒學刻元明遞修本　兖州市圖書館　存27卷:漢藝文志考證十卷,周易鄭康成注一卷,姓氏急就篇二卷,小學紺珠十卷,六經天文篇二卷,通鑑答問五卷(存2卷)

第0094　玉海二百卷辭學指南四卷詩考一卷詩地理考六卷漢藝文志考證十卷通鑑地理通釋十四卷漢制考四卷踐阼篇集解一卷周易鄭康成注一卷姓氏急就篇二卷急就篇補注四卷周書王會補注一卷小學紺珠十卷六經天文篇二卷通鑑答問五卷　(宋)王應麟撰　元至元六年(1340)慶元路儒學刻元明清遞修本　山東省圖書館　缺3卷:卷14-16

第0095　玉海二百卷辭學指南四卷詩考一卷詩地理考六卷漢藝文志考證十卷通鑑地理通釋十四卷漢制考四卷踐阼篇集解一卷周易鄭康成注一卷姓氏急就篇二卷急就篇補注四卷周書王會補注一卷小學紺珠十卷六經天文篇二卷通鑑答問五卷　(宋)王應麟撰　元至元六年(1340)慶元路儒學刻元明清遞修本　煙臺圖書館　缺25卷:卷1-25

第0096　玉海二百卷辭學指南四卷詩考一卷詩地理考六卷漢藝文志考證十卷通鑑地理通釋十四卷漢制考四卷踐阼篇集解一卷周易鄭康成注一卷姓氏急就篇二卷急就篇補注四卷周書王會補注一卷小學紺珠十卷六經天文篇二卷通鑑答問五卷　(宋)王應麟撰　元至元六年(1340)慶元路儒學刻元明清遞修本　煙臺圖書館　存117卷:卷4-20、卷25-28、卷32-39、卷47-49、卷69-70、卷75-81、卷93-104、卷107-109、卷114-121、卷124-126、卷130-132、卷171-175、卷181-182,辭學指南卷4,漢藝文志考證十卷,通鑑地理通釋卷1-8、卷13-14,踐阼篇集解一卷,周易鄭康成注一卷,姓氏急就篇二卷,急就篇補注四卷,周書王會補注一卷,小學紺珠卷1-3、卷7-8,通鑑答問五卷

第0097　周易鄭康成注一卷周書王會一卷　(漢)鄭玄撰(宋)王應麟輯　元至元六年(1340)慶元路儒學刻玉海明修附刻本　山東省博物館

第0098　詩地理考六卷　(宋)王應麟撰　元至元六年(1340)慶元路儒學刻玉海明修附刻本　山東省博物館

第0099　六經天文編二卷　(宋)王應麟撰　元至元六年(1340)慶元路儒學刻元明補修玉海附刻本　曲阜師範大學圖書館

第0100　急就篇補注四卷　(漢)史游撰(唐)顔師古注(宋)王應麟補注　元至元六年(1340)慶元路儒學刻明正德、嘉靖、萬曆遞修玉海附刻本　山東省博物館

第0101　姓氏急就篇二卷　(宋)王應麟撰　元至元六年(1340)慶元路儒學刻明正德、嘉靖、萬曆遞修玉海附刻本　山東省博物館

第0102　通鑑答問五卷　(宋)王應麟撰　元至元六年(1340)慶元路儒學刻明正德、嘉靖、萬曆遞修玉海附刻本　山東省博物館

第0103　小學紺珠十卷　(宋)王應麟撰　元至元六年(1340)慶元路儒學刻明正德、嘉靖遞修玉海附

刻本　山東省圖書館

第 0104　新增說文韻府羣玉二十卷　(元)陰時夫輯(元)陰中夫注　元至正二十八年(1368)東山秀岩書堂刻本　煙臺圖書館　存 8 卷:卷 1–3、卷 5、卷 8、卷 11–12、卷 14

第 0105　大方廣佛華嚴經八十卷　(唐)釋實叉難陀譯　元建寧路僧俗信士刻本(配明刻本)　山東省圖書館　存 24 卷:卷 3–6、卷 21–22、卷 25–26、卷 35–36、卷 39–40、卷 43–50、卷 73–76

第 0106　妙法蓮華經七卷　(後秦)釋鳩摩羅什譯　元刻本(配明永樂刻本)　山東省圖書館

第 0107　湖州雙髻禪庵語錄一卷杭州西天目山師子禪院語錄一卷示禪人語一卷(元)釋原妙語錄　參學門人編　元元貞二年(1296)刻本　山東師範大學圖書館

第 0108　佛祖歷代通載二十二卷　(元)釋念常撰　元刻本(王獻唐跋)　山東省圖書館　存 5 卷:卷 4–6、卷 13–14

第 0109　莊子鬳齋口義十卷　(宋)林希逸撰　元刻本　山東省博物館　存 5 卷:卷 1–3、卷 5–6

第 0110　金丹大要十卷　(元)陳致虛撰　元刻本　山東省博物館

第 0111　楚辭集注八卷辯證二卷後語六卷　(宋)朱熹撰　元至治元年(1321)建安虞信亨宅刻本　山東省圖書館

第 0112　黄氏補千家註紀年杜工部詩史三十六卷　(唐)杜甫撰(宋)黄希、黄鶴補注　年譜辨疑一卷(宋)黄鶴撰　元至元二十四年(1287)詹光祖月崖書堂刻本　山東省博物館

第 0113　朱文公校昌黎先生文集四十卷外集十卷遺文一卷傳一卷　(唐)韓愈撰(宋)朱熹考異(宋)王伯大音釋　元至元十八年(1281)日新書堂刻本　山東省博物館

第 0114　朱文公校昌黎先生文集四十卷外集十卷遺文一卷傳一卷　(唐)韓愈撰(宋)朱熹考異(宋)王伯大音釋　元至元十八年(1281)日新書堂刻本　山東省圖書館　存 34 卷:卷 19–40,外集十卷,遺文一卷,傳一卷

第 0115　范文正公集二十卷別集四卷　(宋)范仲淹撰　遺文一卷(宋)范純仁、范純粹撰　元天曆至正間褒賢世家家塾歲寒堂刻本　山東省博物館　存 5 卷(每卷不全)

第 0116　增刊校正王狀元集註分類東坡先生詩二十五卷　(宋)蘇軾撰　(題宋)王十朋纂集(宋)劉辰翁批點　元刻本　山東省博物館　存 4 卷:卷 1–4

第 0117　范德機詩集七卷　(元)范梈撰　元至元六年(1340)益友書堂刻本(清杨紹和跋)　山東省博物館

第 0118　文章正宗二十四卷　(宋)眞德秀輯　元至正元年(1341)高仲文刻明修本　山東省博物館　存 22 卷:卷 1–2、卷 4、卷 6–24

第 0119　文章正宗二十四卷　(宋)眞德秀輯　元至正元年(1341)高仲文刻明修本　山東省博物館　存 3 卷:卷 20–22

明　代

第 0120　五經正文八卷　明嘉靖三十一年(1552)翁溥刻本(維駒跋)　青島市博物館

第 0121　九經五十一卷附四卷　明崇禎十三年(1640)秦鏷求古齋刻本　山東省圖書館

第 0122　九經五十一卷附四卷　明崇禎十三年(1640)秦鏷求古齋刻本　山東省圖書館　缺 1 種 4 卷:詩經四卷

第 0123　十三經註疏三百三十三卷　明崇禎元年至十二年(1628—1639)毛氏汲古閣刻本　萊陽市圖書館　存 10 種 221 卷:周易兼義九卷(魏)王弼注(晉)韓康伯注(唐)孔穎達正義;尚書註疏二十卷(題漢)孔安國傳(唐)孔穎達疏(唐)陸德明音義;毛詩註疏二十卷(漢)毛亨傳(漢)鄭玄箋(唐)孔穎達疏(唐)陸德明音義(存 8 卷:卷 13–20);周禮註疏四十二卷(漢)鄭玄注(唐)賈公彥疏(唐)陸德明音義;春秋左傳註疏六十卷(晉)杜預注(唐)孔穎達疏(唐)陸德明音義;春秋公羊註疏二十八卷(漢)何休注(唐)徐彥疏(唐)陸德明音義;論語註疏解經二十卷(魏)何晏集解(宋)邢昺疏;孝經註疏九卷(唐)玄宗李隆基注(宋)邢昺疏;爾雅註疏十一卷(晉)郭璞注(宋)邢昺疏;孟子註疏解經十四卷(漢)趙岐注(題宋)孫奭疏

第 0124　五經纂註五十六卷　(明)夏璋編　明崇禎刻本　山東省圖書館

第 0125　周易四卷　明萬曆元年(1573)書林熊冲宇種德書堂刻本(清王亨批校)　山東省圖書館

第 0126　蘇長公易解八卷　(宋)蘇軾撰　明萬曆二十四年(1596)吳之鯨刻本　山東省圖書館　存 6 卷:卷 1–6

第 0127　周易程朱先生傳義十九卷　(宋)程頤、朱熹撰　程子上下篇義一卷(宋)程頤撰　朱子周易五贊一卷筮儀一卷(宋)朱熹撰　明刻本　山東大學圖書館　卷 1 缺 5–6 葉,卷 14 缺 29–32 葉

第 0128　易纂言十二卷　(元)吳澄撰　明萬曆刻本　山東省圖書館

第 0129　周易傳義大全二十四卷　(明)胡廣等輯　明永樂十三年(1415)內府刻本　青島市圖書館

第 0130　周易傳義大全二十四卷綱領一卷朱子圖說一卷　(明)胡廣等輯　明刻本　山東省圖書館

第 0131　周易傳義大全二十四卷綱領一卷朱子圖說一卷　(明)胡廣等輯　明刻本　山東大學圖書館

第 0132　玩易意見二卷　(明)王恕撰　明正德刻本　山東省圖書館

第 0133　周易象旨決錄七卷　(明)熊過撰　讀周易象旨私識一卷　明嘉靖四十一年(1562)熊迥刻本　山東省圖書館

第 0134　淮海易談四卷　(明)孫應鼇撰　明隆慶刻本　青島市圖書館　存 3 卷:卷 1–3

第 0135　易象管窺十五卷　(明)黃正憲撰　明刻本　即墨市博物館　存 12 卷:卷 1–3、卷 7–15

第 0136　易筌六卷附論一卷　(明)焦竑撰　明萬曆四十年(1612)刻本　青島市博物館

第 0137　周易宗義十二卷　(明)程汝繼撰　明萬曆三十七年(1609)自刻本　山東師範大學圖書館

第 0138 書集傳六卷圖一卷 (宋)蔡沈撰(元)鄒季友音釋 朱子說書綱領一卷(宋)朱熹撰 明正統十二年(1447)内府刻本 山東大學圖書館

第 0139 書傳會選六卷 (明)劉三吾等撰 明趙府味經堂刻本 山東省圖書館

第 0140 書傳會選六卷 (明)劉三吾等撰 明趙府味經堂刻本(有鈔配) 山東省圖書館

第 0141 書經便注十卷 (明)蔡{燮-又+言}撰 明嘉靖四十年(1561)汶濱書院刻本 山東省圖書館

第 0142 五刻徐九一先生刪補書經便蒙詳節二卷 明刻本(佚名錄毛晉、梁章鉅、邊葆恕、丁丙跋) 山東省圖書館

第 0143 歐陽文忠公毛詩本義十六卷 (宋)歐陽修撰 明鈔本 山東省圖書館

第 0144 詩集傳八卷 (宋)朱熹撰 明刻本 山東省圖書館

第 0145 吕氏家塾讀詩記三十二卷 (宋)吕祖謙撰 明嘉靖十年(1531)傅鳳翱刻本 山東省圖書館 存 19 卷:卷 2–11、卷 15–16、卷 20–23、卷 25–27

第 0146 詩緝三十六卷 (宋)嚴粲撰 明趙府味經堂刻本 山東省圖書館

第 0147 詩緝三十六卷 (宋)嚴粲撰 明趙府味經堂刻本 山東省圖書館

第 0148 詩緝三十六卷 (宋)嚴粲撰 明趙府味經堂刻本 山東師範大學圖書館

第 0149 詩緝三十六卷 (宋)嚴粲撰 明趙府味經堂刻本 山東省圖書館 存 30 卷:卷 1–30

第 0150 詩緝三十六卷 (宋)嚴粲撰 明趙府味經堂刻本 山東省博物館 存 18 卷

第 0151 詩經大全二十卷綱領一卷圖一卷 (明)胡廣等輯 詩序辨說一卷(宋)朱熹撰 明德壽堂刻本 山東省圖書館

第 0152 詩經正義二十七卷 (明)許天贈撰 明萬曆刻本 山東省圖書館 存 4 卷:卷 1–2、卷 24–25

第 0153 毛詩鄭箋纂疏補協二十卷 (明)屠本畯撰 詩譜一卷(漢)鄭玄撰 明萬曆二十二年(1594)玄鑒室刻本 山東省圖書館

第 0154 韓詩外傳十卷 (漢)韓嬰撰 明末刻漢魏叢書本(清王鉞跋) 山東省圖書館

第 0155 檀弓考工二通四卷 (明)徐昭慶輯 明萬曆刻本 山東大學圖書館

第 0156 周禮十二卷 (漢)鄭玄注 明刻本(清劒叟批校並跋) 山東省圖書館 存 6 卷:卷 1–6

第 0157 周禮六卷 (漢)鄭玄注 明嘉靖六年(1527)何鰲刻本 山東省圖書館

第 0158 周禮註疏四十二卷 (漢)鄭玄注(唐)賈公彦等疏(唐)陸德明音義 明嘉靖李元陽刻十三經註疏本(清許瀚批校) 山東省博物館

第 0159 太平經國之書十一卷首一卷 (宋)鄭伯謙撰 明嘉靖十五年(1536)高叔嗣刻本 山東省圖書館

第 0160 周禮句解十二卷 (宋)朱申撰 明嘉靖三十五年(1556)蔡揚金刻本 山東省圖書館

第 0161 周禮集說十一卷綱領一卷 (元)陳友仁輯 復古編一卷(宋)俞庭椿撰 明刻本 山東省圖書館

第 0162 周禮補亡六卷 (元)丘葵撰 明李緝刻本 山東省圖書館

第 0163 周禮述註六卷周禮二氏改官改文議一卷 (明)金瑤撰 明萬曆刻本 山東省圖書館

第 0164 周禮全經釋原十二卷周禮通論一卷周禮傳敘論一卷 (明)柯尚遷撰 明隆慶四年(1570)張大忠刻本 山東省圖書館 存 7 卷:卷 1–7

第 0165　注釋古周禮五卷考工記一卷　(明)郎兆玉撰　明天啓郎氏堂策檻刻本　山東省圖書館

第 0166　考工記二卷　(明)郭正域批點　明萬曆四十四年(1616)吳興閔齊伋刻套印本　山東師範大學圖書館

第 0167　儀禮圖十七卷旁通圖一卷　(宋)楊復撰　明嘉靖十五年(1536)吕柟刻本　山東省圖書館

第 0168　鄉射禮儀節一卷　(明)林烈撰　明萬曆十七年(1589)陳夢斗等刻本　山東省圖書館

第 0169　禮記輯覽八卷　(明)徐養相撰　明隆慶五年(1571)刻本　山東省圖書館

第 0170　禮記集中八卷　(明)樊玉衡撰　明鈔本(清雙清草廬主人跋)　山東省圖書館

第 0171　檀弓二卷　(宋)謝枋得批點　明萬曆四十四年(1616)吳興閔齊伋刻朱墨套印本　山東省圖書館

第 0172　檀弓二卷　(宋)謝枋得批點　明萬曆四十四年(1616)吳興閔齊伋刻朱墨套印本　山東師範大學圖書館

第 0173　儀禮經傳通解三十七卷　(宋)朱熹撰　續二十九卷(宋)黄榦、楊復撰　明正德十六年(1521)劉瑞、曹山刻本　山東省圖書館　存 54 卷:儀禮經傳通解卷 3–27,續二十九卷

第 0174　禮樂合編三十卷　(明)黄廣撰　明崇禎六年(1633)玉磬齋刻本　煙臺圖書館　存 29 卷:卷 1–29

第 0175　文公家禮儀節八卷　(明)丘濬撰　明萬曆三十六年(1608)錢時刻本　山東師範大學圖書館

第 0176　樂經元義八卷　(明)劉濂撰　明嘉靖刻本　山東省圖書館

第 0177　律吕正聲六十卷　(明)王邦直撰　明萬曆三十六年(1608)黄作孚刻本　即墨市博物館　存 55 卷:卷 1–4、卷 10–60

第 0178　樂律全書三十九卷　(明)朱載堉撰　明萬曆鄭藩刻本　山東省圖書館

第 0179　樂律全書三十九卷　(明)朱載堉撰　明萬曆鄭藩刻本　山東省圖書館　缺 2 種 6 卷:律吕精義外篇十卷(缺 5 卷:卷 6–10);二佾綴兆圖一卷

第 0180　樂律全書三十九卷　(明)朱載堉撰　明萬曆鄭藩刻本　山東省圖書館　存 6 種 24 卷:律吕精義内篇十卷;律吕精義外篇十卷;六代小舞譜一卷;小舞鄉樂譜一卷;二佾綴兆圖一卷;靈星小舞譜一卷

第 0181　春秋經傳集解三十卷　(晉)杜預撰　春秋左傳異名考一卷(唐)陸德明釋文　春秋列國圖說一卷(宋)蘇軾撰　明天放菴刻本(佚名批校)　山東省圖書館

第 0182　春秋經傳集解三十卷　(晉)杜預撰(唐)陸德明釋文　明刻本　山東省圖書館

第 0183　春秋經傳集解三十卷　(晉)杜預撰(明)穆文熙輯評　春秋名號歸一圖二卷(蜀)馮繼先撰　明萬曆十五年(1587)劉懷恕刻春秋戰國評苑本　山東省圖書館

第 0184　詳註東萊先生左氏博議二十五卷　(宋)吕祖謙撰　明刻本　山東大學圖書館

第 0185　精選東萊吕先生左氏博議句解十六卷　(宋)吕祖謙撰(明)瞿景淳輯　明刻本　山東省圖書館

第 0186　左傳附註五卷後錄一卷　(明)陸粲撰　明嘉靖刻本　山東省圖書館

第 0187　春秋左傳節文註略十五卷　(明)汪道昆撰(明)周光鎬注　明萬曆十二年(1584)刻本　山東省博物館

第 0188　春秋左傳評苑三十卷　(明)穆文熙輯　明萬曆二十年(1592)鄭以厚刻本　山東師範大學圖

書館

第 0189 春秋左傳評林三十卷 (明)穆文熙輯 明刻本 煙臺圖書館

第 0190 春秋左翼四十三卷首一卷 (明)王震撰 明萬曆三十一年(1603)刻本 山東省圖書館

第 0191 春秋左傳十五卷 (明)孫鑛批點 明萬曆四十四年(1616)閔齊伋刻朱墨套印本 山東省圖書館

第 0192 春秋左傳十五卷 (明)孫鑛批點 明萬曆四十四年(1616)閔齊伋刻朱墨套印本 山東省圖書館

第 0193 春秋左傳十五卷 (明)孫鑛批點 明萬曆四十四年(1616)閔齊伋刻朱墨套印本 山東省圖書館

第 0194 春秋左傳十五卷 (明)孫鑛批點 明萬曆四十四年(1616)閔齊伋刻朱墨套印本 山東省圖書館

第 0195 春秋左傳十五卷 (明)孫鑛批點 明萬曆四十四年(1616)閔齊伋刻朱墨套印本 山東省圖書館

第 0196 春秋左傳十五卷 (明)孫鑛批點 明萬曆四十四年(1616)閔齊伋刻朱墨套印本 山東省圖書館

第 0197 春秋左傳十五卷 (明)孫鑛批點 明萬曆四十四年(1616)閔齊伋刻朱墨套印本 山東省圖書館

第 0198 春秋左傳十五卷 (明)孫鑛批點 明萬曆四十四年(1616)閔齊伋刻朱墨套印本 山東省圖書館

第 0199 春秋左傳十五卷 (明)孫鑛批點 明萬曆四十四年(1616)閔齊伋刻朱墨套印本 山東省圖書館

第 0200 春秋左傳十五卷 (明)孫鑛批點 明萬曆四十四年(1616)閔齊伋刻朱墨套印本 濟南市圖書館

第 0201 春秋左傳十五卷 (明)孫鑛批點 明萬曆四十四年(1616)閔齊伋刻朱墨套印本 山東師範大學圖書館

第 0202 春秋左傳典略十二卷 (明)陳許廷撰 明崇禎刻本 山東省圖書館

第 0203 春秋公羊註疏二十八卷 (漢)何休注(唐)徐彦疏(唐)陸德明音義 明嘉靖李元陽刻十三經註疏本(清許瀚批校) 山東省博物館

第 0204 春秋穀梁傳十二卷 (明)閔齊伋裁注 攷一卷(明)閔齊伋撰 明天啓元年(1621)自刻三色套印本 濟南市圖書館

第 0205 春秋胡傳三十卷 (宋)胡安國撰(宋)林堯叟音注 綱領一卷提要一卷諸國興廢說一卷列國東坡圖說一卷正經音訓一卷 明萬曆二十五年(1597)金陵唐對溪刻本 山東省圖書館

第 0206 春秋胡傳三十卷 (宋)胡安國撰(宋)林堯叟音注 綱領一卷提要一卷諸國興廢說一卷列國東坡圖說一卷正經音訓一卷 明萬曆三十三年(1605)新賢堂刻本 山東省圖書館

第 0207 春秋胡傳三十卷 (宋)胡安國撰(宋)林堯叟音注 綱領一卷提要一卷列國圖說一卷諸國興廢說一卷 明崇禎六年(1633)閔齊伋刻本 山東省圖書館

第 0208　春秋胡傳三十卷　(宋)胡安國撰(宋)林堯叟音注　綱領一卷提要一卷列國圖說一卷諸國興廢說一卷　明崇禎六年(1633)閔齊伋刻本　即墨市博物館　存 23 卷:卷 1-3、卷 11-30

第 0209　春秋讞義九卷　(元)王元杰撰　明末鈔本　山東省圖書館

第 0210　春秋四傳三十八卷綱領一卷提要一卷列國東坡圖說一卷春秋二十國年表一卷諸國興廢說一卷　明嘉靖吉澄刻樊獻科重修本　山東省圖書館

第 0211　春秋四傳三十八卷綱領一卷提要一卷列國東坡圖說一卷春秋二十國年表一卷諸國興廢說一卷　明嘉靖吉澄刻樊獻科重修本　山東省圖書館

第 0212　春秋四傳三十八卷綱領一卷提要一卷列國東坡圖說一卷春秋二十國年表一卷諸國興廢說一卷　明嘉靖吉澄刻樊獻科、楊一鶚遞修本　山東省圖書館

第 0213　春秋四傳三十八卷綱領一卷提要一卷列國東坡圖說一卷春秋二十國年表一卷諸國興廢說一卷　明嘉靖吉澄刻樊獻科、楊一鶚遞修本　濟南市圖書館　存 23 卷:春秋四傳卷 1-20,提要一卷,春秋二十國年表一卷,諸國興廢說一卷

第 0214　春秋集傳三十卷　(明)楊時秀撰　明嘉靖二十六年(1547)汪秋卿刻本　山東省圖書館

第 0215　春秋貫玉四卷　(明)顏鯨撰　明嘉靖刻本　山東省圖書館

第 0216　春秋胡傳翼三十卷　(明)錢時俊撰　明萬曆刻本　山東省圖書館

第 0217　麟經指月十二卷　(明)馮夢龍撰　明泰昌元年(1620)開美堂刻本　山東省圖書館

第 0218　春秋衡庫三十卷附錄三卷備錄一卷　(明)馮夢龍撰　明天啓五年(1625)刻本　山東師範大學圖書館

第 0219　春秋繁露十七卷　(漢)董仲舒撰　明刻本　山東省圖書館

第 0220　春秋繁露十七卷　(漢)董仲舒撰　明刻本　山東省博物館　存 8 卷

第 0221　春秋繁露十七卷　(漢)董仲舒撰(明)孫鑛等評　附錄一卷　明天啓五年(1625)花齋刻本　山東省圖書館

第 0222　春秋繁露十七卷　(漢)董仲舒撰(明)孫鑛等評　附錄一卷　明天啓五年(1625)花齋刻本　山東省圖書館

第 0223　春秋繁露十七卷　(漢)董仲舒撰(明)孫鑛等評　附錄一卷　明天啓五年(1625)花齋刻本　煙臺圖書館

第 0224　孝經大全十集　(明)江元祚編　明崇禎刻本　山東省圖書館　存 29 種 35 卷:孝經考一卷;宗傳圖考一卷;全孝圖說一卷;傳經始末一卷;全經綱目一卷;孝字釋一卷;全孝心法一卷;誦經威儀一卷;今文孝經直解一卷;進石臺孝經表一卷(唐)齊古撰;石臺孝經一卷(唐)玄宗李隆基注;朱文公較定古文孝經一卷(宋)朱申注;朱文公刊誤古文孝經一卷(元)董鼎注;朱文公刊誤孝經旨意一卷(明)朱鴻撰;吳文正公較定今古文孝經一卷(元)吳澄注;孝經彙註三卷(明)江元祚輯;孝經會通三卷(明)沈淮撰;孝經疏鈔一卷(明)梅鼎和輯;四書孝語一卷(明)朱鴻輯;五經孝語一卷(明)朱鴻輯;曾子孝實附錄一卷(明)江元祚刪注;孝經彙目一卷(明)江元祚撰;孝經集靈二卷附集一卷(明)虞淳熙撰;孝經釋疑一卷(明)孫本撰;孝經質疑一卷(明)朱鴻撰;從今文孝經說一卷(明)虞淳熙撰;古文孝經說一卷(明)孫本撰;古孝經大旨一卷(明)孫本撰;孝經集文一卷(明)江元祚輯

第 0225　論語講義一卷　(明)周如砥撰　明鈔本(清周志謙跋)　即墨市博物館

第 0226　批點孟子書二卷　(題宋)蘇洵批點　明紀五常刻本　山東省圖書館

第 0227　孟子十四卷　(宋)朱熹集注　明刻本　山東省圖書館

第 0228　孟子節文七卷　(明)劉三吾輯　明初刻本　山東省博物館

第 0229　顔字四書二十八卷　(宋)朱熹撰　明書林種德堂熊冲宇刻本(清王雲錦校並跋)　山東省圖書館　存 4 種 21 卷:大學章句一卷;中庸章句一卷;論語集註十卷序說一卷;孟子集註十四卷序說一卷(存 8 卷:卷 1-7,序說一卷)

第 0230　四書集註三十卷　(宋)朱熹撰　魯齋許先生直說大學要略一卷(元)許衡撰　明成化十六年(1480)吉府刻本　山東省博物館

第 0231　四書集註二十一卷　(宋)朱熹撰　明崇禎刻本　安丘市博物館　存 19 卷

第 0232　四書集註二十一卷　(宋)朱熹撰　明刻朱墨套印本　山東省圖書館

第 0233　四書集註大全四十三卷　(明)胡廣等輯　明內府刻本　山東省圖書館　存 4 種 38 卷:大學章句大全一卷;中庸章句大全一卷讀中庸法一卷;論語集註大全二十卷序說一卷讀論語孟子法一卷(缺 2 卷:論語集註大全卷 6-7);孟子集註大全十四卷序說一卷

第 0234　四書集註大全四十三卷　(明)胡廣等輯　明內府刻本　煙臺圖書館　存 2 種 28 卷:論語集註大全二十卷(存 15 卷:卷 6-20);孟子集註大全十四卷序說一卷(存 13 卷:孟子集註大全卷 1-12,序說一卷)

第 0235　重刊增訂虛齋舊續四書蒙引十五卷　(明)蔡清撰　明刻本　山東省圖書館

第 0236　四書大全纂十三卷　(明)陳一經撰　明萬曆四十四年(1616)陳于廷刻本　山東省圖書館

第 0237　四書摘訓二十卷　(明)丘檞輯　明萬曆十年(1582)周裔先刻本　山東省圖書館

第 0238　四書名物考二十四卷　(明)陳禹謨撰(明)錢受益、牛斗星補　明末牛斗星刻本　山東省博物館

第 0239　新鐫顧九疇四書詳說十卷　(明)顧錫疇撰　明天啓二年(1622)刻本　山東省圖書館

第 0240　經書後語□卷　(明)任瀛撰　明萬曆三十七年(1609)任彥棻刻本　即墨市博物館　存 1 卷:卷上

第 0241　五雅四十一卷　(明)郎奎金編　明天啓六年(1626)郎氏堂策檻刻本　山東省圖書館

第 0242　五雅四十一卷　(明)郎奎金編　明天啓六年(1626)郎氏堂策檻刻本　山東省圖書館　存 4 種 39 卷:小爾雅一卷(題漢)孔鮒撰(宋)宋咸注;逸雅八卷(漢)劉熙撰;廣雅十卷(魏)張揖撰(隋)曹憲音釋;埤雅二十卷(宋)陸佃撰

第 0243　埤雅二十卷　(宋)陸佃撰　明刻本　山東省圖書館

第 0244　增修埤雅廣要四十二卷　(明)牛衷撰　明萬曆三十八年(1610)孫弘範刻本　山東省圖書館

第 0245　增修埤雅廣要四十二卷　(明)牛衷撰　明萬曆三十八年(1610)孫弘範刻本　山東省圖書館　存 21 卷:卷 1-21

第 0246　爾雅翼三十二卷　(宋)羅願撰　明正德十四年(1519)羅文殊刻本　山東省圖書館

第 0247　爾雅翼三十二卷　(宋)羅願撰　明正德十四年(1519)羅文殊刻本　山東師範大學圖書館

第 0248　說文解字十二卷　(漢)許慎撰(宋)李燾重編　明萬曆二十六年(1598)陳大科刻本(佚名批校)　山東省圖書館

第 0249　重刊許氏說文解字五音韻譜十二卷　(宋)李燾撰　明萬曆四十七年(1619)張經世等刻本　山東省圖書館

第 0250　重刊許氏說文解字五音韻譜十二卷　(宋)李燾撰　明刻本　山東省圖書館

第 0251　重刊許氏說文解字五音韻譜十二卷　(宋)李燾撰　明刻本　山東大學圖書館

第 0252　重刊許氏說文解字五音韻譜十二卷　(宋)李燾撰　明天啓七年(1627)世裕堂刻本　山東省博物館

第 0253　重刊許氏說文解字五音韻譜十二卷　(宋)李燾撰　明天啓七年(1627)世裕堂刻本　山東省圖書館

第 0254　重刊許氏說文解字五音韻譜十二卷　(宋)李燾撰　明天啓七年(1627)世裕堂刻本　山東大學圖書館

第 0255　重刊許氏說文解字五音韻譜十二卷　(宋)李燾撰　明天啓七年(1627)世裕堂刻本　淄博市圖書館

第 0256　說文長箋一百卷首二卷解題一卷六書長箋七卷　(明)趙宧光撰　明崇禎四年(1631)趙均小宛堂刻本　山東省圖書館

第 0257　大廣益會玉篇三十卷　(梁)顧野王撰(唐)孫強增字(宋)陳彭年等重修　玉篇廣韻指南一卷　明刻本　山東省博物館

第 0258　大廣益會玉篇三十卷　(梁)顧野王撰(唐)孫強增字(宋)陳彭年等重修　玉篇廣韻指南一卷　明刻本　濟南市圖書館

第 0259　漢隸字源五卷碑目一卷附字一卷　(宋)婁機撰　明末毛氏汲古閣刻本　山東省圖書館

第 0260　漢隸字源五卷碑目一卷附字一卷　(宋)婁機撰　明末毛氏汲古閣刻本　山東省圖書館

第 0261　漢隸字源五卷碑目一卷附字一卷　(宋)婁機撰　明末毛氏汲古閣刻本　山東大學圖書館

第 0262　漢隸字源五卷碑目一卷附字一卷　(宋)婁機撰　明末毛氏汲古閣刻本　青島市圖書館

第 0263　漢隸字源五卷碑目一卷附字一卷　(宋)婁機撰　明末毛氏汲古閣刻本(清袁棠跋)　山東省圖書館

第 0264　六書正譌五卷　(元)周伯琦撰　明影元鈔本　青島市圖書館

第 0265　六書正譌五卷　(元)周伯琦撰　明刻本　煙臺圖書館

第 0266　六書正譌五卷　(元)周伯琦撰　明崇禎七年(1634)胡正言十竹齋刻本　青島市博物館

第 0267　六書本義十二卷圖一卷　(明)趙撝謙撰　明正德十二年(1517)刻本　山東省博物館

第 0268　六書精蘊六卷　(明)魏校撰　音釋舉要一卷(明)徐官撰　明嘉靖十九年(1540)魏希明刻本　山東省圖書館

第 0269　金石韻府五卷　(明)朱雲撰　明刻朱印本　山東省圖書館

第 0270　金石韻府五卷　(明)朱雲撰　明刻朱印本　山東省圖書館

第 0271　金石韻府五卷　(明)朱雲撰　明刻朱印本　山東大學圖書館

第 0272　金石韻府五卷　(明)朱雲撰　明刻朱印暨藍印本　青島市博物館

第 0273　金石韻府五卷　(明)朱雲撰　明刻朱印暨墨印本　青島市博物館

第 0274　字考啓蒙十六卷　(明)周宇撰　明萬曆十一年(1583)周傳誦刻本　山東省圖書館

第 0275 同文備攷八卷首三卷聲韻會通一卷韻要粗釋四卷 (明)王應電撰 明嘉靖三十六年(1557)王宗沐刻萬曆三十年(1602)重修本 山東省圖書館

第 0276 精刻海若湯先生校訂音釋五侯鯖字海二十卷四書五經難字一卷首一卷 明蕭騰鴻刻本 山東大學圖書館

第 0277 六書總要五卷附正小篆之訛一卷 (明)吳元滿撰 明萬曆刻本(明趙宧光批校) 山東省博物館

第 0278 字學三正四卷 (明)郭一經撰 明萬曆二十九年(1601)山東曹縣公署刻本 山東省圖書館

第 0279 字彙十二卷首一卷末一卷附韻法直圖一卷韻法橫圖一卷 (明)梅膺祚撰 明萬曆四十三年(1615)刻本 濟南市圖書館

第 0280 三鱣堂篆韻正義五卷 (明)楊昌文撰 明崇禎十三年(1640)自刻本 山東省圖書館

第 0281 大明成化丁亥重刊改併五音類聚四聲篇十五卷 (金)韓道昭撰 明成化七年(1471)刻本 山東大學圖書館

第 0282 新編篇韻貫珠集八卷 (明)釋真空撰 明弘治十一年(1498)刻本 山東省圖書館

第 0283 古今韻會舉要三十卷禮部韻略七音三十六母通攷一卷 (元)熊忠撰 明嘉靖十五年(1536)秦鉞李舜臣刻十七年(1538)劉儲秀重修本 山東省圖書館

第 0284 古今韻會舉要三十卷禮部韻略七音三十六母通攷一卷 (元)熊忠撰 明嘉靖十五年(1536)秦鉞李舜臣刻十七年(1538)劉儲秀重修本 山東省圖書館

第 0285 古今韻會舉要三十卷禮部韻略七音三十六母通攷一卷 (元)熊忠撰 明嘉靖十五年(1536)秦鉞李舜臣刻十七年(1538)劉儲秀重修本 山東大學圖書館

第 0286 古今韻會舉要三十卷禮部韻略七音三十六母通攷一卷 (元)熊忠撰 明刻本 山東省圖書館

第 0287 古今韻會舉要小補三十卷 (明)方日升撰 明萬曆三十四年(1606)周士顯刻本 山東省圖書館

第 0288 洪武正韻十六卷 (明)樂韶鳳、宋濂等撰 明嘉靖二十七年(1548)衡藩刻藍印本 山東省圖書館

第 0289 洪武正韻十六卷 (明)樂韶鳳、宋濂等撰 明劉以節刻本 山東省圖書館

第 0290 洪武正韻十六卷 (明)樂韶鳳、宋濂等撰 明隆慶元年(1567)衡藩刻本 山東大學圖書館

第 0291 洪武正韻十六卷 (明)樂韶鳳、宋濂等撰 明萬曆三年(1575)司禮監刻本 山東省圖書館

第 0292 洪武正韻十六卷 (明)樂韶鳳、宋濂等撰 明萬曆三年(1575)司禮監刻本 山東大學圖書館

第 0293 洪武正韻十六卷 (明)樂韶鳳、宋濂等撰 明刻本 山東師範大學圖書館

第 0294 洪武正韻十六卷 (明)樂韶鳳、宋濂等撰 明刻本 煙臺圖書館

第 0295 洪武正韻十六卷 (明)樂韶鳳、宋濂等撰 明刻本 山東省圖書館 存 7 卷:卷 10-16

第 0296 洪武正韻十六卷 (明)樂韶鳳、宋濂等撰 明崇禎十三年(1640)陸鳳台刻陸孝標重修本 山東省圖書館

第 0297 洪武正韻高唐王篆書五卷 (明)樂韶鳳、宋濂等撰(明)朱厚煐篆書 明萬曆十二年(1584)沈大忠刻本 山東省博物館

第 0298 重訂併音連聲韻學集成十三卷重訂直音篇七卷 (明)章黼撰 明萬曆三十四年(1606)練川

明德書院刻本 山東省圖書館 存12卷:重訂併音連聲韻學集成卷1–12

第0299 韻略匯通二卷 (明)蘭茂撰(明)畢拱辰刪補 明崇禎十五年(1642)畢拱辰刻本 山東省圖書館

第0300 古音叢目五卷古音獵要五卷古音略例一卷轉注古音略五卷古音餘五卷古音附錄一卷奇字韻五卷 (明)楊慎撰 明嘉靖李元陽刻本 山東省圖書館

第0301 篆韻五卷 明嘉靖八年(1529)刻本 山東省圖書館

第0302 新刊增補古今名家韻學淵海大成十二卷 (明)李攀龍撰 明刻本(佚名批校) 山東省圖書館

第0303 古篆韻譜正傳二卷 (明)呂胤基撰 明萬曆十六年(1588)江籬館刻本 山東師範大學圖書館

第0304 吟囊一覽五卷 明萬曆刻本 山東省圖書館

第0305 韻譜本義十卷 (明)茅溱輯 明萬曆三十二年(1604)自刻本 山東大學圖書館

第0306 韻譜本義十卷 (明)茅溱輯 明萬曆三十二年(1604)自刻本 濟南市圖書館 存2卷:卷1–2

第0307 十七史一千五百七十四卷 (明)毛晉編 明崇禎元年至十七年(1628—1644)毛氏汲古閣刻清順治印本 山東省圖書館

第0308 十七史一千五百七十四卷 (明)毛晉編 明崇禎元年至十七年(1628—1644)毛氏汲古閣刻清順治印本 昌邑市圖書館

第0309 十七史一千五百七十四卷 (明)毛晉編 明崇禎元年至十七年(1628—1644)毛氏汲古閣刻清順治印本 文登市圖書館

第0310 十七史一千五百七十四卷 (明)毛晉編 明崇禎元年至十七年(1628—1644)毛氏汲古閣刻清順治印本 山東省圖書館 存17種1543卷:史記一百三十卷;前漢書一百卷;後漢書一百二十卷(存90卷:卷1–90);三國志六十五卷;晉書一百三十卷;宋書一百卷;南齊書五十九卷;梁書五十六卷;陳書三十六卷;魏書一百十四卷(存113卷:卷1–113);北齊書五十卷;周書五十卷;隋書八十五卷;南史八十卷;北史一百卷;唐書二百二十五卷;五代史七十四卷

第0311 十七史一千五百七十四卷 (明)毛晉編 明崇禎元年至十七年(1628—1644)毛氏汲古閣刻清順治印本 曲阜師範大學圖書館 存11種1073卷:晉書一百三十卷(唐)房玄齡等撰;宋書一百卷(梁)沈約撰;南齊書五十九卷(梁)蕭子顯撰;梁書五十六卷(唐)姚思廉撰;魏書一百十四卷(北齊)魏收撰;後周書五十卷(唐)令狐德棻撰;隋書八十五卷(唐)魏徵等撰;南史八十卷(唐)李延壽撰;北史一百卷(唐)李延壽撰;唐書二百二十五卷(宋)歐陽修、宋祁等撰;五代史七十四卷(宋)歐陽修撰(宋)徐無黨注

第0312 十七史一千五百七十四卷 (明)毛晉編 明崇禎元年至十七年(1628—1644)毛氏汲古閣刻清順治印本 山東省圖書館 存13種829卷:史記一百三十卷;前漢書一百卷(存43卷:卷1–43);後漢書一百二十卷;三國志六十五卷;晉書一百三十卷(存72卷:卷52–87、卷95–130);北史一百卷(存44卷:卷1–44);南齊書五十九卷(存20卷:卷40–59);宋書一百卷(存60卷:卷41–100);梁書五十六卷;陳書三十六卷;魏書一百十四卷(存48卷:卷67–114);周書五十卷;隋書八十五卷

第0313 十七史一千五百七十四卷 (明)毛晉編 明崇禎元年至十七年(1628—1644)毛氏汲古閣刻清順治印本(有鈔配) 山東省博物館

第0314 二十一史二千五百六十七卷 明刻明清遞修本 濟南市圖書館

第0315 二十一史二千五百六十七卷 明萬曆二十三年至三十四年(1595—1606)北京國子監刻本

山東省博物館

第 0316 二十一史二千五百六十七卷 明萬曆二十三年至三十四年(1595—1606)北京國子監刻本 山東省圖書館 存 21 種 2528 卷:缺史記卷 1–39

第 0317 史記一百三十卷 (漢)司馬遷撰(劉宋)裴駰集解(唐)司馬貞索隱 明正德劉弘毅慎獨齋刻本(佚名批校) 山東省圖書館

第 0318 史記一百三十卷 (漢)司馬遷撰(劉宋)裴駰集解(唐)司馬貞索隱(唐)張守節正義 明嘉靖四年(1525)汪諒刻本 山東省圖書館

第 0319 史記一百三十卷 (漢)司馬遷撰(劉宋)裴駰集解(唐)司馬貞索隱(唐)張守節正義 明嘉靖四年至六年(1525—1527)王延喆刻本 山東省圖書館

第 0320 史記一百三十卷 (漢)司馬遷撰(劉宋)裴駰集解(唐)司馬貞索隱(唐)張守節正義 明嘉靖四年至六年(1525—1527)王延喆刻本 山東省圖書館

第 0321 史記一百三十卷 (漢)司馬遷撰(劉宋)裴駰集解(唐)司馬貞索隱(唐)張守節正義(明)陳仁錫評 明崇禎刻本 山東大學圖書館

第 0322 史記一百三十卷 (漢)司馬遷撰(劉宋)裴駰集解(唐)司馬貞索隱(唐)張守節正義(明)陳仁錫評 明崇禎刻本 山東藝術學院圖書館

第 0323 史記一百三十卷 (漢)司馬遷撰(劉宋)裴駰集解(唐)司馬貞索隱(唐)張守節正義(明)陳仁錫評 明末程正揆刻清懷德堂印本(沈廷芳、李文藻錄方苞批校) 山東省圖書館

第 0324 史記一百三十卷 (漢)司馬遷撰(劉宋)裴駰集解(唐)司馬貞索隱(唐)張守節正義(明)鍾人傑輯評 明鍾人傑刻本(佚名批校) 山東省圖書館

第 0325 史記一百三十卷 (漢)司馬遷撰(劉宋)裴駰集解(唐)司馬貞索隱(唐)張守節正義(明)徐孚遠、陳子龍測議 明崇禎刻本(清升允批校) 山東省圖書館

第 0326 史記題評一百三十卷 (明)楊慎、李元陽輯 明嘉靖十六年(1537)胡有恒、胡瑞敦刻本 山東省圖書館

第 0327 史記評林一百三十卷 (明)凌稚隆輯 明萬曆二年至四年(1574—1576)凌稚隆刻本 山東省圖書館

第 0328 史記評林一百三十卷 (明)凌稚隆輯 明萬曆二年至四年(1574—1576)凌稚隆刻本 山東省圖書館

第 0329 史記評林一百三十卷 (明)凌稚隆輯 明萬曆二年至四年(1574—1576)凌稚隆刻本 山東省圖書館

第 0330 史記評林一百三十卷 (明)凌稚隆輯 明萬曆二年至四年(1574—1576)凌稚隆刻本 山東省圖書館

第 0331 史記評林一百三十卷 (明)凌稚隆輯 明萬曆二年至四年(1574—1576)凌稚隆刻本 山東省圖書館

第 0332 史記評林一百三十卷 (明)凌稚隆輯 明萬曆二年至四年(1574—1576)凌稚隆刻本 山東師範大學圖書館

第 0333 史記評林一百三十卷 (明)凌稚隆輯 明萬曆二年至四年(1574—1576)凌稚隆刻本 曲阜

師範大學圖書館

第 0334　史記評林一百三十卷　(明)凌稚隆輯　明萬曆二年至四年(1574—1576)凌稚隆刻本　文登市圖書館

第 0335　史記評林一百三十卷　(明)凌稚隆輯　明刻本　濟南市圖書館

第 0336　史記評林一百三十卷　(明)凌稚隆輯(明)李光縉增補　明熊氏種德堂刻本　曲阜師範大學圖書館

第 0337　史記評林一百三十卷　(明)凌稚隆輯(明)李光縉增補　明熊氏種德堂刻本　濟南市圖書館　存 65 卷:卷 1–20、卷 38–39、卷 43–65、卷 111–130

第 0338　古史六十卷　(宋)蘇轍撰　明萬曆三十九年(1611)南京國子監刻本　山東省圖書館

第 0339　古史六十卷　(宋)蘇轍撰　明萬曆三十九年(1611)南京國子監刻本　山東省圖書館

第 0340　古史六十卷　(宋)蘇轍撰　明萬曆三十九年(1611)南京國子監刻本　山東省圖書館

第 0341　古史六十卷　(宋)蘇轍撰　明萬曆三十九年(1611)南京國子監刻本　山東省圖書館　存 22 卷:卷 1–22

第 0342　古史六十卷　(宋)蘇轍撰　明萬曆三十九年(1611)南京國子監刻本　山東省圖書館　存 22 卷:卷 6–8,卷 19–37

第 0343　古史六十卷　(宋)蘇轍撰　明刻本　濟南市圖書館　存 38 卷:卷 23–60

第 0344　通志略五十二卷　(宋)鄭樵撰　明嘉靖二十九年(1550)陳宗夔等刻本　山東省圖書館

第 0345　通志略五十二卷　(宋)鄭樵撰　明嘉靖二十九年(1550)陳宗夔等刻本　山東師範大學圖書館

第 0346　南史八十卷　(唐)李延壽撰(明)張溥評點　明張溥刻寶書堂印本　山東省圖書館

第 0347　五代史記七十四卷　(宋)歐陽修撰(宋)徐無黨注　明嘉靖汪文盛等刻本　山東省圖書館

第 0348　五代史七十四卷　(宋)歐陽修撰(宋)徐無黨注　明崇禎三年(1630)毛氏汲古閣刻本(清何焯批校並跋)　山東師範大學圖書館

第 0349　弘簡錄二百五十四卷　(明)邵經邦撰　明嘉靖三十六年至四十年(1557—1561)刻本　山東省圖書館

第 0350　藏書六十八卷　(明)李贄撰　明萬曆二十七年(1599)焦竑刻本　山東大學圖書館

第 0351　藏書六十八卷　(明)李贄撰　明萬曆二十七年(1599)焦竑刻本　山東師範大學圖書館　存 60 卷:卷 1–60

第 0352　藏書六十八卷　(明)李載贄撰(明)陳仁錫評　明天啓元年(1621)刻本　山東大學圖書館

第 0353　藏書六十八卷　(明)李載贄撰(明)陳仁錫評　明天啓元年(1621)刻本　山東大學圖書館

第 0354　續藏書二十七卷　(明)李贄撰　明萬曆三十九年(1611)王若屏刻本　山東省圖書館

第 0355　續藏書二十七卷　(明)李贄撰　明萬曆三十九年(1611)王若屏刻本　山東省圖書館　存 9 卷:卷 3–11

第 0356　續藏書二十七卷　(明)李載贄撰(明)陳仁錫評　明天啓刻本　山東大學圖書館

第 0357　續藏書二十七卷　(明)李載贄撰(明)陳仁錫評　明天啓刻本　山東大學圖書館

第 0358　前漢書一百卷　(漢)班固撰　明德藩最樂軒刻本　山東省圖書館

第 0359　前漢書一百卷　(漢)班固撰　明德藩最樂軒刻本　山東省圖書館

第 0360 前漢書一百卷 (漢)班固撰 明德藩最樂軒刻本(馮豫辛批校、劉峙跋) 山東省圖書館

第 0361 前漢書一百卷 (漢)班固撰 明德藩最樂軒刻本(清王亨豫跋) 山東省圖書館 存 4 卷:卷 28–31

第 0362 漢書一百卷 (漢)班固撰(唐)顏師古注 明嘉靖汪文盛等刻本(清何焯校) 山東省博物館 存 2 卷:卷 26–27

第 0363 漢書一百卷 (漢)班固撰(唐)顏師古注 明嘉靖汪文盛等刻二十八年(1549)周采等重修本(清姚輿批校,清黃丕烈跋) 山東省博物館

第 0364 孫月峰先生批評漢書一百卷 (漢)班固撰(明)孫鑛評 明末馮元仲天益山刻本 山東大學圖書館

第 0365 鍾伯敬先生批評漢書一百卷 (漢)班固撰(明)鍾惺評 明崇禎刻本(清張恩荃批校並跋) 山東省圖書館

第 0366 漢書一百卷 (漢)班固撰(明)葛錫璠彙評 明崇禎十二年(1639)葛鼎刻本 山東省圖書館

第 0367 漢書一百卷 (漢)班固撰(明)葛錫璠彙評 明崇禎十二年(1639)葛鼎刻本 山東師範大學圖書館

第 0368 漢書評林一百卷 (明)凌稚隆輯 明萬曆九年(1581)凌稚隆刻本 山東省圖書館

第 0369 漢書評林一百卷 (明)凌稚隆輯 明萬曆九年(1581)凌稚隆刻本 山東省圖書館

第 0370 漢書評林一百卷 (明)凌稚隆輯 明萬曆九年(1581)凌稚隆刻本 山東省圖書館

第 0371 漢書評林一百卷 (明)凌稚隆輯 明萬曆九年(1581)凌稚隆刻本 山東大學圖書館

第 0372 漢書評林一百卷 (明)凌稚隆輯 明萬曆九年(1581)凌稚隆刻本 曲阜師範大學圖書館

第 0373 漢書評林一百卷 (明)凌稚隆輯 明萬曆九年(1581)凌稚隆刻本 山東省圖書館 存 50 卷:卷 1–50

第 0374 漢書評林一百卷 (明)凌稚隆輯 明萬曆九年(1581)凌稚隆刻本 山東省圖書館 存 25 卷:卷 1–21、卷 89–92

第 0375 漢書評林一百卷 (明)凌稚隆輯 明萬曆九年(1581)凌稚隆刻本 山東省圖書館 存 8 卷:卷 19、卷 21、卷 57–62

第 0376 漢書評林一百卷 (明)凌稚隆輯 明萬曆九年(1581)凌稚隆刻本(卷二至卷八為鈔配) 文登市圖書館

第 0377 漢書評林一百卷 (明)凌稚隆輯 明萬曆九年(1581)凌稚隆刻本(有鈔配) 安丘市博物館 存 90 卷:卷 4–62、卷 70–100

第 0378 班馬異同三十五卷 (宋)倪思撰(宋)劉辰翁評 明刻本 山東省圖書館

第 0379 班馬異同三十五卷 (宋)倪思撰(宋)劉辰翁評 明刻本 山東大學圖書館

第 0380 班馬異同三十五卷 (宋)倪思撰(宋)劉辰翁評 明刻本 山東師範大學圖書館

第 0381 班馬異同三十五卷 (宋)倪思撰(宋)劉辰翁評 明刻本 曲阜師範大學圖書館

第 0382 班馬異同三十五卷 (宋)倪思撰(宋)劉辰翁評 明刻本 曲阜師範大學圖書館

第 0383 史漢方駕三十五卷 (明)許相卿撰 明萬曆十三年(1585)徐禾刻本 山東省圖書館

第 0384 史漢方駕三十五卷 (明)許相卿撰 明萬曆十三年(1585)徐禾刻本 山東省圖書館

第 0385　史漢方駕三十五卷　(明)許相卿撰　明萬曆十三年(1585)徐禾刻本　濟南市圖書館

第 0386　後漢書九十卷　(劉宋)范曄撰(唐)李賢注(明)鍾人傑輯評　志三十卷(晉)司馬彪撰(梁)劉昭注(明)鍾人傑輯評　明鍾人傑刻本(佚名批校)　山東大學圖書館

第 0387　季漢書六十卷正論一卷答問一卷　(明)謝陛撰(明)臧懋循訂　明萬曆刻本　山東省圖書館

第 0388　季漢書六十卷正論一卷答問一卷　(明)謝陛撰(明)臧懋循訂　明萬曆刻本　山東大學圖書館

第 0389　唐書二百卷　(後晉)劉昫等撰　明嘉靖十八年(1539)聞人詮刻本　山東省圖書館

第 0390　唐書二百卷　(後晉)劉昫等撰　明嘉靖十八年(1539)聞人詮刻本　菏澤市博物館

第 0391　唐書二百卷　(後晉)劉昫等撰　明嘉靖十八年(1539)聞人詮刻萬曆十九年(1591)邵仲祿重修本　山東大學圖書館

第 0392　南唐書十八卷　(宋)陸游撰　音釋一卷　(元)戚光撰　明天啓三年(1623)鮑山刻本　山東省圖書館

第 0393　宋史四百九十六卷目錄三卷　(元)脱脱等撰　明成化七年至十六年(1471—1480)朱英刻明清南京國子監遞修本　山東省圖書館　存 162 卷:目錄三卷,正文卷 1-22、卷 28-43、卷 95-100、卷 129-134、卷 141-147、卷 242-246、卷 254-263、卷 270-273、卷 283-287、卷 399-408、卷 414-445、卷 451-460、卷 466-482、卷 488-496

第 0394　宋史四百九十六卷目錄三卷　(元)脱脱等撰　明成化七年至十六年(1471—1480)朱英刻明清南京國子監遞修本(清李文藻批校)　山東省博物館

第 0395　宋史四百九十六卷目錄三卷　(元)脱脱等撰　明刻本　山東省圖書館　存 47 卷:卷 195-217、卷 314-337

第 0396　元史二百十卷目錄二卷　(明)宋濂等撰　明洪武三年(1370)内府刻嘉靖九年(1530)十年(1531)天啓清順治遞修本　山東省圖書館　存 26 卷:卷 11-19、卷 36-47、卷 190-194

第 0397　元史二百十卷目錄二卷　(明)宋濂等撰　明洪武三年(1370)内府刻嘉靖萬曆南京國子監遞修本　青島市博物館

第 0398　資治通鑑二百九十四卷　(宋)司馬光撰　明嘉靖二十三年至二十四年(1544—1545)孔天胤刻本　山東省圖書館

第 0399　資治通鑑二百九十四卷　(宋)司馬光撰　明嘉靖二十三年至二十四年(1544—1545)孔天胤刻萬曆十四年(1586)蘇濬重修本　山東省圖書館

第 0400　資治通鑑二百九十四卷　(宋)司馬光撰(元)胡三省音注　明萬曆二十年(1592)吳勉學刻本　山東大學圖書館

第 0401　資治通鑑二百九十四卷　(宋)司馬光撰(元)胡三省音注　明萬曆二十年(1592)吳勉學刻本　濟南市圖書館　存 286 卷:卷 1-210、卷 214-215、卷 221-294

第 0402　資治通鑑二百九十四卷　(宋)司馬光撰(元)胡三省音注　明鈔本(卷一至六配清鈔本)　山東省圖書館

第 0403　資治通鑑二百九十四卷　(宋)司馬光撰(元)胡三省音注(明)陳仁錫評　明天啓五年(1625)陳仁錫刻本　泰安市博物館

第 0404 資治通鑑二百九十四卷 (宋)司馬光撰(元)胡三省音注(明)陳仁錫評 明天啓五年(1625)陳仁錫刻本 山東省圖書館 存 220 卷:卷 1-33、卷 71-217、卷 255-294

第 0405 資治通鑑二百九十四卷 (宋)司馬光撰(元)胡三省音注(明)陳仁錫評 明天啓五年(1625)陳仁錫刻本 山東省圖書館 存 209 卷:卷 1-181、卷 209-236

第 0406 資治通鑑考異三十卷 (宋)司馬光撰 明嘉靖二十三年至二十四年(1544—1545)孔天胤刻本 山東省圖書館

第 0407 司馬溫公經進稽古錄二十卷 (宋)司馬光撰 明正德二年(1507)陳鳳梧刻本 山東省圖書館

第 0408 少微通鑑節要五十卷外紀四卷 (宋)江贄撰 資治通鑑節要續編三十卷(明)張光啓撰 明正德九年(1514)司禮監刻本 山東省圖書館

第 0409 少微通鑑節要五十卷外紀四卷 (宋)江贄撰 資治通鑑節要續編三十卷(明)張光啓撰 明正德九年(1514)司禮監刻本 山東省圖書館 缺 30 卷:資治通鑑節要續編三十卷

第 0410 少微通鑑節要五十卷外紀四卷 (宋)江贄撰 資治通鑑節要續編三十卷(明)張光啓撰 明正德九年(1514)司禮監刻本 山東省圖書館 缺 30 卷:資治通鑑節要續編三十卷

第 0411 資治通鑑綱目集覽五十九卷 (元)王幼學撰(明)陳濟正誤 明內府刻本 山東省博物館

第 0412 資治通鑑綱目集覽五十九卷 (元)王幼學撰(明)陳濟正誤 明內府刻本 山東省圖書館

第 0413 資治通鑑綱目集覽五十九卷 (元)王幼學撰(明)陳濟正誤 明內府刻本 山東省圖書館 存 10 卷:卷 18-27

第 0414 資治通鑑綱目五十九卷 (宋)朱熹撰(宋)尹起莘發明(元)劉友益書法(元)汪克寬考異(元)徐昭文考證(元)王幼學集覽(明)陳濟正誤 明弘治九年(1496)黄仲昭刻本 山東省圖書館

第 0415 資治通鑑綱目五十九卷首一卷 (宋)朱熹撰(宋)尹起莘發明(元)劉友益書法(元)汪克寬考異(元)徐昭文考證(元)王幼學集覽(明)陳濟正誤(明)馮智舒質實 明弘治十一年(1498)書林慎獨齋刻本 山東省圖書館

第 0416 資治通鑑綱目五十九卷首一卷 (宋)朱熹撰(宋)尹起莘發明(元)劉友益書法(元)汪克寬考異(元)徐昭文考證(元)王幼學集覽(明)陳濟正誤(明)馮智舒質實 明弘治十一年(1498)書林慎獨齋刻本 山東省圖書館 存 37 卷:卷 1-17、卷 26-45

第 0417 資治通鑑綱目五十九卷 (宋)朱熹撰(宋)尹起莘發明(元)劉友益書法(元)汪克寬考異(元)徐昭文考證(元)王幼學集覽(明)陳濟正誤(明)馮智舒質實 明刻本 山東師範大學圖書館

第 0418 新刊資治通鑑綱目大全五十九卷 (宋)朱熹撰(宋)尹起莘發明(元)劉友益書法(元)汪克寬考異(元)徐昭文考證(元)王幼學集覽(明)陳濟正誤(明)馮智舒質實 明書林楊氏清江書堂刻本 山東省博物館

第 0419 續資治通鑑綱目二十七卷 (明)商輅等撰 明成化十二年(1476)內府刻本 山東省圖書館

第 0420 續資治通鑑綱目二十七卷 (明)商輅等撰 明成化十二年(1476)內府刻本 青島市博物館

第 0421 續資治通鑑綱目二十七卷 (明)商輅等撰 明成化十二年(1476)內府刻本 曲阜師範大學圖書館 存 21 卷:卷 2-20、卷 26-27

第 0422 續資治通鑑綱目二十七卷 (明)商輅等撰 明成化十二年(1476)內府刻本 山東省圖書館

存6卷:卷3–4、卷12–15

第0423　通鑑綱目全書一百八卷　明刻本　山東省圖書館

第0424　資治通鑑綱目全書一百十三卷　明萬曆二十八年(1600)朱燮元等刻本　山東省圖書館

第0425　資治通鑑綱目全書一百十三卷　明萬曆二十八年(1600)朱燮元等刻本　文登市圖書館　存3種110卷:資治通鑑綱目五十九卷首一卷(宋)朱熹撰(宋)尹起莘發明(元)劉友益書法(元)汪克寬考異(元)徐昭文考證(元)王幼學集覽(明)陳濟正誤(明)馮智舒質實;訂正通鑑綱目前編二十五卷(明)南軒撰;續資治通鑑綱目二十七卷(明)商輅等撰(明)周禮發明(明)張時泰廣義(存25卷:卷3–27)

第0426　吕東萊先生大事記十二卷通釋三卷解題十二卷　(宋)吕祖謙撰(明)阮元聲、吳國琦訂　明末刻本　山東大學圖書館

第0427　資治通鑑節要續編三十卷　(明)張光啓撰　明正德九年(1514)司禮監刻本　山東省圖書館

第0428　資治通鑑節要續編三十卷　(明)張光啓撰　明正德九年(1514)司禮監刻本　山東省圖書館

第0429　資治通鑑節要續編三十卷　(明)張光啓撰　明正德九年(1514)司禮監刻本　山東省博物館　存11卷:卷2–4、卷7、卷9–11、卷14–15、卷23–24

第0430　增修附註資治通鑑節要續編大全三十卷　(明)張光啓訂正(明)劉剡編輯(題明)不才子釋義　明弘治十一年(1498)詹氏西清書堂刻本　山東省圖書館

第0431　宋元通鑑一百五十七卷　(明)薛應旂撰　明嘉靖四十五年(1566)自刻本　蓬萊市文化局慕湘藏書館

第0432　宋元通鑑一百五十七卷　(明)薛應旂撰　明嘉靖四十五年(1566)自刻本　山東省圖書館　存156卷:卷2–157

第0433　宋元通鑑一百五十七卷　(明)薛應旂撰(明)陳仁錫評　明天啓六年(1626)陳仁錫刻本　山東省圖書館

第0434　宋元通鑑一百五十七卷　(明)薛應旂撰(明)陳仁錫評　明天啓六年(1626)陳仁錫刻本　山東省圖書館

第0435　宋元通鑑一百五十七卷　(明)薛應旂撰(明)陳仁錫評　明天啓六年(1626)陳仁錫刻本　山東省圖書館

第0436　宋元通鑑一百五十七卷　(明)薛應旂撰(明)陳仁錫評　明天啓六年(1626)陳仁錫刻本　山東大學圖書館

第0437　宋元通鑑一百五十七卷　(明)薛應旂撰(明)陳仁錫評　明天啓六年(1626)陳仁錫刻本　山東師範大學圖書館

第0438　宋元通鑑一百五十七卷　(明)薛應旂撰(明)陳仁錫評　明天啓六年(1626)陳仁錫刻本　泰安市博物館

第0439　宋元通鑑一百五十七卷　(明)薛應旂撰(明)陳仁錫評　明天啓六年(1626)陳仁錫刻本　山東省圖書館　存55卷:卷103–157

第0440　宋元通鑑一百五十七卷　(明)薛應旂撰(明)陳仁錫評　明天啓六年(1626)陳仁錫刻本　濟南市圖書館　存11卷:卷10–15、卷35–39

第0441　續資治通鑑六十四卷　(明)王宗沐撰　明隆慶五年(1571)刻本　山東省圖書館

第 0442 續資治通鑑六十四卷 (明)王宗沐撰 明隆慶五年(1571)刻本 山東省圖書館 存 32 卷:卷 1-32

第 0443 歷代通鑑纂要九十二卷 (明)李東陽、劉機等撰 明正德十四年(1519)愼獨齋刻本 山東省圖書館 存 50 卷:卷 8-10、卷 15-22、卷 27-31、卷 35-37、卷 40-43、卷 51、卷 53-55、卷 58-60、卷 63-70、卷 73-75、卷 78-79、卷 86-92

第 0444 歷代通鑑纂要九十二卷 (明)李東陽、劉機等撰 明正德十四年(1519)愼獨齋刻本 山東省圖書館 存 32 卷:卷 1-12、卷 21-23、卷 26-38、卷 63-64、卷 73-74

第 0445 新鐫通鑑集要十卷 (明)諸燮輯 明末葉繼照刻本 山東省圖書館

第 0446 張閣老通鑑直解二十八卷首一卷 (明)張居正撰 明崇禎六年(1633)書林王小瞻刻本 濟南市博物館

第 0447 通鑑直解二十八卷 (明)張居正撰 明末豹變齋刻本 山東省圖書館 存 24 卷:卷 1-24

第 0448 新刻世史類編四十五卷首一卷 (明)李純卿草創(明)謝遷補遺(明)王守仁覆詳(明)王世貞會纂(明)李槃增修 明萬曆三十四年(明)書林余彰德刻本 山東師範大學圖書館 存 40 卷:卷 1-39,首一卷

第 0449 重訂王鳳洲先生綱鑑會纂四十六卷續宋元紀二十三卷 (明)王世貞撰(明)陳仁錫訂 明末刻本 濟南市圖書館

第 0450 重訂王鳳洲先生綱鑑會纂四十六卷續宋元紀二十三卷 (明)王世貞撰(明)陳仁錫訂 明末刻本 煙臺圖書館

第 0451 稽古編大政記綱目八卷 (明)姜寶撰 明萬曆十五年(1587)刻本 山東省圖書館

第 0452 新刻校正古本歷史大方通鑑四十一卷首一卷 (明)李廷機、葉向高輯 明周時泰刻本 山東大學圖書館

第 0453 新刻校正古本歷史大方通鑑四十一卷首一卷 (明)李廷機、葉向高輯 明周時泰刻本 山東省圖書館 存 28 卷:周秦漢紀卷 1-5,唐紀卷 13-19,宋元紀卷 2-14、卷 16-18

第 0454 鼎鍥葉太史彙纂玉堂鑑綱七十二卷 (明)葉向高撰 明萬曆三十年(1602)書林熊體忠刻本 曲阜師範大學圖書館

第 0455 湯睡菴先生歷朝綱鑑全史七十卷首一卷 (明)湯賓尹撰(明)陳繼儒注 明萬曆刻本 山東省圖書館

第 0456 歷代帝王曆祚考八卷音釋一卷歷代紹統年表一卷歷代年號考同一卷 (明)吳繼安撰 明萬曆二十九年(1601)商山季園刻本 山東省圖書館

第 0457 兩漢紀六十卷 明嘉靖二十七年(1548)黄姬水刻本(丁菊甦校) 山東省圖書館

第 0458 兩漢紀六十卷 明嘉靖二十七年(1548)黄姬水刻本(前漢紀卷十至十五配清鈔本,皐鶴軒主人跋) 山東省圖書館

第 0459 前漢紀三十卷 (漢)荀悦撰 明嘉靖二十七年(1548)黄姬水刻兩漢紀本(清王士禛批校並跋) 山東省博物館

第 0460 昭代典則二十八卷 (明)黄光昇撰 明萬曆二十八年(1600)周曰校萬卷樓刻本 山東省圖書館

第 0461　昭代典則二十八卷　(明)黃光昇撰　明萬曆二十八年(1600)周曰校萬卷樓刻本　山東省圖書館

第 0462　皇明十六朝廣彙紀二十八卷　(明)陳建撰(明)陳龍可補訂　明崇禎友石居刻本　山東大學圖書館

第 0463　大明太宗文皇帝實錄一百三十卷　(明)張輔、楊士奇等纂修　明鈔本　山東省圖書館　存101卷:卷16–73、卷87–129

第 0464　通鑑紀事本末四十二卷　(宋)袁樞撰　明萬曆二年(1574)李栻刻本　山東省圖書館　存20卷:卷4–6、卷11–16、卷18–28

第 0465　通鑑紀事本末四十二卷　(宋)袁樞撰　明萬曆二年(1574)李栻刻本　山東省圖書館　存17卷:卷9–10、卷26、卷29–42

第 0466　通鑑紀事本末四十二卷　(宋)袁樞撰　明萬曆二年(1574)李栻刻本(清吳騫批校)　山東省圖書館

第 0467　通鑑紀事本末四十二卷　(宋)袁樞撰　明萬曆三十四年(1606)黃吉士刻本　山東省圖書館

第 0468　通鑑紀事本末四十二卷　(宋)袁樞撰　明萬曆三十四年(1606)黃吉士刻本　山東省圖書館　存41卷:卷1–8、卷10–42

第 0469　通鑑紀事本末前編十二卷　(明)沈朝陽撰　明萬曆四十五年(1617)唐世濟刻本(清吳廣霈跋)　山東大學圖書館

第 0470　宋史紀事本末十卷　(明)馮琦撰(明)陳邦瞻補　明萬曆三十三年(1605)劉曰梧、徐申刻本　平度市圖書館

第 0471　宋史紀事本末二十八卷　(明)馮琦撰(明)陳邦瞻補　明萬曆刻本　山東省圖書館　存26卷:卷1–19、卷22–28

第 0472　宋史紀事本末一百九卷　(明)馮琦撰(明)陳邦瞻補(明)張溥論正　明末張溥刻本　山東省圖書館

第 0473　宋史紀事本末一百九卷　(明)馮琦撰(明)陳邦瞻補(明)張溥論正　明末張溥刻本　濟南市圖書館

第 0474　元史紀事本末二十七卷　(明)陳邦瞻撰(明)臧懋循補(明)張溥論正　明末張溥刻本　山東省圖書館

第 0475　元史紀事本末二十七卷　(明)陳邦瞻撰(明)臧懋循補(明)張溥論正　明末張溥刻本　濟南市圖書館

第 0476　元史紀事本末二十七卷　(明)陳邦瞻撰(明)臧懋循補(明)張溥論正　明末張溥刻本(佚名批校)　山東省圖書館

第 0477　鴻猷錄十六卷　(明)高岱撰　明嘉靖四十四年(1565)高思誠刻本　山東省圖書館

第 0478　路史四十七卷　(宋)羅泌撰　明萬曆三十九年(1611)喬可傳刻本　兖州市圖書館　存26卷:前紀卷1–9,後紀卷1–13,國名紀卷1–4

第 0479　吳越史二十六卷　明天啓刻本　山東大學圖書館

第 0480　國語二十一卷　(吳)韋昭注　明天啓六年(1626)鍾人傑刻本　山東大學圖書館

第 0481　國語二十一卷　(吳)韋昭注(宋)宋庠補音　明李克家刻本　山東省圖書館

第 0482　國語二十一卷　(吳)韋昭注(宋)宋庠補音　明萬曆張一鯤刻本　山東省圖書館

第 0483　國語二十一卷　(吳)韋昭注(宋)宋庠補音(明)穆文熙輯評　明萬曆劉懷恕刻春秋戰國評苑本　山東省圖書館

第 0484　新鐫百家評林國語全編二十一卷　(吳)韋昭注(明)焦竑集評　明萬曆二十一年(1593)熊雲濱刻本　山東大學圖書館

第 0485　國語髓析二十一卷　(明)公鼐、吕邦燿撰　明梁隆吉刻本　山東省圖書館　存 15 卷:卷 1–10、卷 17–21

第 0486　國語髓析二十一卷　(明)公鼐、吕邦燿撰　明唐暉刻本　山東省博物館

第 0487　國語九卷　(明)閔齊伋裁注　明萬曆四十七年(1619)閔齊伋刻本　山東省圖書館

第 0488　戰國策十卷　(宋)鮑彪校注(元)吳師道補正　明嘉靖二年(1523)刻本　山東省圖書館

第 0489　戰國策十卷　(宋)鮑彪校注(元)吳師道補正　明萬曆九年(1581)張一鯤刻本　山東省博物館

第 0490　戰國策十卷　(宋)鮑彪校注(元)吳師道補正　明萬曆九年(1581)張一鯤刻本　山東省圖書館

第 0491　戰國策十卷　(宋)鮑彪校注(元)吳師道補正　明刻本　山東大學圖書館

第 0492　戰國策十卷　(宋)鮑彪校注(元)吳師道補正　明刻本　山東大學圖書館

第 0493　戰國策十卷　(宋)鮑彪校注(元)吳師道補正　明刻本　山東大學圖書館

第 0494　戰國策十卷　(宋)鮑彪校注(元)吳師道補正(明)穆文熙輯評　明萬曆劉懷恕刻春秋戰國評苑本　山東省圖書館

第 0495　戰國策十卷　(宋)鮑彪校注(元)吳師道補正(明)穆文熙輯評　明刻本　青島市圖書館

第 0496　戰國策譚棷十卷　(宋)鮑彪校注(元)吳師道補正(明)張文爟集評　附錄一卷(明)張文爟輯　明萬曆刻本　濟南市博物館

第 0497　戰國策譚棷十卷　(宋)鮑彪校注(元)吳師道補正(明)張文爟集評　附錄一卷(明)張文爟輯　明萬曆刻本　山東省圖書館

第 0498　戰國策譚棷十卷　(宋)鮑彪校注(元)吳師道補正(明)張文爟集評　附錄一卷(明)張文爟輯　明萬曆刻本　山東大學圖書館

第 0499　戰國策譚棷十卷　(宋)鮑彪校注(元)吳師道補正(明)張文爟集評　附錄一卷(明)張文爟輯　明萬曆刻本　淄博市圖書館

第 0500　戰國策十二卷　(明)陳仁錫、鍾惺評　明末刻本　山東大學圖書館　存 10 卷:卷 1–10

第 0501　戰國策十二卷　(明)閔齊伋裁注　元本目錄一卷　明萬曆四十八年(1620)閔齊伋刻三色套印本　山東省博物館

第 0502　戰國策十二卷　(明)閔齊伋裁注　元本目錄一卷　明萬曆四十八年(1620)閔齊伋刻三色套印本　山東省圖書館

第 0503　戰國策十二卷　(明)閔齊伋裁注　元本目錄一卷　明萬曆四十八年(1620)閔齊伋刻三色套印本　山東省圖書館

第 0504　戰國策十二卷　(明)閔齊伋裁注　元本目錄一卷　明萬曆四十八年(1620)閔齊伋刻三色套印本　山東省圖書館

第 0505　戰國策十二卷　(明)閔齊伋裁注　元本目錄一卷　明萬曆四十八年(1620)閔齊伋刻三色套印本　山東省圖書館

第 0506　戰國策十二卷　(明)閔齊伋裁注　元本目錄一卷　明萬曆四十八年(1620)閔齊伋刻三色套印本　濟南市圖書館

第 0507　戰國策十二卷　(明)閔齊伋裁注　元本目錄一卷　明萬曆四十八年(1620)閔齊伋刻三色套印本　山東師範大學圖書館

第 0508　戰國策十二卷　(明)閔齊伋裁注　明萬曆四十八年(1620)閔齊伋刻本(佚名批校)　山東省圖書館

第 0509　越絕書十五卷　(漢)袁康撰　明刻本　濟南市圖書館

第 0510　越絕書十五卷　(漢)袁康撰(宋)劉辰翁評　明刻本　文登市圖書館

第 0511　貞觀政要十卷　(唐)吳兢撰(元)戈直集論　明成化元年(1465)內府刻本　山東省圖書館

第 0512　貞觀政要十卷　(唐)吳兢撰(元)戈直集論　明成化元年(1465)內府刻本　山東省圖書館

第 0513　貞觀政要十卷　(唐)吳兢撰(元)戈直集論　明成化元年(1465)內府刻本　山東省圖書館

第 0514　貞觀政要十卷　(唐)吳兢撰(元)戈直集論　明成化元年(1465)內府刻本　山東省圖書館

第 0515　貞觀政要十卷　(唐)吳兢撰(元)戈直集論　明成化元年(1465)內府刻本　山東省圖書館　存 2 卷:卷 3–4

第 0516　南遷錄一卷　(題金)張師顏撰　明鈔本(清王士禛跋)　山東省博物館

第 0517　吾學編六十九卷　(明)鄭曉撰　明隆慶元年(1567)鄭履淳刻本　山東大學圖書館

第 0518　吾學編六十九卷　(明)鄭曉撰　明隆慶元年(1567)鄭履淳刻本　山東省圖書館　存 10 種 44 卷:皇明大政記十卷(存 4 卷:卷 1–4);皇明名臣記三十卷(存 21 卷:卷 4–8、卷 15–30);皇明百官表一卷;皇明百官述二卷;建文遜國臣記八卷;皇明三禮述二卷;皇明天文述一卷;皇明地理述二卷;皇明四夷考二卷;皇明北虜考一卷

第 0519　吾學編六十九卷　(明)鄭曉撰　明隆慶元年(1567)鄭履淳刻本　山東省圖書館　存 11 種 33 卷:皇明大政記十卷;皇明遜國記一卷;同姓諸王表二卷傳三卷附異姓三王孔氏世家;異姓諸侯表一卷傳二卷;直文淵閣諸臣表一卷;兩京典詮表一卷;皇明名臣記三十卷(存 1 卷:卷 2);建文遜國臣記八卷(存 6 卷:卷 1–6);皇明百官述二卷;皇明四夷考二卷;皇明北虜考一卷

第 0520　吾學編六十九卷　(明)鄭曉撰　明萬曆二十七年(1599)鄭心材刻本　山東師範大學圖書館

第 0521　吾學編六十九卷　(明)鄭曉撰　明刻本　成武縣文物管理所　存 4 種 13 卷:皇明大政記十卷;異姓諸侯表一卷傳二卷(存 1 卷:傳卷下);直文淵閣諸臣表一卷;兩京典詮表一卷

第 0522　今言四卷　(明)鄭曉撰　明嘉靖四十五年(1566)項篤壽刻本　山東省圖書館

第 0523　弇山堂別集一百卷　(明)王世貞撰　明萬曆十八年(1590)金陵刻本　山東省圖書館

第 0524　弇州史料前集三十卷後集七十卷　(明)王世貞撰(明)董復表輯　明萬曆四十二年(1614)刻本　山東省圖書館

第 0525　弇州史料前集三十卷後集七十卷　(明)王世貞撰(明)董復表輯　明萬曆四十二年(1614)刻

本　山東大學圖書館

第 0526　弇州史料前集三十卷後集七十卷　(明)王世貞撰(明)董復表輯　明萬曆四十二年(1614)刻本　山東省圖書館　存 79 卷:前集三十卷,後集卷 1–27、卷 30–32、卷 34、卷 53–70

第 0527　邊略五卷　(明)高拱撰　明萬曆元年(1573)刻本　山東省博物館　存 4 卷:卷 1–4

第 0528　建文朝野彙編二十卷　(明)屠叔方撰　明刻本　山東師範大學圖書館

第 0529　萬曆三大征考三卷　(明)茅瑞徵撰　明刻本　山東省圖書館

第 0530　三朝遼事實錄十七卷總略一卷　(明)王在晉撰　明崇禎刻本　山東省博物館　存 12 卷

第 0531　三朝要典二十四卷原始一卷　(明)顧秉謙、徐紹言等纂修　明天啓刻本　山東大學圖書館

第 0532　清流摘鏡不分卷　(明)蔡士順撰　明末鈔本　山東省博物館

第 0533　召對錄一卷　(明)倪元璐、朱之俊等輯　明崇禎鈔本　山東省博物館

第 0534　歷代名臣奏議三百五十卷　(明)黄淮、楊士奇等輯　明永樂内府刻本　山東省圖書館

第 0535　歷代名臣奏議三百五十卷　(明)黄淮、楊士奇等輯(明)張溥刪正　明崇禎東觀閣刻本　山東省圖書館

第 0536　歷代名臣奏議三百五十卷　(明)黄淮、楊士奇等輯(明)張溥刪正　明崇禎東觀閣刻本　山東省圖書館

第 0537　荆川先生右編四十卷　(明)唐順之輯(明)劉曰寧補　明萬曆三十三年(1605)南京國子監刻本　山東大學圖書館

第 0538　荆川先生右編四十卷　(明)唐順之輯(明)劉曰寧補　明萬曆三十三年(1605)南京國子監刻本　山東省圖書館　存 11 卷:卷 1–5、卷 28–33

第 0539　右編補十卷　(明)姚文蔚輯　明萬曆三十九年(1611)劉伸等刻本　山東省圖書館

第 0540　右編補十卷　(明)姚文蔚輯　明萬曆三十九年(1611)劉伸等刻本　山東省圖書館

第 0541　秦漢書疏十八卷　明嘉靖三十七年(1558)吳國倫刻本　山東省圖書館

第 0542　秦漢書疏十八卷　明嘉靖三十七年(1558)吳國倫刻本　山東師範大學圖書館　存 2 種 12 卷:秦書疏三卷;東漢書疏九卷

第 0543　皇明名臣經濟錄十八卷　(明)陳九德輯　明嘉靖二十八年(1549)刻本　山東省圖書館

第 0544　皇明疏議輯畧三十七卷　(明)張瀚輯　明王汝訓、萬世德刻本　山東大學圖書館

第 0545　倸菴野抄十一卷　(明)蔡士順輯　明崇禎刻本　山東省圖書館

第 0546　遼變會議始末二卷　(明)畢自嚴輯　明崇禎刻本　山東省圖書館　存 1 卷:卷 2

第 0547　盡言集十三卷　(宋)劉安世撰　明隆慶五年(1571)張佳胤、王阿杲等刻本　山東省圖書館

第 0548　宋丞相李忠定公奏議六十九卷附錄九卷　(宋)李綱撰　明正德十一年(1516)胡文靜、蕭泮刻天啓重修本　山東師範大學圖書館

第 0549　司農奏議十卷　(明)趙世卿撰　明萬曆刻本　山東省圖書館　存 9 卷:卷 1、卷 3–10

第 0550　撫夏奏議六卷　(明)黄嘉善撰　明刻本　山東省圖書館　存 5 卷:卷 1–3、卷 5–6

第 0551　掖垣諫草五卷　(明)張貞觀撰　明萬曆刻本　山東省圖書館　存 2 卷:卷 2、卷 5

第 0552　撫津疏草四卷　(明)畢自嚴撰　明天啓刻本　山東省圖書館

第 0553　餉撫疏草七卷　(明)畢自嚴撰　明天啓刻本　山東省圖書館　存 3 卷:卷 1–2、卷 5

第 0554　畢伯陽奏稿一卷　(明)畢自嚴撰　明末鈔本　山東省博物館

第 0555　周忠毅公奏議四卷　(明)周宗建撰　明崇禎熊開元刻本　山東大學圖書館

第 0556　寧光先奏稿不分卷　(明)寧光先撰　明崇禎鈔本　山東省博物館

第 0557　疏稿一卷　(明)黄宗昌撰　稿本(清藍恪方跋)　山東省博物館

第 0558　增釋春秋列傳五卷　(明)劉節撰　明萬曆三十六年(1608)潘榛刻本　山東省圖書館

第 0559　歷代經世詳說六卷附録一卷　(元)方回撰　明鈔本　山東省圖書館

第 0560　東西漢列傳不分卷　明山椒館鈔本　山東省圖書館

第 0561　列女傳十六卷　(漢)劉向撰(明)汪道昆輯(明)仇英繪圖　明萬曆刻清乾隆四十四年(1779)鮑氏知不足齋印本　山東省博物館

第 0562　列女傳十六卷　(漢)劉向撰(明)汪道昆輯(明)仇英繪圖　明萬曆刻清乾隆四十四年(1779)鮑氏知不足齋印本　山東省圖書館

第 0563　列女傳十六卷　(漢)劉向撰(明)汪道昆輯(明)仇英繪圖　明萬曆刻清乾隆四十四年(1779)鮑氏知不足齋印本　山東省圖書館

第 0564　古今列女傳三卷　(明)解縉等撰　明永樂元年(1403)内府刻本　青島市博物館

第 0565　女範編一卷　(明)黄尚文撰　明萬曆刻本　蓬萊市文化局慕湘藏書館

第 0566　女範編四卷　(明)黄尚文撰　明萬曆刻本(清王芑孫跋)　山東省博物館

第 0567　孝順事實十卷　(明)成祖朱棣撰　明永樂十八年(1420)内府刻本　山東省博物館

第 0568　歷代臣鑒三十七卷　(明)宣宗朱瞻基撰　明正德五年(1510)刻本　山東省圖書館

第 0569　帝鑑圖說不分卷　(明)張居正等撰　明刻本　山東師範大學圖書館

第 0570　守令懿範四卷　(明)蔡國熙撰　明刻本　濟南市圖書館

第 0571　事編内篇八卷　(明)孫愼行撰　明崇禎十一年(1638)刻本　山東大學圖書館

第 0572　仕隱霞標四卷　(明)龍遇奇撰　明萬曆四十五年(1617)自刻本　濟南市圖書館　缺卷一上

第 0573　鏡古錄八卷　(明)毛調元撰　明萬曆紫陽書院刻本　山東省圖書館

第 0574　聖賢像贊三卷　(明)吕維祺輯　明崇禎刻本　山東省圖書館

第 0575　聖賢像贊三卷　(明)吕維祺輯　明崇禎刻本　濟南市圖書館

第 0576　聖學宗傳十八卷　(明)周汝登撰　明萬曆三十三年(1605)刻本　山東省圖書館

第 0577　五胡指掌編一卷　(明)李國楷撰　明刻本　山東省圖書館

第 0578　五朝宋名臣言行錄前集十卷後集十四卷　(宋)朱熹輯　續集八卷别集二十六卷外集十七卷(宋)李幼武輯　明萬曆三十五年(1607)黄吉士等刻本　山東省圖書館

第 0579　五朝名臣言行錄前集十卷後集十四卷　(宋)朱熹輯　續集八卷别集二十六卷外集十七卷(宋)李幼武輯　明張鰲山刻本(有鈔配)　曲阜師範大學圖書館

第 0580　宋朱晦菴先生名臣言行錄前集十卷後集十四卷　(宋)朱熹輯　續集八卷别集十三卷外集十七卷(宋)李幼武輯　明崇禎十一年(1638)張采、宋學顯等刻本　山東省圖書館

第 0581　宋朱晦菴先生名臣言行錄前集十卷後集十四卷　(宋)朱熹輯　續集八卷别集十三卷外集十七卷(宋)李幼武輯　明崇禎十一年(1638)張采、宋學顯等刻本　濟南市圖書館

第 0582　宋朱晦菴先生名臣言行錄前集十卷後集十四卷　(宋)朱熹輯　續集八卷别集十三卷外集十

七卷(宋)李幼武輯 明崇禎十一年(1638)張采、宋學顯等刻本 山東大學圖書館

第 0583 蘇米志林三卷 (明)毛晉輯 明天啓五年(1625)毛氏綠君亭刻本 山東省圖書館

第 0584 蘇米志林三卷 (明)毛晉輯 明天啓五年(1625)毛氏綠君亭刻本 曲阜師範大學圖書館

第 0585 蘇米志林三卷 (明)毛晉輯 明天啓五年(1625)毛氏綠君亭刻本 山東省圖書館 存 1 卷:米元章一卷

第 0586 蘇米志林三卷 (明)毛晉輯 明天啓五年(1625)毛氏綠君亭刻本 山東省圖書館 存 1 卷:米元章一卷

第 0587 蘇米志林三卷 (明)毛晉輯 明天啓五年(1625)毛氏綠君亭刻本 山東大學圖書館 存 1 卷:米元章一卷

第 0588 殿閣詞林記二十二卷 (明)廖道南撰 明嘉靖刻本(清汪文柏批校) 山東省圖書館 存 13 卷:卷 1–13

第 0589 殿閣詞林記二十二卷 (明)廖道南撰 明嘉靖三十一年(1552)書林詹氏就正齋刻本 山東省圖書館

第 0590 國朝列卿紀一百六十五卷 (明)雷禮輯 明萬曆徐鑒刻本 山東省圖書館

第 0591 皇明名臣言行錄新編三十四卷 (明)沈應魁輯 明嘉靖三十二年(1553)自刻本 山東省圖書館

第 0592 皇明閣臣錄四卷 (明)李廷機撰 明萬曆刻本 山東省圖書館

第 0593 皇明名臣言行錄新編四十四卷 (明)汪國楠輯 明萬曆四十年(1612)刻本 山東省圖書館

第 0594 皇明名臣言行錄新編四十四卷 (明)汪國楠輯 明萬曆四十年(1612)刻本 山東省圖書館

第 0595 皇明詞林人物考十二卷 (明)王兆雲撰 明萬曆刻本 濰坊市博物館

第 0596 嘉靖以來首輔傳八卷 (明)王世貞撰 明萬曆四十五年(1617)茅元儀刻本 山東省圖書館

第 0597 梅花草堂集十一卷 (明)張大復撰(清)汪中鵬補訂 明刻清雍正二年(1724)汪中鵬重修本 山東省圖書館

第 0598 晏子春秋八卷 明刻本 山東省博物館

第 0599 晏子春秋六卷 明凌澄初刻朱墨套印本 山東省圖書館

第 0600 晏子春秋六卷 明凌澄初刻朱墨套印本 山東師範大學圖書館

第 0601 晏子春秋四卷 明萬曆十六年(1588)吳懷保刻本 山東省圖書館

第 0602 晏子春秋四卷 明黃之寀刻本 濟南市圖書館

第 0603 孔聖全書三十五卷 (明)蔡復賞撰 明萬曆金陵書坊葉貴刻本 山東師範大學圖書館 存 16 卷:卷 1–16

第 0604 鄂國金佗稡編二十八卷 (宋)岳珂輯 明嘉靖二十一年(1542)洪富刻三十七年(1558)黃日敬重修本 山東省圖書館

第 0605 宋丞相崔清獻公言行錄內集二卷外集三卷 (明)崔子璲輯(明)崔爌增輯 明嘉靖十五年(1536)崔爌刻萬曆增修本 山東省圖書館

第 0606 葵明安翁墓誌銘一卷 (明)仇維楨撰 行狀一卷(明)安傳撰 明刻藍印本 山東省圖書館

第 0607 張曉行實墓誌銘一卷 (明)鍾羽正等撰 明崇禎刻本 淄博市圖書館

第 0608　司馬温公年譜六卷　(明)馬巒撰　明萬曆四十六年(1618)司馬露刻本　山東大學圖書館

第 0609　紫陽文公先生年譜五卷　(明)李默、朱河重訂　明嘉靖刻本　山東省圖書館

第 0610　紫陽文公先生年譜五卷　(明)李默、朱河重訂(明)朱吾弼輯　明萬曆朱崇沐刻本　山東省圖書館　存 3 卷:卷 1–3

第 0611　東阿于文定公年譜二卷　(明)邢侗撰　明末鈔本　山東省圖書館

第 0612　孔氏實錄十四卷　(明)孔元祚撰　明鈔本　曲阜市文物管理局孔府文物檔案館　存 5 卷:卷 1–2、卷 6–8

第 0613　涑水司馬氏源流集略八卷　(明)司馬晰輯　明萬曆十五年(1587)司馬祉刻三十五年(1607)司馬露增修本　山東省圖書館

第 0614　涑水司馬氏源流集略八卷　(明)司馬晰輯　明萬曆十五年(1587)司馬祉刻三十五年(1607)司馬露增修本　山東省圖書館

第 0615　淄川畢氏傳誌六卷　(明)畢自嚴撰　明崇禎刻本　山東省博物館

第 0616　王氏族譜十三卷　(明)王象晉纂修　明崇禎三年(1630)毛氏汲古閣刻本　山東省博物館

第 0617　東郡雷氏族譜二卷　(明)雷金聲纂修　明萬曆刻本　山東省圖書館

第 0618　婺源桃溪潘氏本宗譜十六卷　(明)潘珏、程師魯纂修　明正德刻本　山東省圖書館

第 0619　鄭氏宗譜不分卷　明崇禎鄭應鳴鈔本　曲阜師範大學圖書館

第 0620　嘉靖乙丑科進士同年錄不分卷　明嘉靖刻本　山東省圖書館

第 0621　萬曆戊戌科進士同年序齒錄一卷　明鈔本　山東省博物館

第 0622　明萬曆會試錄不分卷　明刻本　山東省圖書館

第 0623　嘉靖七年山東鄉試錄一卷　明鈔本　山東省圖書館

第 0624　十七史詳節二百七十四卷　(宋)吕祖謙輯　明正德十一年(1516)劉弘毅慎獨齋刻本　山東省圖書館　存 9 種 216 卷:東萊先生西漢詳節三十卷(存 24 卷:卷 7–30);東萊先生東漢詳節三十卷;東萊先生三國志詳節二十卷;東萊先生晉書詳節三十卷;東萊先生南史詳節二十五卷;東萊先生北史詳節二十八卷(存 13 卷:卷 1–13);東萊先生隋書詳節二十卷;諸儒唐書詳節六十卷(存 44 卷:卷 17–60);東萊先生五代史詳節十卷

第 0625　十七史詳節二百七十四卷　(宋)吕祖謙輯　明正德十一年(1516)劉弘毅慎獨齋刻本　濟南市圖書館　存 4 種 50 卷:東萊先生西漢詳節三十卷(存 2 卷:卷 17–18);東萊先生東漢詳節三十卷(存 3 卷:卷 16–18);東萊先生南史詳節二十五卷;東萊先生隋書詳節二十卷

第 0626　十七史詳節二百七十四卷　(宋)吕祖謙輯　明正德十一年(1516)劉弘毅慎獨齋刻本　濟南市圖書館　存 1 種 13 卷:東萊先生隋書詳節二十卷(存 13 卷:卷 1–13)

第 0627　十七史詳節二百七十四卷　(宋)吕祖謙輯　明正德十一年(1516)劉弘毅慎獨齋刻本(佚名批注)　山東大學圖書館　存 2 種 58 卷:東萊先生晉書詳節三十卷;東萊先生北史詳節二十八卷

第 0628　十七史詳節二百七十三卷　(宋)吕祖謙輯　明嘉靖四十五年至隆慶四年(1566—1570)陝西布政司刻本　山東大學圖書館

第 0629　史鈔二十二卷　(明)吳文度輯　明刻本　山東省圖書館

第 0630　歷代史纂左編一百四十二卷　(明)唐順之輯　明嘉靖四十年(1561)胡宗憲刻本　煙臺圖

書館

第 0631 全史論贊八十二卷 (明)項篤壽輯 明嘉靖四十五年(1566)項氏萬卷堂刻本 山東省圖書館

第 0632 全史論贊八十二卷 (明)項篤壽輯 明嘉靖四十五年(1566)項氏萬卷堂刻本 山東省圖書館 存 10 種 40 卷:史記論贊七卷;前漢書論贊六卷;後漢書論贊五卷;三國志論贊三卷;晉書論贊四卷;宋書論贊三卷;南齊書論贊三卷;梁書論贊三卷;陳書論贊三卷;魏書論贊三卷

第 0633 史綱纂要三卷 (明)郭邦藩輯 明刻本 山東省圖書館

第 0634 雪廬讀史快編六十卷 (明)趙維寰輯 明天啓刻本 山東省圖書館 存 52 卷:卷 1–30、卷 33–34、卷 36–55

第 0635 二十一史論贊輯要三十六卷 (明)彭以明輯 明萬曆三十七年(1609)彭惟成、彭惟直刻本 山東省圖書館

第 0636 二十一史論贊輯要三十六卷 (明)彭以明輯 明萬曆歐陽照刻本 山東省圖書館

第 0637 二十一史論贊輯要三十六卷 (明)彭以明輯 明萬曆歐陽照刻本 山東省圖書館

第 0638 二十一史論贊輯要三十六卷 (明)彭以明輯 明萬曆歐陽照刻本 山東師範大學圖書館

第 0639 史薈五卷 (明)王家植輯 明崇禎刻本 山東省圖書館

第 0640 史品赤函四卷 (明)陳仁錫輯 明末刻本 山東大學圖書館

第 0641 二十一史文鈔三百三十二卷 (明)戴羲輯 明崇禎刻本 山東省圖書館

第 0642 通鑑總類二十卷 (宋)沈樞輯 明刻本 山東省圖書館

第 0643 通鑑總類二十卷 (宋)沈樞輯 明萬曆二十三年(1595)孫隆刻本(清汪士鐘跋) 山東大學圖書館

第 0644 新刻侗初張先生評選國語雋四卷 (明)張鼐輯 明師儉堂蕭少衢刻本 山東大學圖書館

第 0645 鐫侗初張先生評選戰國策雋四卷 (明)張鼐輯 明師儉堂蕭少衢刻本 山東大學圖書館

第 0646 荆川先生精選批點史記十二卷 (明)唐順之輯 明刻本 山東省圖書館

第 0647 荆川先生精選批點史記十二卷 (明)唐順之輯 明刻本 文登市圖書館

第 0648 史記鈔九十一卷 (明)茅坤輯 明泰昌元年(1620)閔振業刻朱墨套印本 山東省圖書館

第 0649 史記鈔九十一卷 (明)茅坤輯 明泰昌元年(1620)閔振業刻朱墨套印本 山東省圖書館

第 0650 史記鈔九十一卷 (明)茅坤輯 明泰昌元年(1620)閔振業刻朱墨套印本 濟南市圖書館

第 0651 史記鈔九十一卷 (明)茅坤輯 明泰昌元年(1620)閔振業刻朱墨套印本 山東大學圖書館

第 0652 史記鈔九十一卷 (明)茅坤輯 明泰昌元年(1620)閔振業刻朱墨套印本 山東省圖書館 存 66 卷:卷 1–66

第 0653 茅鹿門先生批評史記抄一百四卷 (明)茅坤輯 明天啓元年(1621)茅兆海刻本 濰坊學院圖書館

第 0654 茅鹿門先生批評史記抄一百四卷 (明)茅坤輯 明天啓元年(1621)茅兆海刻本 文登市圖書館

第 0655 四史鴻裁四十卷 (明)穆文熙輯 明萬曆十八年(1590)朱朝聘刻本(佚名批校) 山東省圖書館

第 0656　四史鴻裁四十卷　(明)穆文熙輯　明萬曆十八年(1590)朱朝聘刻本(佚名批校)　山東省圖書館

第 0657　四史鴻裁四十卷　(明)穆文熙輯　明萬曆十八年(1590)朱朝聘刻本(佚名批校)　山東省圖書館

第 0658　四史鴻裁四十卷　(明)穆文熙輯　明萬曆十八年(1590)朱朝聘刻本(佚名批校)　山東省圖書館

第 0659　兩漢博聞十二卷　(宋)楊侃輯　明嘉靖三十七年(1558)黄魯曾刻本　山東省圖書館

第 0660　兩漢博聞十二卷　(宋)楊侃輯　明嘉靖三十七年(1558)黄魯曾刻本　山東省圖書館

第 0661　兩漢博聞十二卷　(宋)楊侃輯　明嘉靖三十七年(1558)黄魯曾刻本　山東師範大學圖書館

第 0662　漢雋十卷　(宋)林鉞輯　明嘉靖十一年(1532)郯鼎刻本　山東大學圖書館

第 0663　漢雋十卷　(宋)林鉞輯　明萬曆十二年(1584)呂元刻本　山東師範大學圖書館

第 0664　漢書鈔九十三卷　(明)茅坤輯　明萬曆十七年(1589)自刻本　山東省圖書館

第 0665　漢書鈔九十三卷　(明)茅坤輯　明萬曆十七年(1589)自刻本　平度市圖書館　存 90 卷:卷 4–93

第 0666　鹿門先生批點漢書九十三卷　(明)茅坤輯並批點　明崇禎八年(1635)茅琛徵刻本　山東省圖書館

第 0667　鹿門先生批點漢書九十三卷　(明)茅坤輯並批點　明崇禎八年(1635)茅琛徵刻本　山東省圖書館

第 0668　鹿門先生批點漢書九十三卷　(明)茅坤輯並批點　明崇禎八年(1635)茅琛徵刻本　山東省圖書館

第 0669　前漢書抄八卷後漢書抄八卷　(明)王廷輯　明嘉靖四十三年(1564)刻本　山東省圖書館

第 0670　前漢書抄八卷後漢書抄八卷　(明)王廷輯　明嘉靖四十三年(1564)刻本　山東省圖書館　存 4 卷:後漢書抄卷 1–2、卷 7–8

第 0671　東漢史刪三十三卷　(明)茅國縉輯　明萬曆三十一年(1603)刻本　山東師範大學圖書館

第 0672　後漢書纂十二卷　(明)凌濛初輯　明刻本　山東省圖書館

第 0673　晉書鈎玄二卷　(明)錢普撰　明萬曆六年(1578)刻本　山東省圖書館

第 0674　晉書鈎玄二卷　(明)錢普撰　明萬曆六年(1578)刻本　山東大學圖書館

第 0675　晉史刪四十卷　(明)茅國縉輯　明刻本　山東大學圖書館

第 0676　晉書纂六十卷援據一卷　(明)蘇文韓撰　明萬曆刻本　山東省圖書館

第 0677　晉書纂六十卷援據一卷　(明)蘇文韓撰　明萬曆刻本　山東大學圖書館

第 0678　兩晉南北合纂四十卷　(明)錢岱輯　明萬曆刻本　山東省圖書館

第 0679　兩晉南北合纂四十卷　(明)錢岱輯　明萬曆刻本　山東省圖書館　存 16 卷:晉書纂卷 1–16

第 0680　兩晉南北合纂四十卷　(明)錢岱輯　明萬曆刻本　山東大學圖書館　存 16 卷:晉書纂卷 1–16

第 0681　歐陽文忠公新唐書抄二卷五代史抄二十卷　(明)茅坤輯並評　明萬曆七年(1579)茅一桂刻本　文登市圖書館　存 17 卷:五代史抄卷 1–4、卷 8–20

第 0682 歐陽文忠公五代史抄二十卷 (明)茅坤輯 明刻朱墨套印本 山東省博物館

第 0683 歐陽文忠公五代史抄二十卷 (明)茅坤輯 明刻朱墨套印本 山東省圖書館

第 0684 歐陽文忠公五代史抄二十卷 (明)茅坤輯 明刻朱墨套印本 山東師範大學圖書館

第 0685 元史節要十四卷 (明)張美和輯 明張克文刻本 山東省圖書館

第 0686 元史節要十四卷 (明)張美和輯 明張克文刻本 曲阜師範大學圖書館

第 0687 日涉編十二卷 (明)陳堦輯 明萬曆三十九年(1611)徐養量刻本 山東省圖書館

第 0688 日涉編十二卷 (明)陳堦輯 明萬曆三十九年(1611)徐養量刻本 山東省圖書館

第 0689 日涉編十二卷 (明)陳堦輯 明萬曆三十九年(1611)徐養量刻清乾隆三十四年(1769)清畏堂重修本 山東省圖書館

第 0690 日涉編十二卷 (明)陳堦輯 明萬曆三十九年(1611)徐養量刻清乾隆三十四年(1769)清畏堂重修本 山東省圖書館

第 0691 大明清類天文分野之書二十四卷 (題明)劉基等撰 明初刻本 文登市圖書館

第 0692 大明一統志九十卷 (明)李賢、萬安等纂修 明天順五年(1461)内府刻本 山東省圖書館 存 69 卷:卷 1–10、卷 14–26、卷 29–30、卷 34–68、卷 78(第 1–6,8 上,10 葉)、卷 79(第 33 葉下)、卷 82–83、卷 84(第 25–28 葉)、卷 85(第 1–29 葉)、卷 88–90

第 0693 大明一統志九十卷 (明)李賢、萬安等纂修 明天順五年(1461)内府刻本 山東大學圖書館 存 24 卷:卷 6–10、卷 16–18、卷 26–27、卷 32–33、卷 36–40、卷 61–64、卷 69–71

第 0694 大明一統志九十卷 (明)李賢、萬安等纂修 明天順五年(1461)内府刻本 山東省圖書館 存 19 卷:卷 25、卷 38–44、卷 52–55、卷 81–82、卷 86–90

第 0695 大明一統志九十卷 (明)李賢、萬安等纂修 明天順五年(1461)内府刻本 山東省博物館 存 12 卷

第 0696 大明一統志九十卷 (明)李賢、萬安等纂修 明弘治十八年(1505)愼獨齋刻本(卷二、二十一配清鈔本) 山東省圖書館

第 0697 大明一統志九十卷 (明)李賢、萬安等纂修 明嘉靖三十八年(1559)書林楊氏歸仁齋刻本 山東省圖書館

第 0698 大明一統志九十卷 (明)李賢、萬安等纂修 明萬壽堂刻本 山東大學圖書館

第 0699 大明一統志九十卷 (明)李賢、萬安等纂修 明萬壽堂刻本 成武縣文物管理所 存 70 卷:卷 1–5、卷 8–10、卷 14–21、卷 24–32、卷 35–36、卷 39–49、卷 53–57、卷 60–82、卷 85–88

第 0700 大明一統志九十卷 (明)李賢、萬安等纂修 明萬壽堂刻本 山東省圖書館 存 65 卷:卷 1–65。

第 0701 大明一統志九十卷 (明)李賢、萬安等纂修 明萬壽堂刻本 山東省圖書館 存 41 卷:卷 19–28,卷 46–76。

第 0702 脩攘通考六卷 (明)何鏜編 明鈔本 山東省博物館

第 0703 廣輿記二十四卷 (明)陸應陽撰 明刻本 山東省圖書館

第 0704 廣輿記二十四卷 (明)陸應陽撰 明刻本 山東師範大學圖書館

第 0705 廣輿記二十四卷 (明)陸應陽撰 明刻本 泰安市博物館 存 21 卷:卷 1–2、卷 6–24

第 0706　廣輿記二十四卷　(明)陸應陽撰　明刻本　山東省圖書館　存 19 卷:卷 1–19

第 0707　廣輿圖二卷　(元)朱思本撰(明)羅洪先、胡松增補　明萬曆七年(1579)錢岱刻本　山東大學圖書館

第 0708　明輿圖不分卷　明鈔本　山東大學圖書館

第 0709　彙輯輿圖備攷全書十八卷　(明)潘光祖撰　明崇禎六年(1633)傅昌辰版築居刻本　煙臺圖書館

第 0710　地圖綜要三卷　(明)吳學儼等撰　明末刻本　山東大學圖書館

第 0711　[正德]姑蘇志六十卷　(明)林世遠、王鏊等纂修　明正德刻本　文登市圖書館　存 3 卷:卷 4–6

第 0712　[萬曆]上海縣志十卷　(明)顔洪範、張之象等纂修　明萬曆刻本　山東省圖書館　存 3 卷:卷 1、卷 3、卷 5

第 0713　[嘉靖]山東通志四十卷　(明)陸釴等纂修　明嘉靖十二年(1533)刻本　山東省圖書館

第 0714　[嘉靖]山東通志四十卷　(明)陸釴等纂修　明嘉靖十二年(1533)刻本　山東省圖書館　存 3 卷:卷 30、卷 37–38

第 0715　[崇禎]歷城縣志十六卷　(明)宋祖法、葉承宗纂修　明崇禎十三年(1640)葉氏友聲堂刻本　山東省博物館　存 15 卷:卷 1–13、卷 15–16

第 0716　[崇禎]歷城縣志十六卷　(明)宋祖法、葉承宗纂修　明崇禎十三年(1640)葉氏友聲堂刻清康熙六十一年(1722)李師白增修本　山東省圖書館　存 15 卷:卷 1–13、卷 15–16

第 0717　[萬曆]章丘縣志三十四卷　(明)董復亨纂修　明萬曆二十四年(1596)刻本　山東省圖書館　存 12 卷:卷 23–34

第 0718　[萬曆]濟陽縣志十卷　(明)侯加乘、邢其諫纂修　[順治]濟陽縣續志一卷(清)解元才纂修　明萬曆三十七年(1609)刻清順治七年(1650)續刻本　山東省博物館

第 0719　[萬曆]兖州府志五十二卷　(明)易登瀛、于慎行纂修　明萬曆二十四年(1596)刻本(卷三十六至三十八為補配)　山東省圖書館

第 0720　[崇禎]曲阜縣志六卷　(明)孔弘毅纂修(清)孔胤淳續修　明崇禎八年(1635)刻清康熙十二年(1673)增修本　曲阜師範大學圖書館

第 0721　[萬曆]安丘縣志二十八卷　(明)熊元、馬文煒纂修　明萬曆十七年(1589)刻本　濟南市博物館

第 0722　[萬曆]安丘縣志二十八卷　(明)熊元、馬文煒纂修　明萬曆十七年(1589)刻本　山東省圖書館

第 0723　[萬曆]安丘縣志二十八卷　(明)熊元、馬文煒纂修　明萬曆十七年(1589)刻本　山東師範大學圖書館

第 0724　[萬曆]武定州志十五卷　(明)桑東陽、邢侗纂修　明萬曆刻本　山東省圖書館　存 10 卷:卷 6–15

第 0725　[正德]朝邑縣志二卷　(明)王道、韓邦靖纂修　明刻本　山東省圖書館

第 0726　[萬曆]朔方新志五卷　(明)楊壽纂修　明萬曆刻本(王獻唐跋)　山東省圖書館　存 1 卷:

卷 1

第 0727 ［嘉靖］秦安志九卷 (明)亢世英、胡纘宗纂修 明嘉靖刻清順治增修本 山東省圖書館

第 0728 ［嘉靖］寧波府志四十二卷 (明)周希哲、張時徹纂修 明嘉靖三十九年(1560)刻本 山東省圖書館 存 20 卷:卷 1–2、卷 13–15、卷 20、卷 22–26、卷 31–39

第 0729 金陵古今圖考一卷 (明)陳沂撰 金陵圖詠一卷(明)朱之蕃撰 金陵雅游編一卷(明)余孟麟等撰 明天啓三年(1623)朱之蕃刻本 山東省圖書館

第 0730 吴興掌故集十七卷 (明)徐獻忠撰 明萬曆四十三年(1615)茅獻徵刻本 山東省圖書館

第 0731 古今游名山記十七卷總錄三卷 (明)何鏜輯 明嘉靖四十四年(1565)自刻本 文登市圖書館 存 16 卷:卷 1–8、卷 10 上、卷 11 上、卷 12–17

第 0732 名山勝槩記四十八卷圖一卷附錄一卷 明刻本 山東省圖書館

第 0733 名山勝槩記四十八卷圖一卷附錄一卷 明刻本 山東大學圖書館

第 0734 新鐫海內奇觀十卷 (明)楊爾曾撰 明萬曆三十七年(1609)夷白堂刻本(佚名批點) 山東省圖書館

第 0735 東鎮沂山志五卷目錄二卷 (明)王居易撰 明萬曆刻本 山東省圖書館

第 0736 岱史十八卷 (明)查志隆撰 明萬曆戴相堯刻本 青島市圖書館

第 0737 岱史十八卷 (明)查志隆撰 明萬曆戴相堯刻清順治康熙遞修本 山東省圖書館

第 0738 岱史十八卷 (明)查志隆撰 明萬曆戴相堯刻清順治康熙遞修本 山東省圖書館

第 0739 岱史十八卷 (明)查志隆撰 明萬曆戴相堯刻清順治康熙遞修本 山東省圖書館

第 0740 明州阿育王山志十卷 (明)郭子章撰 明萬曆刻本 續六卷(清)釋畹荃撰 清乾隆刻本 山東大學圖書館

第 0741 明州阿育王山志十卷 (明)郭子章撰 明萬曆刻本 續六卷(清)釋畹荃撰 清乾隆刻本 蓬萊市文化局慕湘藏書館

第 0742 補陀洛伽山志六卷 (明)屠隆撰 明萬曆十七年(1589)侯繼高刻本 山東省圖書館 存 1 卷:卷 1

第 0743 武夷山志十卷附錄一卷 (明)江維楨撰 明萬曆二十三年(1595)安如坤刻本 山東省圖書館

第 0744 太姥山志三卷 (明)謝肇淛撰 明萬曆刻本 山東省博物館

第 0745 匡山志五卷 (明)黄淳撰 明萬曆三十九年(1611)刻清修本 山東師範大學圖書館

第 0746 水經注四十卷 (北魏)酈道元撰 明崇禎二年(1629)嚴忍公等刻本 山東省圖書館

第 0747 河防一覽十四卷 (明)潘季馴撰 明萬曆十八年(1590)自刻本 山東省圖書館

第 0748 南河全考二卷 (明)朱國盛、徐標撰 明末刻本 山東省圖書館

第 0749 西湖遊覽志二十四卷志餘二十六卷 (明)田汝成撰 明嘉靖二十六年(1547)刻本 山東省圖書館

第 0750 西湖遊覽志二十四卷志餘二十六卷 (明)田汝成撰 明嘉靖二十六年(1547)刻萬曆十二年(1584)范鳴謙重修本 山東省圖書館 存 24 卷:西湖遊覽志二十四卷

第 0751 西湖遊覽志餘二十六卷 (明)田汝成撰 明萬曆四十七年(1619)商濬刻本 山東師範大學

圖書館

第 0752　西湖遊覽志餘二十六卷　(明)田汝成撰　明萬曆四十七年(1619)商濬刻本　棲霞市圖書館

第 0753　西湖志類鈔三卷　(明)俞思冲撰　明萬曆刻本　山東省圖書館

第 0754　湖山胜槩一卷　(宋)周密撰　明末刻本　蓬萊市文化局慕湘藏書館

第 0755　陋巷志八卷　(明)顏胤祚撰　明萬曆二十九年(1601)刻本　山東省圖書館

第 0756　陋巷志八卷　(明)顏胤祚撰　明萬曆二十九年(1601)刻本　山東省圖書館

第 0757　陋巷志八卷　(明)顏胤祚撰　明萬曆二十九年(1601)刻本　山東省圖書館

第 0758　陋巷志八卷　(明)顏胤祚撰　明萬曆二十九年(1601)刻本　山東省圖書館

第 0759　陋巷志八卷　(明)顏胤祚撰　明萬曆二十九年(1601)刻本　山東省圖書館

第 0760　陋巷志八卷　(明)顏胤祚撰　明萬曆二十九年(1601)刻本　山東省圖書館

第 0761　陋巷志八卷　(明)顏胤祚撰　明萬曆二十九年(1601)刻本　山東省圖書館

第 0762　陋巷志八卷　(明)顏胤祚撰　明萬曆二十九年(1601)刻本　曲阜市文物管理局孔府文物檔案館

第 0763　陋巷志八卷　(明)顏胤祚撰　明萬曆二十九年(1601)刻清順治增修本　曲阜師範大學圖書館

第 0764　陋巷志八卷　(明)顏胤祚撰　明萬曆二十九年(1601)刻清順治增修本　曹縣圖書館

第 0765　三輔黄圖六卷　明嘉靖三十八年(1559)刻本　山東省圖書館

第 0766　鄧尉聖恩寺志十八卷　(明)周永年撰　明崇禎十七年(1644)刻本　山東省圖書館

第 0767　白鹿書院志十七卷　(明)李應昇撰　明天啓二年(1622)夏偉刻本　山東省圖書館

第 0768　殊域周咨錄二十四卷　(明)嚴從簡撰　明萬曆刻本　山東省圖書館

第 0769　咸賓錄八卷　(明)羅曰褧撰　明萬曆十九年(1591)劉一焜刻本　山東省圖書館

第 0770　東西洋考十二卷　(明)張燮撰　明萬曆四十六年(1618)王起宗刻本　山東師範大學圖書館

第 0771　東西洋考十二卷　(明)張燮撰　明萬曆四十六年(1618)王起宗刻本　青島市圖書館

第 0772　東西洋考十二卷　(明)張燮撰　明萬曆四十六年(1618)王起宗刻本　山東省圖書館　存10卷:卷2-10、卷12

第 0773　晝簾緒論一卷　(宋)胡太初撰　明成化七年(1471)何鑑刻本(清朱錫庚跋)　山東省圖書館

第 0774　三事忠告四卷　(元)張養浩撰　明隆慶元年(1567)貢安國刻本　山東省圖書館

第 0775　爲政忠告四卷　(元)張養浩撰　明芸葉軒刻本　山東師範大學圖書館

第 0776　言治紀略一卷　(明)劉必紹撰　保安太守文登劉公去思錄一卷(明)陳柱等輯　保安州士民歌戴劉天錄一卷(題明)漯川野史輯　明萬曆刻本　山東省圖書館

第 0777　實政錄九卷　(明)吕坤撰　明萬曆二十六年(1598)趙文炳刻本　山東師範大學圖書館　存2卷:督撫約二卷

第 0778　杜氏通典二百卷　(唐)杜佑撰　明嘉靖李元陽刻本　山東省圖書館

第 0779　通典二百卷　(唐)杜佑撰　明刻本　山東省圖書館

第 0780　通典二百卷　(唐)杜佑撰　明刻本　山東省圖書館

第 0781　通典二百卷　(唐)杜佑撰　明刻本　山東師範大學圖書館　存40卷:卷1-40

第 0782 通典二百卷 (唐)杜佑撰 明刻本 山東省圖書館 存 7 卷:卷 4-5、卷 10-12、卷 20-21

第 0783 杜氏通典纂要二卷 明刻本 山東省圖書館

第 0784 文獻通考三百四十八卷 (元)馬端臨撰 明正德十一年至十四年(1516—1519)劉洪慎獨齋刻本 山東師範大學圖書館

第 0785 文獻通考三百四十八卷 (元)馬端臨撰 明正德十一年至十四年(1516—1519)劉洪慎獨齋刻十六年(1521)重修本 山東省圖書館

第 0786 文獻通考三百四十八卷 (元)馬端臨撰 明正德十一年至十四年(1516—1519)劉洪慎獨齋刻十六年(1521)重修本 山東省圖書館

第 0787 文獻通考三百四十八卷 (元)馬端臨撰 明嘉靖三年(1524)司禮監刻本 濟南市博物館

第 0788 文獻通考三百四十八卷 (元)馬端臨撰 明嘉靖三年(1524)司禮監刻本 山東省圖書館

第 0789 文獻通考三百四十八卷 (元)馬端臨撰 明嘉靖三年(1524)司禮監刻本 青島市博物館

第 0790 文獻通考三百四十八卷 (元)馬端臨撰 明嘉靖三年(1524)司禮監刻本 青島市圖書館

第 0791 文獻通考三百四十八卷 (元)馬端臨撰 明嘉靖三年(1524)司禮監刻本 山東省博物館 缺 2 卷

第 0792 文獻通考三百四十八卷 (元)馬端臨撰 明末刻本 山東大學圖書館

第 0793 文獻通考三百四十八卷 (元)馬端臨撰 明末刻本 巨野縣博物館 存 238 卷:卷 1-22、卷 128-168、卷 174-348

第 0794 續文獻通考二百五十四卷 (明)王圻撰 明萬曆三十一年(1603)曹時聘、許維新等刻本 山東省圖書館

第 0795 大明會典一百八十卷 (明)徐溥等纂修 明正德六年(1511)司禮監刻本(明黄之善跋) 青島市博物館 存 148 卷:卷 1-7、卷 10-13、卷 15-36、卷 38-57、卷 60-83、卷 85-96、卷 100-123、卷 125-129、卷 132-135、卷 138-152、卷 170-180

第 0796 大明會典二百二十八卷 (明)申時行、趙用賢等纂修 明萬曆十五年(1587)内府刻本 山東大學圖書館

第 0797 大明集禮五十三卷 (明)徐一夔、梁寅等撰 明嘉靖九年(1530)内府刻本 山東省圖書館 存 25 卷:卷 1-7、卷 26-43

第 0798 太常考不分卷 明鈔本 文登市圖書館

第 0799 活民書三卷增補一卷 (宋)董煟撰(元)張光大增(明)朱熊補遺 明萬曆四十五年(1617)姚思仁刻本 曲阜師範大學圖書館

第 0800 救荒成法一卷 (明)王象晉輯 明萬曆自刻本 山東省圖書館

第 0801 新刻京本大明律法增補招擬直引大全□□卷 明刻本 山東省圖書館 存 4 卷:卷 5-8

第 0802 玉軒新纂古今書目二卷 (明)劉元亮撰 明鈔本 山東省博物館

第 0803 國史經籍志六卷 (明)焦竑撰 明徐象橒曼山館刻本 山東省圖書館

第 0804 隸釋二十七卷 (宋)洪适撰 明萬曆十六年(1588)王雲鷺刻本 山東省圖書館

第 0805 隸釋二十七卷 (宋)洪适撰 明萬曆十六年(1588)王雲鷺刻本 山東省圖書館

第 0806 至大重修宣和博古圖録三十卷 (宋)王黼等撰 明嘉靖七年(1528)蔣暘刻本 曲阜師範大

學圖書館　存 20 卷:卷 1–20

第 0807　泊如齋重修宣和博古圖錄三十卷　(宋)王黼等撰　明萬曆十六年(1588)泊如齋刻本　山東省博物館

第 0808　泊如齋重修宣和博古圖錄三十卷　(宋)王黼等撰　明萬曆十六年(1588)泊如齋刻本　山東省圖書館

第 0809　泊如齋重修宣和博古圖錄三十卷　(宋)王黼等撰　明萬曆十六年(1588)泊如齋刻本　山東省圖書館

第 0810　泊如齋重修宣和博古圖錄三十卷　(宋)王黼等撰　明萬曆十六年(1588)泊如齋刻本　山東省圖書館

第 0811　泊如齋重修宣和博古圖錄三十卷　(宋)王黼等撰　明萬曆十六年(1588)泊如齋刻本　山東省圖書館

第 0812　泊如齋重修宣和博古圖錄三十卷　(宋)王黼等撰　明萬曆十六年(1588)泊如齋刻本　山東省圖書館

第 0813　泊如齋重修宣和博古圖錄三十卷　(宋)王黼等撰　明萬曆十六年(1588)泊如齋刻本　山東省圖書館

第 0814　泊如齋重修宣和博古圖錄三十卷　(宋)王黼等撰　明萬曆十六年(1588)泊如齋刻本　山東省圖書館

第 0815　泊如齋重修宣和博古圖錄三十卷　(宋)王黼等撰　明萬曆十六年(1588)泊如齋刻本　山東大學圖書館

第 0816　泊如齋重修宣和博古圖錄三十卷　(宋)王黼等撰　明萬曆十六年(1588)泊如齋刻本　青島市圖書館

第 0817　泊如齋重修宣和博古圖錄三十卷　(宋)王黼等撰　明萬曆十六年(1588)泊如齋刻本　東明縣文物管理所　存 29 卷:卷 1–26、卷 28–30

第 0818　泊如齋重修宣和博古圖錄三十卷　(宋)王黼等撰　明萬曆十六年(1588)泊如齋刻本　濟南市圖書館　存 28 卷:卷 1–11、卷 14–30

第 0819　泊如齋重修宣和博古圖錄三十卷　(宋)王黼等撰　明萬曆十六年(1588)泊如齋刻本　濟南市圖書館　存 28 卷:卷 1–11、卷 14–30

第 0820　泊如齋重修宣和博古圖錄三十卷　(宋)王黼等撰　明萬曆十六年(1588)泊如齋刻本　蓬萊市文化局慕湘藏書館　存 28 卷:卷 1–28

第 0821　泊如齋重修宣和博古圖錄三十卷　(宋)王黼等撰　明萬曆十六年(1588)泊如齋刻本　山東師範大學圖書館　存 23 卷:卷 1–4、卷 6–13、卷 16、卷 19–20、卷 23–30

第 0822　泊如齋重修宣和博古圖錄三十卷　(宋)王黼等撰　明萬曆十六年(1588)泊如齋刻本　蓬萊市文化局慕湘藏書館　存 18 卷:卷 2–5、卷 7–10、卷 12–13、卷 21–22、卷 25–30

第 0823　泊如齋重修宣和博古圖錄三十卷　(宋)王黼等撰　明萬曆十六年(1588)泊如齋刻本　山東省圖書館　存 15 卷:卷 1–15

第 0824　泊如齋重修宣和博古圖錄三十卷　(宋)王黼等撰　明萬曆十六年(1588)泊如齋刻本　煙臺

圖書館　存15卷:卷1–15

第0825　泊如齋重修宣和博古圖録三十卷　(宋)王黼等撰　明萬曆十六年(1588)泊如齋刻本　曲阜師範大學圖書館　存15卷:卷1–15

第0826　歷代鐘鼎彝器款識法帖二十卷　(宋)薛尚功撰　明鈔本　山東省博物館

第0827　金薤琳琅二十卷　(明)都穆撰　明刻本　山東省圖書館

第0828　石墨鐫華八卷　(明)趙崡撰　明萬曆四十六年(1618)自刻本　山東省圖書館

第0829　石墨鐫華八卷　(明)趙崡撰　明萬曆四十六年(1618)自刻本　山東省圖書館

第0830　石墨鐫華八卷　(明)趙崡撰　明萬曆四十六年(1618)自刻本　山東省圖書館

第0831　石墨鐫華八卷　(明)趙崡撰　明萬曆四十六年(1618)自刻本　山東省圖書館

第0832　石墨鐫華八卷　(明)趙崡撰　明萬曆四十六年(1618)自刻本　山東大學圖書館

第0833　石墨鐫華八卷　(明)趙崡撰　明萬曆四十六年(1618)自刻本　青島市圖書館

第0834　集古印譜六卷　(明)王常輯　明萬曆三年(1575)顧氏芸閣刻朱印本　山東省博物館

第0835　集古印譜六卷　(明)王常輯　明萬曆三年(1575)顧氏芸閣刻朱印本　棗莊市圖書館

第0836　集古印譜六卷　(明)王常輯　明萬曆三年(1575)顧氏芸閣刻朱印本(清張訥跋)　山東省博物館

第0837　秦漢印統八卷　(明)羅王常輯　明萬曆三十四年(1606)吴氏樹滋堂刻朱印本　山東省圖書館

第0838　秦漢印統八卷　(明)羅王常輯　明萬曆三十四年(1606)吴氏樹滋堂刻朱印本　山東省圖書館

第0839　史通二十卷　(唐)劉知幾撰　明嘉靖十四年(1535)陸深刻本　青島市博物館

第0840　讀史管見三十卷目録二卷　(宋)胡寅撰　明崇禎八年(1635)張溥刻清張紹祖等重修本　山東省圖書館

第0841　讀史管見三十卷目録二卷　(宋)胡寅撰　明崇禎八年(1635)張溥刻清張紹祖等重修本　山東省圖書館

第0842　讀史管見三十卷目録二卷　(宋)胡寅撰　明崇禎八年(1635)張溥刻清張紹祖等重修本　山東大學圖書館

第0843　讀史管見三十卷目録二卷　(宋)胡寅撰　明崇禎八年(1635)張溥刻清張紹祖等重修本　文登市圖書館

第0844　讀史管見三十卷目録二卷　(宋)胡寅撰　明崇禎八年(1635)張溥刻清張紹祖等重修本　山東省圖書館　存16卷:卷1–14,目録二卷

第0845　唐宋名賢歷代確論一百卷　明弘治十七年(1504)錢孟濬刻本　山東省圖書館　存98卷:卷1–44、卷47–100

第0846　元史闡幽一卷　(明)許浩撰　明弘治十七年(1504)錢如京刻本　青島市博物館

第0847　重刻顧迴瀾增改歷朝捷録大成二卷　(明)顧充撰　明刻本　山東師範大學圖書館

第0848　鐫重訂補註歷朝捷録史鑑提衡四卷首一卷　(明)顧充撰(明)李廷機重訂　明萬曆書林熊冲宇刻本　山東師範大學圖書館

第 0849　新鐫歷朝捷錄增定全編大成四卷　（明）顧充撰（明）鍾惺等補　明末刻本　山東大學圖書館

第 0850　六訂歷朝捷錄百家評林五卷　（明）顧充撰（明）趙秉忠輯評　明萬曆二十九年(1601)存德堂陳耀吾刻本　山東省圖書館

第 0851　新鐫顧迴瀾先生歷朝捷錄大成原本五卷　（明）顧充撰（明）鍾惺評　明末醉畊堂刻本　山東省圖書館

第 0852　讀史漫錄十四卷　（明）于慎行撰　明萬曆四十二年(1614)于緯刻本　山東省圖書館

第 0853　讀史漫錄十四卷　（明）于慎行撰　明萬曆四十二年(1614)于緯刻本　山東師範大學圖書館

第 0854　讀史漫錄十四卷　（明）于慎行撰　明萬曆四十二年(1614)于緯刻本　山東省圖書館　存 8 卷:卷 1–8

第 0855　讀史漫錄十四卷　（明）于慎行撰　明萬曆李時馥刻本　山東省博物館

第 0856　史概十卷　（明）俞思學輯　明萬曆十五年(1587)自刻本(佚名批校)　山東省圖書館

第 0857　史懷十七卷　（明）鍾惺撰（明）蔣勵志、蔣勵修輯　明刻本　濟南市圖書館

第 0858　史懷十七卷　（明）鍾惺撰（明）蔣勵志、蔣勵修輯　明刻本　山東大學圖書館

第 0859　史懷十七卷　（明）鍾惺撰（明）蔣勵志、蔣勵修輯　明刻本　山東師範大學圖書館

第 0860　六子書六十卷　（明）顧春編　明嘉靖十二年(1533)顧春世德堂刻本　山東省圖書館

第 0861　六子書六十卷　（明）顧春編　明嘉靖十二年(1533)顧春世德堂刻本　山東省圖書館

第 0862　六子書六十卷　（明）顧春編　明嘉靖十二年(1533)顧春世德堂刻本　山東省圖書館　缺 1 種 2 卷:老子道德經二卷(題漢)河上公注

第 0863　六子書六十卷　（明）顧春編　明嘉靖十二年(1533)顧春世德堂刻本　山東省圖書館　缺 1 種 8 卷:沖虛至德眞經八卷(晉)張湛注

第 0864　六子書六十卷　（明）顧春編　明嘉靖十二年(1533)顧春世德堂刻本　山東大學圖書館　存 4 種 34 卷:南華眞經十卷(晉)郭象注(唐)陸德明音義;沖虛至德眞經八卷(晉)張湛注;新纂門目五臣音註揚子法言十卷(存 6 卷);中說十卷(宋)阮逸注

第 0865　六子書六十卷　（明）顧春編　明嘉靖十二年(1533)顧春世德堂刻本　山東省圖書館　存 2 種 20 卷:新纂門目五臣音註揚子法言十卷(晉)李軌(唐)柳宗元(宋)宋咸、吳祕、司馬光注;中說十卷(宋)阮逸注

第 0866　二十家子書二十九卷　（明）謝汝韶編　明萬曆六年(1578)吉藩崇德書院刻本　山東大學圖書館

第 0867　子彙二十四種三十四卷　（明）周子義編　明萬曆四年至五年(1576—1577)南京國子監刻本　山東中醫藥大學圖書館　存 7 種 11 卷:文子二卷;關尹子一卷;亢倉子一卷;鶡冠子一卷(宋)陸佃解;无能子三卷;齊丘子一卷(五代)譚峭撰;劉子二卷(北齊)劉晝撰

第 0868　諸子彙函二十六卷　（明）歸有光輯　明天啓刻本　山東師範大學圖書館

第 0869　諸子彙函二十六卷　（明）歸有光輯　明天啓刻本　濟南市圖書館　存 24 卷:卷 1–3、卷 6–26

第 0870　新刻註釋孔子家語憲四卷　（明）陳際注釋　明末劉舜臣刻本　山東師範大學圖書館

第 0871　荀子二十卷　（唐）楊倞注　明刻本　山東省圖書館

第 0872　新書十卷　(漢)賈誼撰　明正德十年(1515)吉府刻本　山東省圖書館

第 0873　鹽鐵論十二卷　(漢)桓寬撰(明)張之象注　明嘉靖三十三年(1554)張氏猗蘭堂刻本　山東省圖書館

第 0874　劉向新序十卷　(漢)劉向撰　明正德五年(1510)楚府正心書院刻本　山東大學圖書館

第 0875　劉向新序十卷　(漢)劉向撰　明吳勉學刻本　山東省圖書館

第 0876　中說十卷　(題隋)王通撰(宋)阮逸注　明敬忍居刻本(清方功惠校)　山東省博物館

第 0877　中說十卷　(題隋)王通撰(宋)阮逸注　明敬忍居刻本(王獻唐跋並錄清方功惠校)　山東省圖書館

第 0878　中說十卷　(題隋)王通撰(宋)阮逸注　明刻本　山東省圖書館

第 0879　中說十卷　(題隋)王通撰(宋)阮逸注　明刻本(後兩葉補配,清許瀚批校,王獻唐題跋)　曲阜師範大學圖書館

第 0880　中說十卷　(題隋)王通撰(宋)阮逸注　明刻本　曲阜師範大學圖書館

第 0881　邵子全書二十四卷　(宋)邵雍撰　明萬曆三十四年(1606)徐必達刻本　山東省圖書館

第 0882　邵子全書二十四卷　(宋)邵雍撰　明萬曆三十四年(1606)徐必達刻本　青島市圖書館

第 0883　二程全書六十八卷　(宋)程顥、程頤撰　明萬曆三十四年(1606)徐必達刻本　濟南市博物館

第 0884　二程全書六十八卷　(宋)程顥、程頤撰　明萬曆三十四年(1606)徐必達刻本　山東省圖書館

第 0885　二程先生粹言九卷　(明)徐養正輯　明嘉靖刻本　曲阜市文物管理局孔府文物檔案館

第 0886　近思錄十四卷　(宋)朱熹、呂祖謙撰　明崇禎八年(1635)鮑懋度刻本　山東省圖書館

第 0887　分類經進近思錄集解十四卷　(宋)葉采撰　明吳勉學刻本　山東省圖書館

第 0888　朱子節要十四卷　(明)高攀龍撰　明萬曆三十年(1602)刻本　山東省博物館

第 0889　大學衍義四十三卷　(宋)眞德秀撰　明嘉靖六年(1527)司禮監刻本　山東省圖書館　存23卷:卷1-23

第 0890　大學衍義四十三卷　(宋)眞德秀撰　明嘉靖吉澄刻本　山東師範大學圖書館

第 0891　大學衍義補一百六十卷首一卷表一卷　(明)丘濬撰　明弘治元年(1488)建寧府刻本(王貢忱跋)　山東省圖書館

第 0892　大學衍義補一百六十卷首一卷　(明)丘濬撰　明刻本　山東師範大學圖書館

第 0893　大學衍義補一百六十卷首一卷　(明)丘濬撰　明刻本　山東省圖書館　存125卷:卷36-160

第 0894　大學衍義補一百六十卷首一卷　(明)丘濬撰(明)陳仁錫評　明崇禎陳仁錫刻本　曲阜師範大學圖書館

第 0895　大學衍義通略三十卷　(明)王諍輯　明嘉靖四十三年(1564)刻本　山東省博物館

第 0896　眞西山先生心經一卷　(宋)眞德秀撰　明隆慶四年(1570)高文薦刻本　山東省圖書館

第 0897　性理大全書七十卷　(明)胡廣等撰　明永樂十三年(1415)内府刻本　煙臺圖書館

第 0898　性理大全書七十卷　(明)胡廣等撰　明永樂十三年(1415)内府刻清康熙十二年(1673)内府

補版重印本　山東師範大學圖書館

第 0899　性理大全書七十卷　(明)胡廣等撰　明嘉靖二十二年(1543)應天府學刻本　山東大學圖書館

第 0900　性理大全書七十卷　(明)胡廣等撰　明萬曆二十五年(1597)吳勉學師古齋刻本　曲阜師範大學圖書館

第 0901　性理大全書七十卷　(明)胡廣等撰　明萬曆二十五年(1597)吳勉學師古齋刻本　山東師範大學圖書館　存 69 卷:卷 2-70

第 0902　性理大全書七十卷　(明)胡廣等撰　明萬曆二十五年(1597)吳勉學師古齋刻本　文登市圖書館　存 25 卷:卷 36-38、卷 40-45、卷 48-49、卷 52-54、卷 60-70

第 0903　新刊性理大全七十卷　(明)胡廣等撰　明刻本　曲阜師範大學圖書館

第 0904　月川曹夫子通書述解二卷　(明)曹端撰　明萬曆石允珍刻本　濟南市圖書館

第 0905　薛文清公讀書全錄類編二十卷　(明)薛瑄撰(明)侯鶴齡輯　明萬曆二十四年(1596)刻本　山東省圖書館

第 0906　薛文清公要語内篇一卷外篇一卷　(明)薛瑄撰(明)谷中虛輯　明嘉靖四十五年(1566)盛賚汝刻本　山東師範大學圖書館

第 0907　五倫書六十二卷　(明)宣宗朱瞻基撰　明正統十二年(1447 年)内府刻本　文登市圖書館

第 0908　思菴野錄三卷　(明)薛敬之撰　思菴薛先生行實一卷附錄一卷(明)薛樞等輯　明天啓張經世刻本　山東大學圖書館

第 0909　陽明先生集要十五卷　(明)王守仁撰(明)施邦曜輯　年譜一卷　明崇禎八年(1635)王立準刻本　山東師範大學圖書館

第 0910　士翼三卷　(明)崔銑撰　明萬曆九年(1581)崔氏家塾刻本　山東省圖書館

第 0911　士翼三卷　(明)崔銑撰　明萬曆九年(1581)崔氏家塾刻本　山東省圖書館

第 0912　士翼三卷　(明)崔銑撰　明萬曆九年(1581)崔氏家塾刻本(王獻唐跋)　山東省圖書館

第 0913　性理三解七卷　(明)韓邦奇撰　明嘉靖十九年(1540)樊得仁刻本　山東省圖書館

第 0914　正學編二卷　(明)陳琛撰　明嘉靖刻本　山東省圖書館

第 0915　學蔀通辯前編三卷後編三卷續編三卷終編三卷　(明)陳建撰　明嘉靖刻本　曹縣圖書館

第 0916　龍谿王先生全集語錄二十卷　(明)王畿撰　明萬曆十六年(1588)蕭良幹刻本　山東省圖書館

第 0917　石林先生批評龍谿王先生語錄鈔八卷　(明)王畿撰(明)祝世祿評　明崇禎十五年(1642)刻本　山東大學圖書館

第 0918　翠娛閣增訂宗方城先生性理抄八卷　(明)宗臣輯(明)陸雲龍增補　明崇禎刻本　山東省圖書館

第 0919　性理標題綜要二十二卷　(明)詹淮輯(明)陳仁錫訂正　明崇禎刻本　山東大學圖書館

第 0920　性理標題綜要二十二卷　(明)詹淮輯(明)陳仁錫訂正　明崇禎刻本　青州市圖書館

第 0921　性理標題綜要二十二卷　(明)詹淮輯(明)陳仁錫訂正　明崇禎刻本　青州市圖書館

第 0922　汪子中詮六卷　(明)汪應蛟撰　明萬曆四十六年(1618)敬思堂刻本　山東大學圖書館

第 0923　南皋鄒先生會語合編二卷講義合編二卷　(明)鄒元標撰　明天啓三年(1623)關中書院刻本　濟南市圖書館　存 3 卷:會語上卷;講義上、下卷

第 0924　皇明性理翼六卷　(明)過庭訓輯　明萬曆四十一年(1613)刻本　山東師範大學圖書館

第 0925　古今治平略三十三卷　(明)朱健撰　明崇禎十二年(1639)刻本　山東省圖書館

第 0926　兵垣四編四卷附四卷　(明)閔聲編　明天啓元年(1621)閔氏刻套印本　淄博市圖書館

第 0927　孫子集註十三卷　(漢)曹操、(唐)杜牧等撰　明萬曆十七年(1589)黄邦彦刻本　山東省圖書館

第 0928　孫子参同五卷　(明)閔于忱輯　明萬曆四十八年(1620)閔于忱松筠館刻套印本　山東省博物館

第 0929　武侯兵要七種十六卷　(題蜀)諸葛亮撰(明)郭子章批　明天啓三年(1623)方淑如刻套印本　山東省圖書館

第 0930　行軍須知不分卷　明嘉靖三十五年(1556)賈應春刻本　山東大學圖書館

第 0931　虎鈐經二十卷　(宋)許洞撰　明鈔本　山東省圖書館　存 16 卷:卷 1–16

第 0932　唐荆川先生纂輯武編前六卷後六卷　(明)唐順之撰　明萬曆四十六年(1618)徐象橒曼山館刻重修本　山東省圖書館

第 0933　重訂批點類輯練兵諸書十八卷　(明)戚繼光撰(明)董承詔輯(明)陳士纘批點　傳略一卷(明)董承詔等撰　明天啓二年(1622)董承詔刻本　山東省圖書館

第 0934　登壇必究四十卷　(明)王鳴鶴撰　明萬曆刻本　山東大學圖書館

第 0935　登壇必究四十卷　(明)王鳴鶴撰　明萬曆刻本　山東師範大學圖書館　存 36 卷:卷 1–20、卷 25–40

第 0936　師律十六卷　(明)范景文撰　明崇禎刻本　山東省圖書館

第 0937　左氏兵法測要二十卷首二卷　(明)宋徵璧撰　明崇禎十年(1637)劍閒齋刻本　曲阜師範大學圖書館

第 0938　管韓合刻四十四卷　(明)趙用賢編　明萬曆十年(1582)自刻本　山東省圖書館

第 0939　管韓合刻四十四卷　(明)趙用賢編　明萬曆十年(1582)自刻本　山東省圖書館

第 0940　合刻管韓二子四十四卷　明崇禎十一年(1638)葛鼎刻本　山東省圖書館

第 0941　合刻管韓二子四十四卷　明崇禎十一年(1638)葛鼎刻本　曲阜師範大學圖書館

第 0942　管子二十四卷　(唐)房玄齡注(明)劉績補注(明)張榜等評　明天啓五年(1625)朱養純花齋刻本　山東省圖書館

第 0943　管子二十四卷　(唐)房玄齡注(明)劉績補注(明)張榜等評　明天啓五年(1625)朱養純花齋刻本　山東省圖書館

第 0944　管子二十四卷　(唐)房玄齡注(明)劉績補注(明)張榜等評　明天啓五年(1625)朱養純花齋刻本　山東省圖書館

第 0945　管子二十四卷　(唐)房玄齡注(明)劉績補注(明)張榜等評　明天啓五年(1625)朱養純花齋刻本　山東大學圖書館

第 0946　管子二十四卷　(唐)房玄齡注(明)劉績補注(明)張榜等評　明天啓五年(1625)朱養純花齋

刻本　山東師範大學圖書館

第 0947　管子榷二十四卷　(明)朱長春撰　明萬曆四十年(1612)張維樞刻本　山東省圖書館

第 0948　管子二十四卷　(明)趙用賢、朱長春等評　明萬曆四十八年(1620)凌汝亨刻套印本　山東省博物館

第 0949　管子二十四卷　(明)趙用賢、朱長春等評　明萬曆四十八年(1620)凌汝亨刻套印本　山東省圖書館

第 0950　管子二十四卷　(明)趙用賢、朱長春等評　明萬曆四十八年(1620)凌汝亨刻套印本　山東省圖書館

第 0951　管子二十四卷　(明)趙用賢、朱長春等評　明萬曆四十八年(1620)凌汝亨刻套印本　山東省圖書館

第 0952　詮敘管子成書十五卷　(明)梅士享撰　首一卷(明)梅士享輯　明天啓五年(1625)賈毓祥刻本　山東省圖書館

第 0953　韓非子二十卷附錄一卷　明天啓五年(1625)趙如源刻本　山東省圖書館

第 0954　韓子迂評二十卷　(題明)門無子撰　附錄一卷　明萬曆六年(1578)自刻本　山東師範大學圖書館

第 0955　韓子迂評二十卷　(題明)門無子撰　明刻套印本　山東省圖書館

第 0956　韓子迂評二十卷　(題明)門無子撰　明刻套印本　山東省圖書館

第 0957　治譜續集□□卷　(明)佘自強撰(明)陳龍正評　明末刻本　山東省圖書館　存 1 卷:續集 1 卷

第 0958　崇禎拾叁年捌月南雄審語一卷　(明)周爆撰　明崇禎鈔本　即墨市博物館

第 0959　齊民要術十卷雜說一卷　(北魏)賈思勰撰　明嘉靖三年(1524)馬紀刻本　山東省博物館

第 0960　農書三十六卷　(元)王禎撰　明嘉靖九年(1530)山東布政使司刻本　山東省圖書館　存 26 卷:農桑通訣六卷;農器圖譜二十卷

第 0961　農政全書六十卷　(明)徐光啓撰　明崇禎十二年(1639)平露堂刻本　山東省圖書館

第 0962　農政全書六十卷　(明)徐光啓撰　明崇禎十二年(1639)平露堂刻本　兗州市圖書館

第 0963　東垣十書十九卷　明嘉靖八年(1529)遼藩朱寵瀼梅南書屋刻本　山東省圖書館　存 4 種 8 卷:蘭室秘藏三卷(金)李杲撰;局方發揮一卷(元)朱震亨撰;東垣先生此事難知集二卷(元)王好古撰;外科精義二卷(元)齊德之撰

第 0964　醫學研悅十卷　(明)李盛春編　明天啓刻本　山東中醫藥大學圖書館

第 0965　重廣補註黃帝内經素問二十四卷　(唐)王冰注(宋)林億等校正(宋)孫兆改誤　明嘉靖二十九年(1550)顧從德影宋刻本　山東省圖書館

第 0966　類經三十二卷　(明)張介賓類注　圖翼十一卷附翼四卷(明)張介賓撰　明天啓四年(1624)自刻本　山東省圖書館

第 0967　類經三十二卷　(明)張介賓類注　圖翼十一卷附翼四卷(明)張介賓撰　明天啓四年(1624)自刻本　山東省圖書館

第 0968　類經三十二卷　(明)張介賓類注　圖翼十一卷附翼四卷(明)張介賓撰　明天啓四年(1624)

自刻本　青島市圖書館

第 0969　類經三十二卷　(明)張介賓類注　圖翼十一卷附翼四卷(明)張介賓撰　明天啓四年(1624)自刻本　濟南市圖書館　存 32 卷:類經卷 4-6、卷 8-13、卷 15-17、卷 23-24、卷 27、卷 29-30;圖翼十一卷;附翼四卷

第 0970　神農本草經疏三十卷　(明)繆希雍撰　明天啓五年(1625)毛晉綠君亭刻本　山東中醫藥大學圖書館

第 0971　重修政和經史證類備用本草三十卷　(宋)唐慎微撰(宋)寇宗奭衍義　明萬曆十五年(1587)內府刻本　山東省圖書館

第 0972　本草綱目五十二卷附圖二卷瀕湖脈學一卷脈訣考證一卷奇經八脈考一卷　(明)李時珍撰　明萬曆三十一年(1603)張鼎思刻本　山東省圖書館

第 0973　本草綱目五十二卷附圖二卷瀕湖脈學一卷脈訣考證一卷奇經八脈考一卷　(明)李時珍撰　明萬曆三十一年(1603)張鼎思刻本　山東省圖書館　存 37 卷:卷 18-52,瀕湖脈學一卷,奇經八脈考一卷

第 0974　傷寒六書十卷　(明)陶華撰　明嘉靖十二年(1533)湖廣布政使司刻本　山東省圖書館

第 0975　千金翼方三十卷　(唐)孫思邈撰　明萬曆三十三年(1605)王肯堂刻本　山東師範大學圖書館

第 0976　大德重校聖濟總錄二百卷　明鈔本　山東省圖書館

第 0977　醫說十卷　(宋)張杲撰　明嘉靖二十二年(1543)張子立刻本(王寀廷跋)　山東省圖書館

第 0978　醫說十卷　(宋)張杲撰　明嘉靖二十九年(1550)傅鳳翱刻本　山東省圖書館

第 0979　醫壘元戎十二卷　(元)王好古撰　明萬曆二十一年(1593)屠本畯刻本　山東省圖書館

第 0980　丹溪心法附餘二十四卷首一卷　(明)方廣輯　明書林楊氏刻本　山東省圖書館　存 8 卷:卷 3-5、卷 10-11、卷 16-18

第 0981　醫方選要十卷　(明)周文采輯　明嘉靖刻本　山東省圖書館　存 8 卷:卷 1-7、卷 10

第 0982　醫林類證集要十卷　(明)王璽撰　明正德十年(1515)胡韶刻本　山東省圖書館

第 0983　急救良方二卷　(明)張時徹輯　明嘉靖二十九年(1550)自刻本　山東省圖書館

第 0984　攝生衆玅方十一卷　(明)張時徹撰　明萬曆三十八年(1610)張一棟刻本　山東省圖書館

第 0985　古今醫統大全一百卷　(明)徐春甫輯　明陳長卿刻本　山東省圖書館

第 0986　醫方考六卷脈語二卷　(明)吳崐撰　明萬曆刻本(佚名批校)　山東省圖書館

第 0987　赤水玄珠三十卷醫案五卷醫旨緒餘二卷　(明)孫一奎撰　明萬曆二十四年(1596)孫泰來、孫朋來刻本　山東省圖書館

第 0988　赤水玄珠三十卷醫案五卷醫旨緒餘二卷　(明)孫一奎撰　明萬曆二十四年(1596)孫泰來、孫朋來刻本　山東省圖書館

第 0989　廣筆記十四卷炮炙大法一卷用藥凡例一卷　(明)繆希雍撰(明)丁元薦輯(明)莊綬光增次　明天啓二年(1622)莊綬光刻本　山東省圖書館

第 0990　雪潭居醫約八卷　(明)陳澈撰　明崇禎十四年(1641)自刻本　山東中醫藥大學圖書館

第 0991　訂補簡易備驗方十六卷　(明)胡正心、胡正言輯　明崇禎胡氏十竹齋刻本　濟南市圖書館　存 7 卷:卷 10-16

第 0992　新刊外科正宗四卷　(明)陳實功撰　明崇禎刻本　山東省圖書館

第 0993　銀海精微二卷　(題唐)孫思邈撰　明萬曆十五年(1587)陳九仞刻本　山東省博物館

第 0994　秘傳眼科龍木醫書總論十卷附葆光道人秘傳眼科一卷　(題)葆光道人撰　明萬曆三年(1575)刻本　山東省圖書館

第 0995　補要袖珍小兒方論十卷　(明)莊應祺撰　附小兒痘疹方論別集二卷(明)魏直撰　秘傳小兒痘疹經驗良方口訣一卷　明萬曆二年(1574)刻本　山東省圖書館

第 0996　新刊補遺秘傳痘疹全嬰金鏡錄三卷　(明)翁仲仁撰(明)陸道元補遺(明)陸道光參補　明萬曆七年(1579)壽春堂刻本　山東中醫藥大學圖書館

第 0997　新刊銅人鍼灸經七卷新編西方子明堂灸經八卷　明山西平陽府刻本　山東省圖書館

第 0998　鍼灸大成十卷　(明)楊濟時撰　明萬曆二十九年(1601)趙文炳刻本　山東省圖書館

第 0999　修養要覽三卷　明刻本(榴軒跋)　山東省圖書館

第 1000　天問略一卷　(葡萄牙)陽瑪諾撰　明萬曆刻本　山東省圖書館

第 1001　大統萬年曆十二卷　明鈔本　山東省圖書館

第 1002　西洋新法曆書□種□□卷　(明)徐光啓、李天經編　明崇禎刻清順治康熙續刻本　文登市圖書館　存 33 種 105 卷:奏疏四卷;新曆曉或一卷(德國)湯若望撰;大測二卷(瑞士)鄧玉函撰(德國)湯若望訂;測天約說二卷(瑞士)鄧玉函撰(德國)湯若望訂;測食二卷(德國)湯若望撰;學曆小辯一卷;渾天儀說五卷(德國)湯若望撰(意大利)羅雅谷訂;比例規解一卷(意大利)羅雅谷撰(德國)湯若望訂;籌算一卷(意大利)羅雅谷撰(德國)湯若望訂;遠鏡說一卷(德國)湯若望撰;日躔曆指一卷(意大利)羅雅谷撰(德國)湯若望訂;日躔表二卷(意大利)羅雅谷撰(德國)湯若望訂;黃赤道距道表二卷(瑞士)鄧玉函撰(意大利)龍華民訂;正球升度表一卷(瑞士)鄧玉函撰;黃道交極圈角表說一卷;恒星曆指六卷(德國)湯若望撰(意大利)羅雅谷訂(存 3 卷:卷 1–3);恒星經緯圖說一卷;恒星經緯表六卷;恒星出沒表二卷(德國)湯若望撰(意大利)羅雅谷訂;月離曆指四卷(意大利)羅雅谷撰(德國)湯若望訂;月離表四卷(意大利)羅雅谷撰(德國)湯若望訂;康熙永年表一卷;交食曆指七卷(德國)湯若望撰(意大利)羅雅谷訂;古今交食考一卷(德國)湯若望撰(意大利)羅雅谷訂;交食表九卷(德國)湯若望撰(意大利)羅雅谷訂;五緯曆指九卷(意大利)羅雅谷撰(德國)湯若望訂;五緯表十卷首一卷(意大利)羅雅谷撰(德國)湯若望訂;割圓勾股八線表一卷(瑞士)鄧玉函、(意大利)羅雅谷、(德國)湯若望撰;幾何要法四卷(意大利)艾儒略口述(明)瞿式穀筆受;測量全義十卷首一卷(意大利)羅雅谷撰(德國)湯若望訂;新法曆引一卷(德國)湯若望刪定;曆法西傳一卷(德國)湯若望撰;新法表異二卷(德國)湯若望撰

第 1003　選擇叢書集要五種二十八卷　(明)江之棟輯　明崇禎五年(1632)尚白齋刻本　山東大學圖書館　存 4 種 25 卷:元經十卷(晉)郭璞撰(晉)趙載注(存 4 卷:卷 7–10);尅擇璇璣经集註一卷(晉)趙載撰(明)吳公遂輯;陽明按索五卷(明)陈復心撰(明)陳漢卿補注(存 3 卷:卷 1–3);陰陽寶海三元玉鏡奇書三卷(元)釋幕講撰(存 2 卷:卷中、卷下)

第 1004　天原發微五卷圖一卷篇目名義一卷　(宋)鮑雲龍撰(明)鮑寧辨正　問答節要一卷(明)鮑寧輯　明嘉靖二十九年(1550)秦藩刻本　山東省圖書館缺卷 1,卷 5 下

第 1005　觀象玩占五十卷　(題唐)李淳風撰　明鈔本　山東省圖書館

第 1006　天元玉曆祥異賦不分卷　(明)仁宗朱高熾撰　明鈔本　山東省圖書館

第 1007 調燮靈文一卷 (明)汪道亨輯 明萬曆刻本 山東大學圖書館

第 1008 龍經三卷 (題唐)楊筠松撰(宋)吳景鸞圖解(明)吳嵩集注 明萬曆四十年(1612)吳位中刻本 山東省圖書館

第 1009 鐫地理參補評林圖訣全備平沙玉尺經二卷 (題元)劉秉忠撰(明)劉基注(明)賴從謙增釋(明)徐之鏌參補 附錄一卷 明建邑書林陳賢刻本 山東省圖書館

第 1010 新刊地理紫囊書八卷 (明)趙祐撰(明)鄭復初評 明萬曆龔堯惠刻本(佚名批校) 山東省圖書館

第 1011 新鐫徐氏家藏羅經頂門針二卷鄙言一卷簡易圖解一卷 (明)徐之鏌撰 明金陵書林集賢堂唐錦池刻本 山東省圖書館

第 1012 焦氏易林四卷 (題漢)焦延壽撰(明)鍾惺評 明末刻本 山東大學圖書館

第 1013 六壬神定經五卷 (宋)楊維德等撰 明鈔本(王獻唐跋) 山東省博物館 存 2 卷

第 1014 新編評註通玄先生張果星宗大全十卷 (題唐)張果撰(明)陸位刪補 明萬曆二十二年(1594)金陵書林唐謙刻本 山東省圖書館

第 1015 新編評註通玄先生張果星宗大全十卷 (題唐)張果撰(明)陸位刪補 明萬曆二十二年(1594)金陵書林唐謙刻本 濰坊市圖書館

第 1016 新刊一行禪師演禽命書六卷 (明)喻冕輯 明書林熊輔刻本 山東省博物館

第 1017 太乙統宗寶鑑二十卷 (題元)曉山老人撰 明鈔本 山東省圖書館

第 1018 墨池編二十卷 (宋)朱長文輯(明)薛晨校注 續編三卷(明)李啇輯(明)薛晨校注 明隆慶二年(1568)李啇永和堂刻本 山東省圖書館

第 1019 墨池編六卷 (宋)朱長文輯 明萬曆八年(1580)虞德燁等刻本 山東大學圖書館

第 1020 墨池編六卷 (宋)朱長文輯 明萬曆八年(1580)虞德燁等刻本 山東藝術學院圖書館

第 1021 墨池編六卷 (宋)朱長文輯 明萬曆八年(1580)虞德燁等刻本 曲阜師範大學圖書館

第 1022 書則三卷 (元)趙鱵撰 明刻本 山東省圖書館

第 1023 王氏書苑十卷 (明)王世貞編 補益十卷(明)詹景鳳編 明萬曆十九年(1591)王元貞刻本 山東大學圖書館

第 1024 古今法書苑七十六卷 (明)王世貞輯 明刻本 山東省圖書館

第 1025 古今法書苑七十六卷 (明)王世貞輯 明刻本 山東省圖書館

第 1026 陳眉公先生手評書法離鉤十卷 (明)潘之淙撰(明)陳繼儒評 附歷代帝王法帖釋文十卷(宋)劉次莊撰 明天啓七年(1627)刻本 山東省圖書館

第 1027 宣和畫譜二十卷 明刻本 文登市圖書館 存 10 卷:卷 1-3、卷 11-17

第 1028 學山堂印譜五卷首一卷 (明)張灝輯 明崇禎刻鈐印本 山東省圖書館

第 1029 學山堂印譜五卷首一卷 (明)張灝輯 明崇禎刻鈐印本 曲阜師範大學圖書館

第 1030 新刊正文對音捷要琴譜眞傳六卷 (明)楊表正撰 明萬曆元年(1573)唐富春刻本 山東省圖書館

第 1031 玄玄碁經一卷 (宋)張擬撰 明刻本 山東省圖書館

第 1032 墨譜三卷 (宋)李孝美撰 明潘方凱刻本 煙臺圖書館

第 1033　方氏墨譜六卷　(明)方于魯撰　明萬曆方氏美蔭堂刻本　山東省圖書館

第 1034　方氏墨譜六卷　(明)方于魯撰　明萬曆方氏美蔭堂刻本　山東師範大學圖書館

第 1035　方氏墨譜六卷　(明)方于魯撰　明萬曆方氏美蔭堂刻本　曲阜師範大學圖書館

第 1036　方氏墨譜六卷　(明)方于魯撰　明萬曆方氏美蔭堂刻本　山東省圖書館　缺卷四目錄

第 1037　方氏墨譜六卷　(明)方于魯撰　明萬曆方氏美蔭堂刻本　山東省博物館　存 3 卷

第 1038　香乘二十八卷　(明)周嘉胄輯　明崇禎十四年(1641)自刻本　山東省圖書館

第 1039　茶書十三種十五卷　明末刻本　山東省圖書館

第 1040　閩中荔支通譜八卷　(明)屠本畯輯　明萬曆刻本　山東省圖書館　存 5 卷:卷 1–5

第 1041　蟹略四卷　(宋)高似孫撰　明嘉靖十年(1531)柳僉鈔本(清汪震跋)　山東省博物館

第 1042　鶡冠子三卷　(宋)陸佃注(明)王宇等評　明天啓五年(1625)朱氏花齋刻本　山東大學圖書館

第 1043　呂氏春秋二十六卷　(漢)高誘注　明嘉靖七年(1528)許宗魯刻本　山東省圖書館　存 20 卷:卷 1–20

第 1044　呂氏春秋二十六卷　(漢)高誘注　明宋邦乂等刻本　山東省圖書館

第 1045　呂氏春秋二十六卷　(漢)高誘注　明宋邦乂等刻本　山東大學圖書館

第 1046　呂氏春秋二十六卷　(漢)高誘注　明末朱夢龍刻本　山東師範大學圖書館

第 1047　呂氏春秋二十六卷　(題宋)陸游評(明)凌稚隆批　明萬曆四十八年(1620)凌毓枬刻朱墨套印本　山東省圖書館

第 1048　呂氏春秋二十六卷　(題宋)陸游評(明)凌稚隆批　明萬曆四十八年(1620)凌毓枬刻朱墨套印本　山東省圖書館

第 1049　呂氏春秋二十六卷　(題宋)陸游評(明)凌稚隆批　明萬曆四十八年(1620)凌毓枬刻朱墨套印本　蓬萊市文化局慕湘藏書館

第 1050　呂氏春秋二十六卷　(明)李鳴春評　明天啓七年(1627)自刻本　山東省圖書館

第 1051　呂氏春秋二十六卷　(明)李鳴春評　明天啓七年(1627)自刻本　山東大學圖書館

第 1052　淮南鴻烈解二十一卷　(漢)劉安撰(明)茅坤等評　明刻套印本　山東省博物館

第 1053　淮南鴻烈解二十一卷　(漢)劉安撰(明)茅坤等評　明刻套印本　濟南市圖書館

第 1054　淮南鴻烈解二十一卷　(漢)劉安撰(明)茅坤等評　明刻套印本　青島市博物館

第 1055　淮南鴻烈解二十一卷　(漢)劉安撰(漢)高誘注　明萬曆八年(1580)茅一桂刻本　山東師範大學圖書館

第 1056　淮南鴻烈解二十一卷　(漢)劉安撰(漢)高誘注　明萬曆八年(1580)茅一桂刻本(王獻唐跋)　山東省博物館

第 1057　淮南鴻烈解二十一卷　(漢)劉安撰(漢)高誘注　明萬曆十八年(1590)汪一鸞刻本　曲阜師範大學圖書館

第 1058　淮南鴻烈解二十一卷　(漢)劉安撰(漢)高誘注(明)茅坤等評　明緝柳齋刻本　山東省博物館

第 1059　白虎通德論二卷　(漢)班固撰　明萬曆二十二年(1594)蔣杰刻本　山東省圖書館

第 1060　白虎通德論二卷　(漢)班固撰　明刻本　曲阜師範大學圖書館

第 1061　論衡三十卷　(漢)王充撰　明末錢震瀧刻本　山東大學圖書館

第 1062　天祿閣外史八卷　(題漢)黃憲撰　明刻本　山東省圖書館

第 1063　天祿閣外史八卷　(題漢)黃憲撰　明刻本　山東大學圖書館

第 1064　劉子十卷　(北齊)劉晝撰(唐)袁孝政注　明萬曆二十年(1592)蔣以化刻本　山東省圖書館

第 1065　夢溪筆談二十六卷補筆談三卷續筆談一卷　(宋)沈括撰　明崇禎四年(1631)馬元調刻本　山東省圖書館

第 1066　夢溪筆談二十六卷補筆談三卷續筆談一卷　(宋)沈括撰　明崇禎四年(1631)馬元調刻本　山東省圖書館

第 1067　夢溪筆談二十六卷補筆談三卷續筆談一卷　(宋)沈括撰　明崇禎四年(1631)馬元調刻本　山東省圖書館

第 1068　夢溪筆談二十六卷補筆談三卷續筆談一卷　(宋)沈括撰　明崇禎四年(1631)馬元調刻本　山東大學圖書館

第 1069　東坡先生志林五卷　(宋)蘇軾撰　明刻朱墨套印本　山東師範大學圖書館

第 1070　東坡先生仇池筆記二卷　(題宋)蘇軾撰　明萬曆三十年(1602)趙開美刻本　山東師範大學圖書館

第 1071　容齋隨筆十六卷續筆十六卷三筆十六卷四筆十六卷五筆十卷　(宋)洪邁撰　明崇禎三年(1630)馬元調刻本　山東省圖書館

第 1072　容齋隨筆十六卷續筆十六卷三筆十六卷四筆十六卷五筆十卷　(宋)洪邁撰　明崇禎三年(1630)馬元調刻本　山東省圖書館

第 1073　容齋隨筆十六卷續筆十六卷三筆十六卷四筆十六卷五筆十卷　(宋)洪邁撰　明崇禎三年(1630)馬元調刻本　山東師範大學圖書館

第 1074　容齋一筆十六卷二筆十六卷三筆十六卷四筆十六卷五筆十卷　(宋)洪邁撰　明刻本　山東省博物館

第 1075　老學菴筆記十卷　(宋)陸游撰　明天啓三年(1623)周應儀、王志堅刻崇禎重修本(有鈔配)　青島市圖書館

第 1076　老學菴筆記十卷　(宋)陸游撰　明崇禎毛氏汲古閣刻津逮祕書本(繆荃孫錄清黃丕烈批校)　山東省博物館

第 1077　鶴林玉露十六卷　(宋)羅大經撰　明刻本　山東省圖書館

第 1078　鶴林玉露十六卷　(宋)羅大經撰　明刻本　山東省圖書館

第 1079　鶴林玉露十六卷　(宋)羅大經撰　明刻本　山東省圖書館

第 1080　草木子四卷　(明)葉子奇撰　明萬曆三十四年(1606)林有麟刻本　山東省圖書館

第 1081　青溪暇筆二十卷　(明)姚福撰　明鈔本　青島市博物館

第 1082　震澤先生長語四卷　(明)王鏊撰　明王國俊刻本(清王士禛批校)　山東省圖書館

第 1083　餘冬序錄六十五卷　(明)何孟春撰　明嘉靖七年(1528)郴州家塾自刻本　山東師範大學圖書館

第 1084　餘冬序錄六十五卷　(明)何孟春撰　明嘉靖七年(1528)郴州家塾自刻本　山東大學圖書館　存 30 卷:卷 1-25、卷 46-50

第 1085　燕泉何先生餘冬序錄六十五卷　(明)何孟春撰　明萬曆十二年(1584)黄齊賢、張汝賢等刻本　山東省圖書館

第 1086　燕泉何先生餘冬序錄六十五卷　(明)何孟春撰　明萬曆十二年(1584)黄齊賢、張汝賢等刻本　文登市圖書館

第 1087　古言二卷　(明)鄭曉撰　明鈔本　山東省博物館

第 1088　穀山筆麈十八卷　(明)于慎行撰　明萬曆四十一年(1613)于緯刻本　山東省博物館

第 1089　穀山筆麈十八卷　(明)于慎行撰　明萬曆四十一年(1613)于緯刻本　山東省圖書館

第 1090　穀山筆麈十八卷　(明)于慎行撰　明萬曆四十一年(1613)于緯刻本(清張爾梅跋)　山東省圖書館

第 1091　明辨類函六十四卷　(明)詹景鳳撰　明崇禎五年(1632)張溥刻本　山東省圖書館

第 1092　梅花草堂集十四卷　(明)張大復撰　明崇禎刻清順治十三年(1656)張安淳重修本　山東省圖書館

第 1093　甘露園短書十一卷　(明)陳汝錡撰　明萬曆三十八年(1610)刻清康熙六年(1667)劉願人重修本　山東省圖書館

第 1094　筆叢三十二卷續集十六卷　(明)胡應麟撰　明萬曆四十二年(1614)趙世寵刻本　山東省圖書館

第 1095　筆叢三十二卷續集十六卷　(明)胡應麟撰　明萬曆四十二年(1614)趙世寵刻本　山東省圖書館

第 1096　燕居功課二十七卷　(明)安世鳳撰　明萬曆刻本　山東省圖書館

第 1097　嘉隆識小類編十卷　(明)徐樞撰　明隆慶刻本　山東省博物館

第 1098　尊生鏡二卷　(明)程紹撰　明鈔本(清盧世漼跋)　山東省圖書館

第 1099　欝岡齋筆麈四卷　(明)王肯堂撰　明萬曆刻本　山東大學圖書館

第 1100　五雜組十六卷　(明)謝肇淛撰　明萬曆四十四年(1616)潘膺祉如韋館刻本(清魏裔介批)　山東省圖書館　存 8 卷:卷 9-16

第 1101　説儲八卷二集八卷　(明)陳禹謨撰　明刻本　山東省圖書館　存 2 卷:卷 1-2

第 1102　槎菴小乘四十一卷　(明)來斯行撰　明崇禎四年(1631)刻本　山東師範大學圖書館

第 1103　留青日札三十九卷　(明)田藝蘅撰　明萬曆三十七年(1609)徐懋升刻本　山東省博物館

第 1104　天都載六卷　(明)馬大壯撰　明萬曆刻本　山東省圖書館

第 1105　吹景集十四卷　(明)董斯張撰　明崇禎刻本　山東省圖書館

第 1106　程氏演繁露十六卷續集六卷　(宋)程大昌撰　明嘉靖三十年(1551)程煦刻本　山東省圖書館

第 1107　程氏演繁露十六卷續集六卷　(宋)程大昌撰　明嘉靖三十年(1551)程煦刻本　山東師範大學圖書館

第 1108　野客叢書三十卷附錄野老記聞一卷　(宋)王楙撰　明嘉靖四十一年(1562)王穀祥刻本　山

東省圖書館

第 1109 野客叢書三十卷附錄野老記聞一卷 (宋)王楙撰 明刻本 山東大學圖書館

第 1110 古今攷三十八卷 (宋)魏了翁撰(元)方回續 明萬曆十二年(1584)王圻刻本 山東大學圖書館

第 1111 古今攷三十八卷 (宋)魏了翁撰(元)方回續 明崇禎九年(1636)謝三賓刻本 山東師範大學圖書館

第 1112 困學紀聞二十卷 (宋)王應麟撰 明刻本 青島市博物館

第 1113 丹鉛總錄二十七卷 (明)楊慎撰 明嘉靖三十三年(1554)梁佐刻本 山東省圖書館

第 1114 丹鉛總錄二十七卷 (明)楊慎撰 明嘉靖三十三年(1554)梁佐刻本 山東大學圖書館

第 1115 丹鉛總錄二十七卷 (明)楊慎撰 明嘉靖三十三年(1554)梁佐刻本 山東省圖書館 存25卷:卷1–10、卷13–27

第 1116 丹鉛總錄二十七卷 (明)楊慎撰 明嘉靖三十三年(1554)梁佐刻本 山東省圖書館 存13卷:卷15–27

第 1117 丹鉛總錄二十七卷 (明)楊慎撰 明隆慶凌雲翼、黃思近刻本 山東省圖書館

第 1118 丹鉛總錄二十七卷 (明)楊慎撰 明萬曆刻本 山東省圖書館

第 1119 丹鉛總錄二十七卷 (明)楊慎撰 明萬曆刻本 山東省圖書館

第 1120 丹鉛總錄二十七卷 (明)楊慎撰 明萬曆刻本 山東省圖書館

第 1121 丹鉛總錄二十七卷 (明)楊慎撰 明萬曆刻本 山東省圖書館

第 1122 疑耀七卷 (明)張萱撰 明萬曆刻本 山東省圖書館 存4卷:卷1–4

第 1123 徐氏筆精八卷 (明)徐𤊹撰 明崇禎五年(1632)邵捷春刻本 山東大學圖書館

第 1124 世說新語三卷 (劉宋)劉義慶撰(梁)劉孝標注 明嘉靖十四年(1535)袁褧嘉趣堂刻本 山東省圖書館

第 1125 世說新語三卷 (劉宋)劉義慶撰(梁)劉孝標注 明萬曆三十七年(1609)周氏博古堂刻本 山東大學圖書館

第 1126 世說新語三卷 (劉宋)劉義慶撰(梁)劉孝標注(明)王世懋批點 明萬曆九年(1581)喬懋敬刻本 山東大學圖書館

第 1127 世說新語三卷 (劉宋)劉義慶撰(梁)劉孝標注(明)王世懋批點 明萬曆九年(1581)喬懋敬刻本 山東師範大學圖書館

第 1128 世說新語三卷 (劉宋)劉義慶撰(梁)劉孝標注 世説新語補四卷(明)何良俊撰(明)王世貞刪定 明凌濛初刻本 山東省圖書館

第 1129 世說新語六卷 (劉宋)劉義慶撰(梁)劉孝標注 明吳中珩刻本 山東師範大學圖書館

第 1130 世說新語八卷 (劉宋)劉義慶撰(梁)劉孝標注(宋)劉辰翁、(□)劉應登、(明)王世懋評 明凌瀛初刻四色套印本 山東省圖書館

第 1131 唐世說新語十三卷 (唐)劉肅撰 明萬曆三十一年(1603)潘玄度刻本 山東省圖書館

第 1132 唐世說新語十三卷 (唐)劉肅撰 明刻本 青島市圖書館

第 1133 桯史十五卷 (宋)岳珂撰 附錄一卷 明嘉靖四年(1525)錢如京刻本 山東省圖書館

第 1134　水東日記四十卷　(明)葉盛撰　明末葉重華賜書樓刻清康熙十九年(1680)葉方蔚重修本　山東省圖書館

第 1135　孤樹裒談十卷　(明)李默撰　明鈔本　山東省圖書館

第 1136　何氏語林三十卷　(明)何良俊撰　明嘉靖二十九年(1550)何氏清森閣刻本　山東省圖書館

第 1137　玉堂叢語八卷　(明)焦竑撰　明萬曆四十六年(1618)徐象橒曼山館刻本　山東省圖書館

第 1138　湧幢小品三十二卷　(明)朱國禎撰　明天啓二年(1622)清美堂刻本　山東省圖書館

第 1139　湧幢小品三十二卷　(明)朱國禎撰　明天啓二年(1622)清美堂刻本　山東省圖書館

第 1140　湧幢小品三十二卷　(明)朱國禎撰　明天啓二年(1622)清美堂刻本　山東省圖書館

第 1141　湧幢小品三十二卷　(明)朱國禎撰　明天啓二年(1622)清美堂刻本　山東省圖書館

第 1142　湧幢小品三十二卷　(明)朱國禎撰　明天啓二年(1622)清美堂刻本　山東省圖書館　存 29 卷:卷 2-23、卷 26-32

第 1143　多能鄙事十二卷　(題明)劉基撰　明嘉靖刻本　山東省圖書館

第 1144　多能鄙事十二卷　(題明)劉基撰　明嘉靖刻本　山東省圖書館

第 1145　新增格古要論十三卷　(明)曹昭撰(明)王佐增補　明黃珙刻本　淄博市圖書館

第 1146　新增格古要論十三卷　(明)曹昭撰(明)王佐增補　明鄭樸刻本　山東省圖書館

第 1147　新增格古要論十三卷　(明)曹昭撰(明)王佐增補　明黃正位刻清淑躬堂重修本　山東省博物館

第 1148　自警編五卷　(宋)趙善璙輯　明初刻本　山東省博物館

第 1149　爲善陰騭十卷　(明)成祖朱棣撰　明永樂十七年(1419)内府刻本　山東省圖書館

第 1150　諸子品節五十卷　(明)陳深輯　明萬曆刻本　山東省圖書館

第 1151　諸子品節五十卷　(明)陳深輯　明萬曆刻本　山東省圖書館

第 1152　諸子品節五十卷　(明)陳深輯　明萬曆刻本　山東省圖書館　存 21 卷:卷 1-21

第 1153　初潭集三十卷　(明)李贄撰　明萬曆刻本　山東省圖書館

第 1154　初潭集三十卷　(明)李贄撰　明刻本　山東大學圖書館

第 1155　初潭集三十卷　(明)李贄撰(明)閔邃、閔杲輯評　明刻套印本　山東省圖書館

第 1156　初潭集十二卷　(明)李贄撰　明末刻本　山東省圖書館

第 1157　山林經濟籍二十四卷　(明)屠本畯輯　明萬曆惇德堂刻本　山東省圖書館

第 1158　益智編四十一卷　(明)孫能傳輯　明萬曆四十一年(1613)孫能正鄂韡堂刻本　青州市圖書館

第 1159　廣諧史十卷　(明)陳邦俊輯　明萬曆四十三年(1615)沈應魁刻本　山東省圖書館

第 1160　異林十六卷　(明)朱謀㙔輯　明萬曆帥廷鏌刻本(佚名批校)　山東省圖書館

第 1161　智囊二十八卷　(明)馮夢龍輯　明末刻本　山東大學圖書館

第 1162　醉古堂劍掃十二卷　(明)陸紹珩輯　明天啓四年(1624)刻套印本　山東省圖書館

第 1163　新雕耍家要訣嫖賭機關四卷　(明)沈元甫撰　明劉無穎刻本　蓬萊市文化局慕湘藏書館

第 1164　霧市選言四卷　(明)王宇輯　明葉均宇刻本　山東省圖書館

第 1165　霧市選言四卷　(明)王宇輯　明葉均宇刻本　濟南市圖書館　存 2 卷:卷 1-2

第 1166 新鐫諸子拔萃八卷 (明)李雲翔輯 明天啓七年(1627)刻套印本 山東省圖書館

第 1167 湘煙錄十六卷 (明)閔元京、凌義渠輯 明天啓刻本 山東省博物館

第 1168 駛粟日抄四卷 (明)鄭奎光輯 明崇禎刻本 山東省圖書館

第 1169 新刻出像增補搜神記六卷 明萬曆金陵書林唐富春刻本 蓬萊市文化局慕湘藏書館

第 1170 新編分類夷堅志甲集五卷乙集五卷丙集五卷丁集五卷戊集五卷己集六卷庚集五卷辛集五卷壬集五卷癸集五卷 (宋)洪邁撰(宋)葉祖榮輯 明嘉靖二十五年(1546)洪楩清平山堂刻本 山東省圖書館

第 1171 新編分類夷堅志甲集五卷乙集五卷丙集五卷丁集五卷戊集五卷己集六卷庚集五卷辛集五卷壬集五卷癸集五卷 (宋)洪邁撰(宋)葉祖榮輯 明嘉靖二十五年(1546)洪楩清平山堂刻本 文登市圖書館

第 1172 玉茗堂摘評王弇州先生豔異編十二卷 (題明)王世貞撰(明)湯顯祖評 明刻朱墨套印本 蓬萊市文化局慕湘藏書館

第 1173 月旦堂仙佛奇踪合刻八卷 (明)洪應明撰 明刻本 山東省圖書館

第 1174 耳談類增五十四卷 (明)王同軌撰 明萬曆三十一年(1603)唐氏世德堂刻本 濟南市圖書館

第 1175 古今寓言十二卷 (明)詹景鳳輯 明萬曆九年(1581)陳世寶刻本 山東省圖書館

第 1176 新刻劍嘯閣批評西漢演義傳八卷 (明)甄偉撰 新刻劍嘯閣批評東漢演義傳十卷(明)謝詔撰 明末刻本(有補鈔,慕湘跋) 蓬萊市文化局慕湘藏書館

第 1177 新刻劍嘯閣批評西漢演義傳八卷 (明)甄偉撰 新刻劍嘯閣批評東漢演義傳十卷(明)謝詔撰 明末刻本(有補鈔,慕湘跋) 蓬萊市文化局慕湘藏書館 存 16 卷:缺東漢演義傳卷 8-9

第 1178 鐫李卓吾批點殘唐五代史演義傳八卷 (明)羅本撰(明)李贄評 明末刻本 蓬萊市文化局慕湘藏書館

第 1179 全像演義皇明英烈志傳四卷 明書林余應詔刻本 蓬萊市文化局慕湘藏書館 存 2 卷:卷 3-4

第 1180 新刻全像三寶太監西洋記通俗演義二十卷一百回 (明)羅懋登撰 明三山道人刻本 蓬萊市文化局慕湘藏書館缺 3 卷:卷 1 缺 1-44 葉、卷 14、卷 20

第 1181 新鐫批評出相韓湘子三十回 (明)楊爾曾撰 明天啓武林人文聚刻本 山東大學圖書館

第 1182 新鐫批評出相韓湘子三十回 (明)楊爾曾撰 明天啓刻本 山東省圖書館 存 6 回:1-6

第 1183 新鐫批評出相韓湘子三十回 (明)楊爾曾撰 明天啓刻金陵九如堂印本 蓬萊市文化局慕湘藏書館

第 1184 藝文類聚一百卷 (唐)歐陽詢輯 明嘉靖六年至七年(1527—1528)胡纘宗、陸采刻本 山東省圖書館

第 1185 藝文類聚一百卷 (唐)歐陽詢輯 明嘉靖六年至七年(1527—1528)胡纘宗、陸采刻本 山東省圖書館

第 1186 藝文類聚一百卷 (唐)歐陽詢輯 明嘉靖六年至七年(1527—1528)胡纘宗、陸采刻本 山東省圖書館

第 1187　藝文類聚一百卷　(唐)歐陽詢輯　明嘉靖六年至七年(1527—1528)胡纘宗、陸采刻本　山東省圖書館

第 1188　藝文類聚一百卷　(唐)歐陽詢輯　明嘉靖六年至七年(1527—1528)胡纘宗、陸采刻本　曲阜師範大學圖書館

第 1189　藝文類聚一百卷　(唐)歐陽詢輯　明嘉靖二十八年(1549)平陽府刻本　山東省圖書館

第 1190　藝文類聚一百卷　(唐)歐陽詢輯　明嘉靖二十八年(1549)平陽府刻本　山東師範大學圖書館

第 1191　藝文類聚一百卷　(唐)歐陽詢輯　明萬曆十五年(1587)王元貞刻本　山東省圖書館

第 1192　藝文類聚一百卷　(唐)歐陽詢輯　明萬曆十五年(1587)王元貞刻本　山東省圖書館　存 81 卷:卷 1-66、卷 86-100

第 1193　藝文類聚一百卷　(唐)歐陽詢輯　明萬曆十五年(1587)王元貞刻本(有鈔配)　山東省圖書館

第 1194　北堂書鈔一百六十卷　(唐)虞世南輯(明)陳禹謨補註　明萬曆二十八年(1600)陳禹謨刻本　山東省圖書館

第 1195　初學記三十卷　(唐)徐堅等輯　明嘉靖十年(1531)安國桂坡館刻本　山東省博物館

第 1196　初學記三十卷　(唐)徐堅等輯　明嘉靖十年(1531)安國桂坡館刻本　山東省圖書館

第 1197　初學記三十卷　(唐)徐堅等輯　明嘉靖十年(1531)安國桂坡館刻本　山東大學圖書館

第 1198　初學記三十卷　(唐)徐堅等輯　明嘉靖十三年(1534)晉府虚益堂刻本　山東省圖書館

第 1199　初學記三十卷　(唐)徐堅等輯　明嘉靖十三年(1534)晉府虚益堂刻本　煙臺圖書館

第 1200　初學記三十卷　(唐)徐堅等輯　明嘉靖二十三年(1544)瀋藩刻本　山東大學圖書館　存 24 卷:卷 1-13、17-24、28-30

第 1201　初學記三十卷　(唐)徐堅等輯　明萬曆十五年(1587)徐守銘寧壽堂刻本　山東省圖書館

第 1202　初學記三十卷　(唐)徐堅等輯　明萬曆二十五年至二十六年(1597—1598)陳大科刻本　山東省圖書館

第 1203　初學記三十卷　(唐)徐堅等輯　明萬曆二十五年至二十六年(1597—1598)陳大科刻本　曲阜師範大學圖書館

第 1204　初學記三十卷　(唐)徐堅等輯　明萬曆二十五年至二十六年(1597—1598)陳大科刻本　山東省圖書館　存 9 卷:卷 8-9、卷 21-22、卷 26-30

第 1205　唐宋白孔六帖一百卷目錄二卷　(唐)白居易、(宋)孔傳輯　明刻本　山東省博物館

第 1206　唐宋白孔六帖一百卷目錄二卷　(唐)白居易、(宋)孔傳輯　明刻本　山東省圖書館

第 1207　唐宋白孔六帖一百卷目錄二卷　(唐)白居易、(宋)孔傳輯　明刻本　山東大學圖書館

第 1208　唐宋白孔六帖一百卷目錄二卷　(唐)白居易、(宋)孔傳輯　明刻本　山東師範大學圖書館

第 1209　唐宋白孔六帖一百卷目錄二卷　(唐)白居易、(宋)孔傳輯　明刻本　山東省圖書館　存 85 卷:卷 8-92

第 1210　事類賦三十卷　(宋)吳淑撰並注　明嘉靖十一年(1532)崇正書院刻本　山東省圖書館

第 1211　事類賦三十卷　(宋)吳淑撰並注　明嘉靖十三年(1534)白坪刻本　山東省博物館

第 1212　事類賦三十卷　(宋)吳淑撰並注　明刻本　山東省博物館

第 1213　事類賦三十卷　(宋)吳淑撰並注　明刻本　山東省圖書館

第 1214　事類賦三十卷　(宋)吳淑撰並注　明刻本　山東大學圖書館

第 1215　事類賦三十卷　(宋)吳淑撰並注　明刻本　山東省圖書館　存 24 卷:卷 1-24

第 1216　太平御覽一千卷目錄十五卷　(宋)李昉等輯　明鈔本　山東省圖書館　存 66 卷:卷 814-826、卷 833-855、卷 877-891、卷 901-910、卷 922-926

第 1217　太平御覽一千卷目錄十五卷　(宋)李昉等輯　明鈔本　山東省圖書館　存 5 卷:卷 922-926

第 1218　册府元龜一千卷目錄十卷　(宋)王欽若等輯　明崇禎十五年(1642)黃國琦刻清康熙十一年(1680)黃九錫重修本　山東省圖書館

第 1219　册府元龜一千卷目錄十卷　(宋)王欽若等輯　明崇禎十五年(1642)黃國琦刻清康熙十一年(1680)黃九錫重修本　山東省圖書館　存 1006 卷:缺卷 121-124

第 1220　册府元龜一千卷目錄十卷　(宋)王欽若等輯　明崇禎十五年(1642)黃國琦刻清康熙十一年(1680)黃九錫重修本　山東省圖書館　存 983 卷:缺卷 97-123

第 1221　册府元龜一千卷目錄十卷　(宋)王欽若等輯　明崇禎十五年(1642)黃國琦刻清康熙十一年(1680)黃九錫重修本　山東省圖書館　存 947 卷:缺卷 388-416、卷 547-580

第 1222　册府元龜一千卷　(宋)王欽若等輯　明鈔本　青島市博物館　存 702 卷:卷 25-74、卷 161-200、卷 226-300、卷 310-395、卷 401-600、卷 651-848、卷 871-895、卷 951-978

第 1223　册府元龜獨制三十卷　(明)曹胤昌輯　明末刻本　山東師範大學圖書館

第 1224　文選雙字類要三卷　(題宋)蘇易簡撰　明嘉靖十九年(1540)姚虞、季本刻本　山東師範大學圖書館

第 1225　文選類林十八卷　(宋)劉攽輯　明萬曆四十四年(1616)吳從志刻本　山東省圖書館

第 1226　文選類林十八卷　(宋)劉攽輯　明萬曆四十四年(1616)吳從志刻本　山東大學圖書館

第 1227　文選類林十八卷　(宋)劉攽輯　明萬曆四十四年(1616)吳從志刻清康熙二十九年(1690)吳啓鵬重修本　山東省圖書館

第 1228　事物紀原集類十卷　(宋)高承輯　明弘治十八年(1505)魏氏仁實堂刻本(佚名跋)　山東省圖書館

第 1229　書敍指南十二卷　(宋)任廣輯　明嘉靖三十七年(1558)柴縈白石書屋刻本　山東省圖書館

第 1230　海錄碎事二十二卷　(宋)葉廷珪輯　明萬曆二十六年(1598)劉鳳刻本　山東省圖書館

第 1231　海錄碎事二十二卷　(宋)葉廷珪輯　明萬曆二十六年(1598)劉鳳刻本　山東師範大學圖書館

第 1232　海錄碎事二十二卷　(宋)葉廷珪輯　明萬曆二十六年(1598)劉鳳刻本　山東大學圖書館　存 4 卷:卷 3-6

第 1233　錦繡萬花谷四十卷後集四十卷續集四十卷　明嘉靖十四年(1535)徽藩崇古書院刻本　山東大學圖書館

第 1234　錦繡萬花谷四十卷後集四十卷續集四十卷　明嘉靖十四年(1535)徽藩崇古書院刻本　山東省圖書館　存 75 卷:前集卷 6-40,後集四十卷

第 1235　錦繡萬花谷前集四十卷後集四十卷續集四十卷　明嘉靖秦汴繡石書堂刻本　山東省圖書館

第 1236　錦繡萬花谷前集四十卷後集四十卷續集四十卷　明嘉靖秦汴繡石書堂刻本　山東師範大學圖書館

第 1237　錦繡萬花谷前集四十卷後集四十卷續集四十卷　明嘉靖秦汴繡石書堂刻本　山東省圖書館　存 117 卷:缺前集卷 1–3

第 1238　錦繡萬花谷前集四十卷後集四十卷續集四十卷　明嘉靖秦汴繡石書堂刻本　山東省圖書館　存 20 卷:前集卷 1–20

第 1239　新編古今事文類聚前集六十卷後集五十卷續集二十八卷別集三十二卷　(宋)祝穆輯　新集三十六卷外集十五卷(元)富大用輯　遺集十五卷(元)祝淵輯　明萬曆三十二年(1604)書林唐富春德壽堂刻本　山東省圖書館

第 1240　新編古今事文類聚前集六十卷後集五十卷續集二十八卷別集三十二卷　(宋)祝穆輯　新集三十六卷外集十五卷(元)富大用輯　遺集十五卷(元)祝淵輯　明萬曆三十二年(1604)書林唐富春德壽堂刻本　山東省圖書館

第 1241　新編古今事文類聚前集六十卷後集五十卷續集二十八卷別集三十二卷　(宋)祝穆輯　新集三十六卷外集十五卷(元)富大用輯　遺集十五卷(元)祝淵輯　明萬曆三十二年(1604)書林唐富春德壽堂刻本　山東師範大學圖書館

第 1242　新編古今事文類聚前集六十卷後集五十卷續集二十八卷別集三十二卷　(宋)祝穆輯　新集三十六卷外集十五卷(元)富大用輯　遺集十五卷(元)祝淵輯　明萬曆三十二年(1604)書林唐富春德壽堂刻本　山東大學圖書館　缺 15 卷:遺集十五卷

第 1243　記纂淵海一百卷　(宋)潘自牧輯(明)陳文燧等補　明萬曆七年(1579)王嘉賓等刻本　青島市圖書館

第 1244　小字錄一卷　(宋)陳思輯　補六卷(明)沈弘正輯　明萬曆四十七年(1619)沈弘正暢閣刻本　山東省圖書館

第 1245　羣書考索前集六十六卷後集六十五卷續集五十六卷別集二十五卷　(宋)章如愚輯　明正德三年至十三年(1508—1518)劉洪慎獨書齋刻本　山東師範大學圖書館　缺 18 卷:前集卷 31–48

第 1246　古今合璧事類備要前集六十九卷後集八十一卷續集五十六卷　(宋)謝維新輯　別集九十四卷外集六十六卷(宋)虞載輯　明嘉靖三十一年至三十五年(1552—1556)夏相刻本　山東省圖書館

第 1247　古今合璧事類備要前集六十九卷後集八十一卷續集五十六卷　(宋)謝維新輯　別集九十四卷外集六十六卷(宋)虞載輯　明嘉靖三十一年至三十五年(1552—1556)夏相刻本　山東師範大學圖書館

第 1248　古今合璧事類備要前集六十九卷後集八十一卷續集五十六卷　(宋)謝維新輯　別集九十四卷外集六十六卷(宋)虞載輯　明嘉靖三十一年至三十五年(1552—1556)夏相刻本　山東大學圖書館　存 297 卷:後集八十一卷,續集五十六卷,別集九十四卷,外集六十六卷

第 1249　古今合璧事類備要前集六十九卷後集八十一卷續集五十六卷　(宋)謝維新輯　別集九十四卷外集六十六卷(宋)虞載輯　明嘉靖三十一年至三十五年(1552—1556)夏相刻本　山東省圖書館　存 56 卷:續集五十六卷

第 1250　纂圖增新羣書類要事林廣記前集二卷後集二卷　(宋)陳元靚撰　明初刻本　山東省圖書館

第 1251 書言故事大全十二卷 (宋)胡繼宗輯(明)陳玩直注 明萬曆十七年(1589)吳懷保刻本 山東省圖書館

第 1252 鼎鍥全補音註書言故事類編□□卷 (宋)胡繼宗輯 明萬曆二十九年(1601)書林陳耀吾刻本 山東省圖書館 存 5 卷:卷 1-5

第 1253 京本玉海精粹二十二卷 (明)林文俊輯 明嘉靖二十五年(1546)作德堂刻本 山東省圖書館

第 1254 新編翰苑新書前集七十卷 明鈔本 山東省圖書館 存 3 卷:卷 65-67

第 1255 新增說文韻府羣玉二十卷 (元)陰時夫輯(元)陰中夫注 明萬曆十八年(1590)王元貞刻本 濟南市圖書館

第 1256 新增說文韻府羣玉二十卷 (元)陰時夫輯(元)陰中夫注 明萬曆十八年(1590)王元貞刻本 山東師範大學圖書館

第 1257 新增說文韻府羣玉二十卷 (元)陰時夫輯(元)陰中夫注 明萬曆十八年(1590)王元貞刻本 蓬萊市文化局慕湘藏書館

第 1258 新增說文韻府羣玉二十卷 (元)陰時夫輯(元)陰中夫注 明萬曆十八年(1590)王元貞刻本 泰安市圖書館 存 1 卷:卷 2

第 1259 新編事文類聚翰墨大全甲集十二卷乙集十八卷丙集十四卷丁集十一卷戊集十三卷己集十二卷庚集十五卷辛集十六卷壬集十七卷癸集十七卷後甲集十五卷後乙集十三卷後丙集十二卷後丁集十四卷後戊集九卷 (元)劉應李輯 明初刻本 山東省圖書館 存 61 卷:甲集十二卷,乙集十八卷,丙集卷 1-3,庚集卷 11-15,後甲集卷 6-15,後乙集卷 1-13

第 1260 新刊翰苑博綜羣籍士林會要□□卷 明刻本(王獻唐跋) 山東省圖書館 存 1 卷:卷 20

第 1261 羣書集事淵海四十七卷 明弘治十八年(1505)賈性刻本 山東師範大學圖書館

第 1262 物原一卷 (明)羅頎撰 明嘉靖二十二年(1543)文津火坤刻本 山東省圖書館

第 1263 新刊唐荆川先生稗編一百二十卷目錄三卷 (明)唐順之輯 明萬曆九年(1581)茅一相文霞閣刻本 山東省圖書館

第 1264 新刊唐荆川先生稗編一百二十卷目錄三卷 (明)唐順之輯 明萬曆九年(1581)茅一相文霞閣刻本 青島市圖書館

第 1265 新刊唐荆川先生稗編一百二十卷目錄三卷 (明)唐順之輯 明萬曆九年(1581)茅一相文霞閣刻本 山東省圖書館 存 42 卷:卷 1-24、卷 37-50、卷 55-58

第 1266 新刊唐荆川先生稗編一百二十卷目錄三卷 (明)唐順之輯 明萬曆九年(1581)茅一相文霞閣刻本(有鈔補) 山東省圖書館

第 1267 新刊唐荆川先生稗編一百二十卷目錄三卷 (明)唐順之輯 明萬曆九年(1581)茅一相文霞閣刻本(卷一、卷二鈔配) 山東師範大學圖書館

第 1268 修辭指南二十卷 (明)浦南金輯 明嘉靖三十六年(1557)浦氏五樂堂刻本 山東省圖書館

第 1269 修辭指南二十卷 (明)浦南金輯 明嘉靖三十六年(1557)浦氏五樂堂刻本 山東師範大學圖書館

第 1270 修辭指南二十卷 (明)浦南金輯 明嘉靖三十六年(1557)浦氏五樂堂刻本 山東省圖書館

存 11 卷:卷 10–20

第 1271　記事珠十四卷　(明)劉國翰輯　明鈔本　山東師範大學圖書館

第 1272　五車霏玉三十四卷　(明)吳昭明輯(明)汪道昆增訂　明萬曆刻本　山東省圖書館

第 1273　三才通考三卷　(明)秦汴撰　明嘉靖二十一年(1542)刻本　山東省圖書館　存 1 卷:卷中

第 1274　新刊增補古今名家詩學大成二十四卷　(明)李攀龍輯　明萬曆六年(1578)劉氏孝友堂刻本　山東大學圖書館

第 1275　新刊增補古今名家詩學大成二十四卷　(明)李攀龍輯　明萬曆六年(1578)劉氏孝友堂刻本(佚名批校)　山東省圖書館

第 1276　彙苑詳註三十六卷　(題明)王世貞輯　明萬曆二十三年(1595)刻梅墅石渠閣印本　山東大學圖書館

第 1277　古今萬姓統譜一百四十卷歷代帝王姓系統譜六卷氏族博考十四卷　(明)凌迪知輯　明萬曆刻本　山東省圖書館

第 1278　古今萬姓統譜一百四十卷歷代帝王姓系統譜六卷氏族博考十四卷　(明)凌迪知輯　明萬曆刻本　山東省圖書館

第 1279　古今萬姓統譜一百四十卷歷代帝王姓系統譜六卷氏族博考十四卷　(明)凌迪知輯　明萬曆刻本　山東省圖書館

第 1280　古今萬姓統譜一百四十卷歷代帝王姓系統譜六卷氏族博考十四卷　(明)凌迪知輯　明萬曆刻本　山東大學圖書館

第 1281　古今萬姓統譜一百四十卷歷代帝王姓系統譜六卷氏族博考十四卷　(明)凌迪知輯　明萬曆刻本　山東師範大學圖書館

第 1282　古今萬姓統譜一百四十卷歷代帝王姓系統譜六卷氏族博考十四卷　(明)凌迪知輯　明萬曆刻本　青島市圖書館

第 1283　古今萬姓統譜一百四十卷歷代帝王姓系統譜六卷氏族博考十四卷　(明)凌迪知輯　明萬曆刻本　山東省圖書館　存 155 卷:古今萬姓統譜一百四十卷,歷代帝王姓系統譜六卷,氏族博考十四卷(存 9 卷:卷 1–9)

第 1284　喻林一百二十卷　(明)徐元太輯　明萬曆四十三年(1615)自刻本　山東省圖書館

第 1285　喻林一百二十卷　(明)徐元太輯　明萬曆四十三年(1615)自刻本　山東師範大學圖書館

第 1286　喻林髓二十四卷　(明)徐元太輯　明天啓二年(1622)鄒道元刻本　山東省圖書館

第 1287　祝氏事偶十五卷　(明)祝彥撰　明崇禎刻本　山東大學圖書館　存 12 卷:卷 1–12

第 1288　經濟類編一百卷　(明)馮琦輯　明萬曆三十二年(1604)周家棟等刻本　山東省圖書館

第 1289　經濟類編一百卷　(明)馮琦輯　明萬曆三十二年(1604)周家棟等刻本　山東大學圖書館

第 1290　經濟類編一百卷　(明)馮琦輯　明萬曆三十二年(1604)周家棟等刻本　山東師範大學圖書館

第 1291　經濟類編一百卷　(明)馮琦輯　明萬曆三十二年(1604)周家棟等刻本　山東省圖書館　存 69 卷:卷 1–37、卷 69–100

第 1292　卓氏藻林八卷　(明)卓明卿輯　明萬曆八年(1580)紗香室刻本　山東省圖書館

第 1293 卓氏藻林八卷 (明)卓明卿輯 明萬曆八年(1580)竗香室刻本 山東大學圖書館

第 1294 新刻何氏類鎔三十五卷 (明)何三畏撰 明萬曆四十七年(1619)刻本 山東省圖書館

第 1295 新刻何氏類鎔三十五卷 (明)何三畏撰 明萬曆四十七年(1619)刻本 山東大學圖書館

第 1296 新纂事詞類奇三十卷 (明)徐常吉輯 明萬曆周曰校刻本 山東省圖書館

第 1297 學海君道部□□卷目錄□卷 (明)饒伸輯 明萬曆刻本 曲阜師範大學圖書館 存 35 卷:卷 1-5、卷 14-19、卷 48-55、卷 60-63、卷 69-74、卷 112-117

第 1298 鼎九我李先生編輯梁昭明太子文選品彙十八卷 (明)李廷機輯 明萬曆三十二年(1604)刻本 山東大學圖書館

第 1299 增訂二三場羣書備考四卷 (明)袁黄撰(明)袁儼注 明崇禎大觀堂刻本 山東省圖書館

第 1300 增訂二三場羣書備考四卷 (明)袁黄撰(明)袁儼注(明)沈昌世增 明崇禎刻本 山東大學圖書館

第 1301 增訂二三場羣書備考四卷 (明)袁黄撰(明)袁儼注(明)沈昌世增 明崇禎刻本 山東師範大學圖書館

第 1302 增訂二三場羣書備考四卷 (明)袁黄撰(明)袁儼注(明)沈昌世增 明崇禎刻本 曲阜師範大學圖書館

第 1303 增訂二三場羣書備考四卷 (明)袁黄撰(明)袁儼注(明)沈昌世增 明崇禎刻本 寧陽縣博物館

第 1304 詞林海錯十六卷 (明)夏樹芳輯 明萬曆刻本 山東省圖書館

第 1305 詞林海錯十六卷 (明)夏樹芳輯 明萬曆刻本 山東省圖書館

第 1306 詞林海錯十六卷 (明)夏樹芳輯 明萬曆刻本 山東省圖書館

第 1307 奇姓通十四卷 (明)夏樹芳撰 明天啓四年(1624)夏氏宛委堂刻本 山東大學圖書館

第 1308 精選舉業切要諸子粹言分類評林文源宗海四卷 (明)陶望齡輯(明)董其昌評 明書林余良木刻本 濟南市圖書館

第 1309 新刻劉太史評釋舉業續古今文彀錦繡詞林九卷 (明)劉曰寧輯 明萬曆金陵書坊周崐岡刻本 山東師範大學圖書館

第 1310 山堂肆考二百四十卷 (明)彭大翼撰 明萬曆二十三年(1595)刻萬曆四十七年(1619)張幼學重修本 山東省博物館

第 1311 山堂肆考二百四十卷 (明)彭大翼撰 明萬曆二十三年(1595)刻萬曆四十七年(1619)張幼學重修本 山東省圖書館

第 1312 山堂肆考二百四十卷 (明)彭大翼撰 明萬曆二十三年(1595)刻萬曆四十七年(1619)張幼學重修本 山東師範大學圖書館

第 1313 山堂肆考二百四十卷 (明)彭大翼撰 明萬曆二十三年(1595)刻萬曆四十七年(1619)張幼學重修本 山東師範大學圖書館

第 1314 山堂肆考二百四十卷 (明)彭大翼撰 明萬曆二十三年(1595)刻萬曆四十七年(1619)張幼學重修本 山東師範大學圖書館

第 1315 山堂肆考二百四十卷 (明)彭大翼撰 明萬曆二十三年(1595)刻萬曆四十七年(1619)張幼

學重修本　山東大學圖書館　存 237 卷:缺角集卷 1–3

第 1316　山堂肆考二百四十卷　(明)彭大翼撰　明萬曆二十三年(1595)刻萬曆四十七年(1619)張幼學重修本　泰安市圖書館　存 184 卷:宫集卷 1–2、卷 10–24、卷 29–37、卷 41–48,商集卷 4–26,角集卷 1–48,徵集卷 14–21、卷 26–48,羽集卷 1–48

第 1317　山堂肆考二百四十卷　(明)彭大翼撰　明萬曆二十三年(1595)刻萬曆四十七年(1619)張幼學重修本　即墨市博物館　存 16 卷:宫集卷 1–3,商集卷 17–18,角集卷 1–4,徵集卷 7–9,羽集卷 1–4

第 1318　目前集二卷　明刻本(清孫佩卿跋)　山東省圖書館

第 1319　唐類函二百卷目録二卷　(明)俞安期輯　明萬曆三十一年(1603)自刻本　山東省圖書館

第 1320　唐類函二百卷目録二卷　(明)俞安期輯　明萬曆三十一年(1603)自刻本　山東省圖書館

第 1321　唐類函二百卷目録二卷　(明)俞安期輯　明萬曆三十一年(1603)自刻本　山東大學圖書館

第 1322　唐類函二百卷目録二卷　(明)俞安期輯　明萬曆三十一年(1603)自刻本　山東師範大學圖書館

第 1323　唐類函二百卷目録二卷　(明)俞安期輯　明萬曆三十一年(1603)自刻本　青島市圖書館

第 1324　唐類函二百卷目録二卷　(明)俞安期輯　明萬曆三十一年(1603)自刻本　煙臺圖書館

第 1325　唐類函二百卷目録二卷　(明)俞安期輯　明萬曆三十一年(1603)自刻本　曲阜師範大學圖書館

第 1326　唐類函二百卷目録二卷　(明)俞安期輯　明萬曆三十一年(1603)自刻本　泰安市博物館

第 1327　唐類函二百卷目録二卷　(明)俞安期輯　明萬曆三十一年(1603)自刻本　山東省圖書館　存 133 卷:卷 1–71、卷 139–200

第 1328　唐類函二百卷目録二卷　(明)俞安期輯　明萬曆三十一年(1603)自刻本　山東省圖書館　存 90 卷:卷 1–10、卷 56–60、卷 71–90、卷 101–105、卷 116–120、卷 136–140、卷 146–150、卷 161–170、卷 176–200

第 1329　唐類函二百卷目録二卷　(明)俞安期輯　明萬曆三十一年(1603)自刻本　山東省圖書館　存 20 卷:卷 171–175、卷 181–190、卷 196–200

第 1330　詩雋類函一百五十卷　(明)俞安期輯(明)梅鼎祚增定　明萬曆三十七年(1609)自刻本　山東大學圖書館

第 1331　詩雋類函一百五十卷　(明)俞安期輯(明)梅鼎祚增定　明萬曆三十七年(1609)自刻本　山東師範大學圖書館

第 1332　新刻音釋啓蒙總龜對類大全八卷　(明)謝天佑訂正　明萬曆三十六年(1608)金陵書坊唐氏富春堂刻本　山東省圖書館

第 1333　文苑彙雋二十四卷　(明)孫丕顯輯　明萬曆三十六年(1608)刻本　山東大學圖書館

第 1334　劉氏鴻書一百八卷　(明)劉仲達輯　明萬曆刻本　青州市圖書館　存 30 卷:卷 1–30

第 1335　廣博物志五十卷　(明)董斯張輯　明萬曆高暉堂刻本　山東省博物館

第 1336　廣博物志五十卷　(明)董斯張輯　明萬曆高暉堂刻本　山東省圖書館

第 1337　廣博物志五十卷　(明)董斯張輯　明萬曆高暉堂刻本　山東省圖書館

第 1338　廣博物志五十卷　(明)董斯張輯　明萬曆高暉堂刻本　山東省圖書館

第 1339　廣博物志五十卷　(明)董斯張輯　明萬曆高暉堂刻本　山東大學圖書館

第 1340　廣博物志五十卷　(明)董斯張輯　明萬曆高暉堂刻本　山東師範大學圖書館

第 1341　廣博物志五十卷　(明)董斯張輯　明萬曆高暉堂刻本　青州市圖書館

第 1342　廣博物志五十卷　(明)董斯張輯　明萬曆高暉堂刻本　文登市圖書館　存 35 卷:卷 13-14、卷 18-50

第 1343　廣博物志五十卷　(明)董斯張輯　明萬曆高暉堂刻本　濟南市圖書館　存 14 卷:卷 14-27

第 1344　廣博物志五十卷　(明)董斯張輯　明萬曆高暉堂刻本　山東省圖書館　存 11 卷:卷 1、卷 19-21(卷 19 缺第 1-4 葉)、卷 42-48

第 1345　新刻註釋故事白眉十卷　(明)許以忠輯　明嘉瑞堂刻本　山東師範大學圖書館

第 1346　精選故事黄眉十卷　(明)鄧志謨輯　明刻本　山東師範大學圖書館

第 1347　八編類纂二百八十五卷　(明)陳仁錫輯　明天啓刻本　山東省圖書館

第 1348　八編類纂二百八十五卷　(明)陳仁錫輯　明天啓刻本　山東師範大學圖書館

第 1349　博物典彙二十卷　(明)黄道周撰　明崇禎刻本　山東省圖書館

第 1350　博物典彙二十卷　(明)黄道周撰　明崇禎刻本　山東省圖書館　存 19 卷:卷 1-19

第 1351　博物典彙二十卷　(明)黄道周撰　明崇禎刻本(清張曉漁批校)　山東省圖書館

第 1352　羣書典彙十四卷　(明)黄道周輯　明崇禎十六年(1643)敦古齋刻本　山東省博物館

第 1353　麗句集六卷　(明)許之吉輯　明天啓刻本　山東師範大學圖書館

第 1354　麗句集六卷　(明)許之吉輯　明天啓刻本(清陳昂批校並跋)　山東省博物館

第 1355　茹古略集三十卷　(明)程良孺撰　明崇禎四年(1631)韻樓自刻本　文登市圖書館

第 1356　五車韻瑞一百六十卷　(明)凌稚隆輯　明葉瑶池刻本　山東省博物館

第 1357　廣韻藻六卷　(明)方夏輯　明崇禎十五年(1642)方來刻本　山東省圖書館

第 1358　十三經類語十四卷　(明)羅萬藻輯(明)魯重民注　十三經序論選一卷(明)何兆聖輯　明崇禎十三年(1640)刻本　山東省圖書館

第 1359　古今類書纂要增刪十二卷　(明)璩崑玉輯　明崇禎七年(1634)刻本　山東師範大學圖書館

第 1360　古學彙纂十卷　(明)周時雍輯　明崇禎十五年(1642)周氏愛日齋刻本　山東大學圖書館

第 1361　古學彙纂十卷　(明)周時雍輯　明崇禎十五年(1642)周氏愛日齋刻本(佚名批注)　山東師範大學圖書館

第 1362　永樂北藏六千三百六十一卷續藏四百十卷　明永樂十九年至正統五年(1421—1440)刻萬曆十二年(1584)續刻本　山東省圖書館　存 5144 卷

第 1363　永樂南藏六千三百三十一卷續藏四百十卷　明永樂十年至十五年(1412—1417)刻萬曆十二年(1584)續刻本　山東省圖書館　存 6512 册

第 1364　大佛頂如來密因修證了義諸菩薩萬行首楞嚴經十卷　(題唐)釋般剌密帝、彌伽釋迦譯　明天啓元年(1621)凌弘憲刻三色套印本　山東省圖書館

第 1365　大佛頂如來密因修證了義諸菩薩萬行首楞嚴經十卷　(題唐)釋般剌密帝、彌伽釋迦譯　明凌毓枬刻朱墨套印本　山東省圖書館

第 1366　觀世音菩薩普門品經一卷　(後秦)釋鳩摩羅什譯　明成化十一年(1475)泥金寫本　山東省

博物館

第 1367 觀楞伽阿跋多羅寶經記四卷略科一卷 (明)釋德清撰 明萬曆刻本 安丘市博物館

第 1368 金剛般若波羅蜜經四卷 (宋)楊圭集注 明戚繼光刻本 山東師範大學圖書館

第 1369 金剛般若波羅蜜經一卷 (後秦)釋鳩摩羅什譯(明)成祖朱棣注 明永樂二十一年(1423)内府刻本 山東大學圖書館

第 1370 摩訶止觀十卷 (隋)釋智顗撰 明萬曆十年(1582)刻本 山東省圖書館

第 1371 禪宗永嘉集二卷 (唐)釋玄覺撰(明)釋鎮澄注 明萬曆四十二年(1614)茭蘆菴刻本 濟南市圖書館 存1卷:卷下

第 1372 正法眼藏三卷 (宋)釋宗杲撰 明萬曆四十四年(1616)徐弘澤刻本 山東省圖書館

第 1373 勅修百丈清規二卷 (元)釋德煇撰 明嘉靖三十九年(1560)山陰延福寺釋普恩等刻本(王獻唐跋) 山東省博物館 存1卷:卷下

第 1374 六祖大師法寶壇經一卷 (明)趙玉芝輯 明刻本 山東大學圖書館

第 1375 釋氏稽古略四卷 (元)釋覺岸撰 續集三卷(明)釋大聞輯 明崇禎十一年(1638)嚴爾珪刻本 山東省圖書館

第 1376 禪林僧寶傳三十卷臨濟宗旨一卷 (宋)釋惠洪撰 明萬曆刻本 山東省圖書館

第 1377 指月錄三十二卷 (明)瞿汝稷撰 明釋開慧刻本 山東省博物館

第 1378 指月錄三十二卷 (明)瞿汝稷撰 明釋開慧刻本 山東省圖書館 存9卷:卷2、卷10–13、卷25–28

第 1379 指月錄三十二卷 (明)瞿汝稷撰 明釋弘禮刻本 山東省圖書館

第 1380 指月錄三十二卷 (明)瞿汝稷撰 明釋弘禮刻本 文登市圖書館 存26卷:卷4–17、卷21–32

第 1381 諸佛世尊如來菩薩尊者名稱歌曲不分卷 (明)成祖朱棣撰 明永樂内府刻本 山東省圖書館

第 1382 諸佛世尊如來菩薩尊者名稱歌曲不分卷 (明)成祖朱棣撰 明永樂内府刻本 山東省圖書館

第 1383 三子合刊十三卷 明閔齊伋刻套印本 山東省圖書館

第 1384 三子合刊十三卷 明閔齊伋刻套印本 山東省圖書館

第 1385 三子合刊十三卷 明閔齊伋刻套印本 山東省圖書館

第 1386 三子合刊十三卷 明閔齊伋刻套印本 山東大學圖書館

第 1387 三子合刊十三卷 明閔齊伋刻套印本 即墨市博物館

第 1388 三子通義二十卷 (明)朱得之撰 明嘉靖四十四年(1565)浩然齋刻本 山東省圖書館

第 1389 三經玄腊四卷 (明)沈之鏷編 明崇禎二年(1629)自刻本 山東省圖書館

第 1390 道德寶章一卷 (宋)葛長庚注 明刻本 山東省博物館

第 1391 老子集解二卷考異一卷 (明)薛蕙撰 明嘉靖刻本 山東師範大學圖書館

第 1392 南華眞經十卷 (晉)郭象注(唐)陸德明音義 明嘉靖十二年(1533)顧春世德堂刻六子書本 青島市博物館

第 1393 莊子郭註十卷 (晉)郭象撰(唐)陸德明音義 明萬曆三十三年(1605)鄒之嶧刻本 山東師範大學圖書館

第 1394 莊子郭註十卷 (晉)郭象撰(唐)陸德明音義 明萬曆三十三年(1605)鄒之嶧刻本(王獻唐校並跋) 山東大學圖書館

第 1395 南華經十六卷 (晉)郭象注(宋)林希逸口義(宋)劉辰翁點校(明)王世貞評點(明)陳仁錫批注 明刻四色套印本 山東省圖書館

第 1396 南華經十六卷 (晉)郭象注(宋)林希逸口義(宋)劉辰翁點校(明)王世貞評點(明)陳仁錫批注 明刻四色套印本 山東省圖書館

第 1397 南華經十六卷 (晉)郭象注(宋)林希逸口義(宋)劉辰翁點校(明)王世貞評點(明)陳仁錫批注 明刻四色套印本 山東大學圖書館

第 1398 南華經十六卷 (晉)郭象注(宋)林希逸口義(宋)劉辰翁點校(明)王世貞評點(明)陳仁錫批注 明刻四色套印本(清莊蘿邨批校) 山東省圖書館 存 3 卷:卷 1–3

第 1399 莊子鬳齋口義十卷 (宋)林希逸撰 釋音一卷 明刻本 山東省博物館

第 1400 南華眞經副墨八卷讀南華眞經雜説一卷 (明)陸西星撰 明萬曆六年(1578)李齊芳刻本 山東大學圖書館

第 1401 南華眞經副墨八卷讀南華眞經雜説一卷 (明)陸西星撰 明萬曆十三年(1585)孫大綬刻本 青島市圖書館 存 8 卷:南華眞經副墨八卷

第 1402 南華眞經副墨八卷讀南華眞經雜説一卷 (明)陸西星撰 明書林詹氏刻本 山東大學圖書館

第 1403 南華眞經副墨八卷讀南華眞經雜説一卷 (明)陸西星撰 明刻本 山東省圖書館

第 1404 南華經六卷 (明)楊起元注 明刻本 山東省圖書館 存 5 卷:卷 2–6

第 1405 解莊十二卷 (明)陶望齡撰(明)郭正域評 明天啓元年(1621)茅兆河刻套印本 山東師範大學圖書館

第 1406 南華眞經旁注五卷 (明)方虛名撰 明金陵唐氏世德堂刻本 山東省圖書館

第 1407 南華眞經旁注五卷 (明)方虛名撰 明金陵唐氏世德堂刻本 山東大學圖書館

第 1408 南華眞經旁注五卷 (明)方虛名撰 明金陵唐氏世德堂刻本 山東師範大學圖書館

第 1409 莊子内篇註七卷 (明)釋德清撰 明天啓元年(1621)管覺僊刻本 曲阜師範大學圖書館

第 1410 道藏五千三百五卷 (明)張宇初等編 明正統十年(1445)内府刻萬曆二十八年(1600)官印本 青島市博物館 存 4946 卷

第 1411 道藏五千三百五卷 (明)張宇初等編 明正統十年(1445)内府刻萬曆二十六年(1598)官印本 泰安市博物館 存 1360 卷

第 1412 新鋟抱朴子内篇四卷外篇四卷 (晉)葛洪撰 明萬曆十二年(1584)愼懋官刻本 山東省圖書館

第 1413 御愛南極盪兇忠孝秘法不分卷 明鈔本 山東省圖書館

第 1414 雲笈七籤一百二十二卷 (宋)張君房撰 明張萱清眞館刻本 山東大學圖書館

第 1415 性命雙修萬神圭旨四卷 明鈔本 山東省圖書館

第 1416　性命圭旨四卷　明崇禎三年(1630)朱在錫刻本　山東省圖書館

第 1417　删補性命圭旨四卷　(題宋)尹清和撰(明)醉翁誰是我删訂　明末刻本　山東省圖書館

第 1418　列僊傳□卷　(題漢)劉向撰　明刻清吳門種書堂重修本　山東省圖書館　存 4 卷:卷 1–4

第 1419　月旦堂新鐫繡像列僊傳四卷　(明)洪應明輯　明末吳門種書堂刻本　山東大學圖書館

第 1420　楚騷五卷　(楚)屈原撰　附錄一卷(漢)司馬遷撰　明正德十五年(1520)熊宇刻篆字本　山東省圖書館　存 3 卷:卷 1–3

第 1421　楚騷五卷　(楚)屈原撰　附錄一卷(漢)司馬遷撰　明正德十五年(1520)熊宇刻篆字本　煙臺圖書館　存 2 卷:卷 2 上、卷 4 下

第 1422　楚辭八卷　(楚)屈原、宋玉、(漢)賈誼等撰　屈原傳一卷(漢)司馬遷撰　明正德十六年(1521)馮惟訥刻本(卷三配明鈔本,佚名批校)　山東省圖書館　存 5 卷:楚辭卷 1–4,屈原傳一卷

第 1423　楚辭二卷　(楚)屈原、宋玉、(漢)賈誼等撰　屈原傳一卷(漢)司馬遷撰　明萬曆六年(1578)茹天成刻本　山東大學圖書館

第 1424　楚辭二卷　(楚)屈原、宋玉、(漢)賈誼等撰　明萬曆四十八年(1620)閔齊伋刻三色套印本　山東省圖書館

第 1425　楚辭二卷　(楚)屈原、宋玉、(漢)賈誼等撰　明萬曆四十八年(1620)閔齊伋刻三色套印本　山東省圖書館

第 1426　楚辭二卷　(楚)屈原、宋玉、(漢)賈誼等撰　明萬曆四十八年(1620)閔齊伋刻三色套印本　山東省圖書館

第 1427　楚辭二卷　(楚)屈原、宋玉、(漢)賈誼等撰　明萬曆四十八年(1620)閔齊伋刻三色套印本　蓬萊市文化局慕湘藏書館

第 1428　楚辭章句十七卷　(漢)王逸撰　明正德十三年(1518)黄省曾、高第刻本(佚名批校)　山東省圖書館

第 1429　楚辭章句十七卷　(漢)王逸撰　附錄一卷　明萬曆十四年(1586)馮紹祖觀妙齋刻本　山東省圖書館

第 1430　楚辭章句十七卷　(漢)王逸撰　附錄一卷　明萬曆十四年(1586)馮紹祖觀妙齋刻本　山東大學圖書館

第 1431　楚辭章句十七卷　(漢)王逸撰　疑字直音補一卷　明萬曆朱燮元、朱一龍刻本　山東省圖書館

第 1432　楚辭章句十七卷　(漢)王逸撰　疑字直音補一卷　明萬曆朱燮元、朱一龍刻本　山東省圖書館

第 1433　楚辭十七卷　(宋)洪興祖、(明)劉鳳等注(明)陳深批點　附錄一卷　明凌毓枬刻朱墨套印本　山東省圖書館

第 1434　楚辭十七卷　(宋)洪興祖、(明)劉鳳等注(明)陳深批點　附錄一卷　明凌毓枬刻朱墨套印本　山東省圖書館

第 1435　楚辭十七卷　(宋)洪興祖、(明)劉鳳等注(明)陳深批點　附錄一卷　明凌毓枬刻朱墨套印本　山東省圖書館

第1436 楚辭十七卷 (宋)洪興祖、(明)劉鳳等注(明)陳深批點 附錄一卷 明凌毓枬刻朱墨套印本 青島市博物館

第1437 楚辭集註八卷辯證二卷後語六卷 (宋)朱熹撰 反離騷一卷(漢)揚雄撰 明嘉靖十四年(1535)袁褧刻本 山東省圖書館

第1438 楚辭集註八卷辯證二卷後語六卷 (宋)朱熹撰 反離騷一卷(漢)揚雄撰 明嘉靖十四年(1535)袁褧刻本 山東省圖書館 存6卷:後語六卷

第1439 楚辭集註八卷 (宋)朱熹撰 明嘉靖十七年(1538)楊上林刻本 山東省圖書館

第1440 楚辭集註八卷辯證二卷後語六卷 (宋)朱熹撰 明刻本 山東省圖書館

第1441 楚辭集註八卷辯證二卷後語六卷 (宋)朱熹撰 明萬曆朱崇沐刻本 山東省圖書館

第1442 楚辭集註八卷辯證二卷後語六卷 (宋)朱熹撰 明萬曆朱崇沐刻本 文登市圖書館 存8卷:辯證二卷,後語六卷

第1443 楚辭集註八卷辯證二卷後語八卷 (宋)朱熹撰(明)蔣之翹補輯並評校 附覽二卷總評一卷(明)蔣之翹輯 明天啓六年(1626)蔣之翹刻本 山東省圖書館

第1444 楚辭集註八卷辯證二卷後語八卷 (宋)朱熹撰(明)蔣之翹補輯並評校 附覽二卷總評一卷(明)蔣之翹輯 明天啓六年(1626)蔣之翹刻本 山東大學圖書館

第1445 楚辭集註八卷辯證二卷後語八卷 (宋)朱熹撰(明)蔣之翹補輯並評校 附覽二卷總評一卷(明)蔣之翹輯 明天啓六年(1626)蔣之翹刻本 棲霞市圖書館 存20卷:缺總評一卷

第1446 楚辭述註五卷 (明)來欽之撰 九歌圖一卷(明)陳洪綬繪 明崇禎刻本 山東大學圖書館

第1447 漢蔡中郎集十一卷 (漢)蔡邕撰 明萬曆八年(1580)茅一相文霞閣刻本 山東省圖書館

第1448 嵇中散集十卷 (魏)嵇康撰 明嘉靖四年(1525)黃省曾南星精舍刻本 山東省圖書館

第1449 陶靖節集六卷 (晉)陶潛撰 明崇禎十三年(1640)葉益蓀春晝堂刻本 山東省圖書館 存3卷:卷4-6

第1450 陶靖節集十卷 (晉)陶潛撰(宋)湯漢等箋注 總論一卷 明嘉靖二十五年(1546)蔣孝刻本 山東省圖書館

第1451 陶靖節集十卷 (晉)陶潛撰(宋)湯漢等箋注 總論一卷 明嘉靖二十五年(1546)蔣孝刻本 山東省圖書館

第1452 陶靖節集十卷 (晉)陶潛撰(宋)湯漢等箋注 總論一卷 明嘉靖二十五年(1546)蔣孝刻本(佚名批校) 文登市圖書館

第1453 陶靖節集十卷 (晉)陶潛撰(宋)湯漢等箋注 總論一卷 明萬曆四年(1576)周敬松刻本 山東大學圖書館

第1454 陶靖節集十卷 (晉)陶潛撰(宋)湯漢等箋注 總論一卷 明萬曆十五年(1587)休陽程氏刻本 山東大學圖書館

第1455 陶靖節集十卷 (晉)陶潛撰(宋)湯漢等箋注 總論一卷 明萬曆十五年(1587)休陽程氏刻本 曲阜師範大學圖書館

第1456 陶靖節集十卷 (晉)陶潛撰(宋)湯漢等箋注 總論一卷 明萬曆刻本 山東省圖書館

第1457 陶靖節集八卷 (晉)陶潛撰(宋)湯漢等箋注 總論一卷 明凌濛初刻朱墨套印本 蓬萊市

文化局慕湘藏書館

第 1458　陶淵明集八卷　(晉)陶潛撰(宋)湯漢等箋注(明)張自烈評　總論一卷和陶詩一卷(宋)蘇軾撰　律陶一卷(明)王思任輯　律陶纂一卷(明)黃槐開輯　明末樂愚堂刻本　山東省圖書館

第 1459　陶淵明全集四卷　(晉)陶潛撰　明白鹿齋刻陶李合刻本　山東大學圖書館

第 1460　謝康樂集四卷　(劉宋)謝靈運撰　明刻本(佚名批校)　山東省圖書館

第 1461　楊盈川集十卷　(唐)楊炯撰(明)童佩輯　附錄一卷　明萬曆三年(1575)韓邦憲、涂杰刻本　山東省圖書館

第 1462　靈隱子六卷　(唐)駱賓王撰(明)陳魁士注　明萬曆二十四年(1596)陳大科刻本　山東大學圖書館

第 1463　新刊駱子集註四卷　(唐)駱賓王撰(明)陳魁士注　明萬曆七年(1579)劉大烈等刻本　山東省圖書館

第 1464　駱丞集註四卷　(唐)駱賓王撰(明)顏文選補注　明萬曆四十三年(1615)顏氏刻本　山東省圖書館

第 1465　鼎鐫施會元評註選輯唐駱賓王狐白三卷　(唐)駱賓王撰(明)施鳳來評注　明萬曆余文杰自新齋刻本　山東省圖書館

第 1466　杜審言集二卷　(唐)杜審言撰　明嘉靖三十一年(1552)黃埻刻十二家唐詩本(有鈔配)　山東省圖書館

第 1467　唐丞相曲江張先生文集十二卷　(唐)張九齡撰　附錄一卷　明刻本　山東省圖書館

第 1468　曲江張文獻先生文集十二卷　(唐)張九齡撰　附錄一卷　明萬曆四十四年(1616)謝正蒙刻本　山東師範大學圖書館

第 1469　張曲江集二卷　(唐)張九齡撰　明刻二張集本　山東省圖書館

第 1470　類箋唐王右丞詩集十卷　(唐)王維撰(明)顧起經注　文集四卷集外編一卷(唐)王維撰(明)顧起經輯　年譜一卷(明)顧起經撰　唐諸家同詠集一卷贈題集一卷歷朝諸家評王右丞詩畫鈔一卷(明)顧起經輯　明嘉靖三十五年(1556)顧氏奇字齋刻本　山東師範大學圖書館

第 1471　類箋唐王右丞詩集十卷　(唐)王維撰(明)顧起經注　文集四卷集外編一卷(唐)王維撰(明)顧起經輯　年譜一卷(明)顧起經撰　唐諸家同詠集一卷贈題集一卷歷朝諸家評王右丞詩畫鈔一卷(明)顧起經輯　明嘉靖三十五年(1556)顧氏奇字齋刻本　山東省圖書館　存 15 卷:詩集卷 1–2、卷 6–10,文集四卷,集外編一卷,年譜一卷,唐諸家同詠集一卷,贈題集一卷

第 1472　類箋唐王右丞詩集十卷　(唐)王維撰(明)顧起經注　文集四卷集外編一卷(唐)王維撰(明)顧起經輯　年譜一卷(明)顧起經撰　唐諸家同詠集一卷贈題集一卷歷朝諸家評王右丞詩畫鈔一卷(明)顧起經輯　明嘉靖三十五年(1556)顧氏奇字齋刻本　山東大學圖書館　存 10 卷:詩集卷 3–10,文集卷 1–2

第 1473　孟浩然集四卷　(唐)孟浩然撰　明刻本　山東省圖書館

第 1474　孟浩然詩集二卷　(唐)孟浩然撰(宋)劉辰翁、(明)李夢陽評　明凌濛初刻朱墨套印本　山東省圖書館

第 1475　唐翰林李白詩類編十二卷　(唐)李白撰　明刻本　山東省圖書館

第 1476　分類補註李太白詩二十五卷　(唐)李白撰(宋)楊齊賢集注(元)蕭士贇補注　年譜一卷(宋)

薛仲邕撰　明嘉靖二十五年(1546)玉几山人刻本(李延之跋)　山東省圖書館

第 1477　分類補註李太白詩二十五卷　(唐)李白撰(宋)楊齊賢集注(元)蕭士贇補注　分類編次李太白文五卷(唐)李白撰　明嘉靖二十二年(1543)郭雲鵬寶善堂刻本　山東省圖書館

第 1478　分類補註李太白詩二十五卷　(唐)李白撰(宋)楊齊賢集注(元)蕭士贇補注　分類編次李太白文五卷(唐)李白撰　明嘉靖二十二年(1543)郭雲鵬寶善堂刻本　山東省圖書館

第 1479　分類補註李太白詩二十五卷　(唐)李白撰(宋)楊齊賢集注(元)蕭士贇補注　分類編次李太白文五卷(唐)李白撰　明嘉靖二十二年(1543)郭雲鵬寶善堂刻本　山東省圖書館

第 1480　分類補註李太白詩二十五卷　(唐)李白撰(宋)楊齊賢集注(元)蕭士贇補注　分類編次李太白文五卷(唐)李白撰　明嘉靖二十二年(1543)郭雲鵬寶善堂刻本　山東省圖書館

第 1481　分類補註李太白詩二十五卷　(唐)李白撰(宋)楊齊賢集注(元)蕭士贇補注　分類編次李太白文五卷(唐)李白撰　明嘉靖二十二年(1543)郭雲鵬寶善堂刻本　山東大學圖書館

第 1482　分類補註李太白詩二十五卷　(唐)李白撰(宋)楊齊賢集注(元)蕭士贇補注　明霏玉齋刻本(佚名批校)　山東省圖書館

第 1483　重刊分類補註李詩全集二十五卷　(唐)李白撰(宋)楊齊賢集注(元)蕭士贇補注　重刊分類編次李太白文集五卷(唐)李白撰　明霏玉齋瑞桃堂刻本　山東大學圖書館

第 1484　韋蘇州集十卷拾遺一卷　(唐)韋應物撰　明刻本　青島市博物館

第 1485　岑嘉州集八卷　(唐)岑參撰　明刻本(佚名批校)　山東省圖書館

第 1486　集千家註杜工部詩集二十卷文集二卷　(唐)杜甫撰(宋)黄鶴補注　附錄一卷　明嘉靖十五年(1536)玉几山人刻本　山東大學圖書館

第 1487　集千家註杜工部詩集二十卷文集二卷　(唐)杜甫撰(宋)黄鶴補注　附錄一卷　明嘉靖十五年(1536)玉几山人刻明易山人印本　山東省博物館

第 1488　集千家註杜工部詩集二十卷文集二卷　(唐)杜甫撰(宋)黄鶴補注　附錄一卷　明嘉靖十五年(1536)玉几山人刻明易山人印本　山東省圖書館　存 20 卷:詩集二十卷

第 1489　集千家註杜工部詩集二十卷文集二卷　(唐)杜甫撰(宋)黄鶴補注　附錄一卷　明嘉靖十五年(1536)玉几山人刻明易山人印本　山東省圖書館　存 20 卷:詩集卷 1–15、卷 18–20,文集二卷

第 1490　集千家註杜工部詩集二十卷文集二卷　(唐)杜甫撰(宋)黄鶴補注　附錄一卷　明刻本(松軒批校)　山東省圖書館

第 1491　集千家註杜工部詩集二十卷文集二卷　(唐)杜甫撰(宋)黄鶴補注　明刻本(佚名錄清查慎行批校)　山東省圖書館

第 1492　集千家註批點杜工部詩集二十卷文集二卷　(唐)杜甫撰(宋)黄鶴補注(宋)劉辰翁評點　年譜一卷附錄一卷　明洪武元年(1368)會文堂刻本　山東大學圖書館　存 3 卷:文集二卷,附錄一卷

第 1493　集千家註批點杜工部詩集二十卷　(唐)杜甫撰(宋)黄鶴補注(宋)劉辰翁評點　年譜一卷　明嘉靖八年(1529)朱邦薴懋德堂刻本　山東大學圖書館

第 1494　集千家註批點杜工部詩集二十卷　(唐)杜甫撰(宋)黄鶴補注(宋)劉辰翁評點　年譜一卷　明刻本　山東大學圖書館

第 1495　重刊千家註杜詩全集二十卷文集二卷　(唐)杜甫撰(宋)黄鶴補注(宋)劉辰翁評點　附錄一

卷年譜一卷　明萬曆九年(1581)金鸞刻本　山東大學圖書館

第 1496　杜律七言註解四卷　(唐)杜甫撰(元)虞集注　詩法家數一卷　明萬曆十六年(1588)吳懷保七松居刻本(清靜緣齋主人跋)　山東省圖書館

第 1497　杜律五言註解三卷　(唐)杜甫撰(元)趙汸注　明萬曆十六年(1588)吳懷保七松居刻本　山東大學圖書館

第 1498　杜少陵集十卷　(唐)杜甫撰　明正德刻本　青島市博物館

第 1499　杜工部詩八卷　(唐)杜甫撰(明)鄭樸輯　附錄一卷　明萬曆三十年(1602)鄭樸刻本　山東省圖書館

第 1500　杜工部詩八卷　(唐)杜甫撰(明)鄭樸輯　附錄一卷　明萬曆三十年(1602)鄭樸刻本　山東大學圖書館

第 1501　讀杜詩愚得十八卷　(明)單復撰　明天順元年(1457)朱熊梅月軒刻弘治十四年(1501)重修本　山東省圖書館　存 13 卷:卷 1、卷 3–6、卷 8–9、卷 11–13、卷 16–18

第 1502　讀杜詩愚得十八卷　(明)單復撰　明天順元年(1457)朱熊梅月軒刻弘治十四年(1501)重修本　山東大學圖書館　存 3 卷:卷 4–6

第 1503　杜律單註十卷　(明)單復撰(明)陳明輯　明嘉靖景姚堂刻本　山東大學圖書館　存 2 卷:卷 1–2

第 1504　刻杜少陵先生詩分類集註二十三卷　(唐)杜甫撰(明)邵寶集注(明)過棟參箋　明萬曆二十年(1592)周子文刻本　山東省圖書館　存 13 卷:卷 11–23

第 1505　杜工部詩通十六卷　(明)張綖撰　明隆慶六年(1572)張守中刻本　山東省博物館

第 1506　唐陸宣公集二十二卷　(唐)陸贄撰　明光裕堂刻本　山東省圖書館

第 1507　唐陸宣公集二十二卷　(唐)陸贄撰　明光裕堂刻本　濟南市圖書館

第 1508　唐陸宣公集二十二卷　(唐)陸贄撰　明光裕堂刻本(明湯賓尹批校)　山東省圖書館

第 1509　唐陸宣公集二十四卷　(唐)陸贄撰　明嘉靖二十七年(1548)沈伯咸西清書舍刻本　山東省圖書館

第 1510　唐陸宣公集二十四卷　(唐)陸贄撰　明嘉靖二十七年(1548)沈伯咸西清書舍刻本(清何焯批校)　山東省圖書館

第 1511　昌谷集四卷　(唐)李賀撰(明)曾益釋　明末刻本　山東省圖書館

第 1512　昌谷集四卷　(唐)李賀撰(明)曾益釋　明末刻本　山東大學圖書館

第 1513　昌谷集四卷　(唐)李賀撰(明)曾益釋　明末刻本　泰安市博物館

第 1514　唐歐陽先生文集八卷　(唐)歐陽詹撰(明)徐𤊹輯　附錄一卷　明萬曆三十四年(1606)葉向高等刻本　山東省圖書館

第 1515　韓文四十卷外集十卷遺集一卷　(唐)韓愈撰　集傳一卷　明嘉靖十六年(1537)游居敬刻韓柳文本　山東師範大學圖書館

第 1516　韓文四十卷外集十卷遺集一卷　(唐)韓愈撰　集傳一卷　明嘉靖十六年(1537)游居敬刻韓柳文本(清管晏、謝宗陶跋)　山東省圖書館

第 1517　韓文四十卷外集十卷遺集一卷　(唐)韓愈撰　集傳一卷　明嘉靖十六年(1537)游居敬刻韓

柳文本(清安璿批校並跋)　山東省圖書館

第 1518　朱文公校昌黎先生文集四十卷外集十卷遺文一卷　(唐)韓愈撰(宋)朱熹考異(宋)王伯大音釋　傳一卷　明萬曆朱崇沐刻本　濟南市圖書館

第 1519　朱文公校昌黎先生文集四十卷外集十卷遺文一卷　(唐)韓愈撰(宋)朱熹考異(宋)王伯大音釋　傳一卷　明萬曆朱崇沐刻本　山東師範大學圖書館

第 1520　朱文公校昌黎先生文集四十卷外集十卷遺文一卷　(唐)韓愈撰(宋)朱熹考異(宋)王伯大音釋　傳一卷　明萬曆朱崇沐刻本　曲阜師範大學圖書館

第 1521　朱文公校昌黎先生文集四十卷外集十卷遺文一卷　(唐)韓愈撰(宋)朱熹考異(宋)王伯大音釋　傳一卷　明萬曆朱崇沐刻本　文登市圖書館

第 1522　朱文公校昌黎先生文集四十卷外集十卷遺文一卷　(唐)韓愈撰(宋)朱熹考異(宋)王伯大音釋　傳一卷　明萬曆朱崇沐刻本(清顧廣圻批校,清方功惠跋)　山東省圖書館

第 1523　朱文公校昌黎先生文集二十卷外集一卷遺文一卷　(唐)韓愈撰(宋)朱熹考異(宋)王伯大音釋　傳一卷　明弘治十五年(1502)王氏善敬書堂刻本　曲阜市文物管理局孔府文物檔案館　存 7 卷:卷 11-14、卷 19-20,外集一卷

第 1524　朱文公校昌黎先生文集二十卷外集一卷遺文一卷　(唐)韓愈撰(宋)朱熹考異(宋)王伯大音釋　傳一卷　明弘治十五年(1502)王氏善敬書堂刻本　山東省圖書館　存 1 卷:文集卷 4

第 1525　昌黎先生集四十卷外集十卷遺文一卷　(唐)韓愈撰(宋)廖瑩中校正　朱子校昌黎先生集傳一卷　明徐氏東雅堂刻本　山東省圖書館

第 1526　昌黎先生集四十卷外集十卷遺文一卷　(唐)韓愈撰(宋)廖瑩中校正　朱子校昌黎先生集傳一卷　明徐氏東雅堂刻本　山東省圖書館

第 1527　昌黎先生集四十卷外集十卷遺文一卷　(唐)韓愈撰(宋)廖瑩中校正　朱子校昌黎先生集傳一卷　明徐氏東雅堂刻本　山東省圖書館

第 1528　昌黎先生集四十卷外集十卷遺文一卷　(唐)韓愈撰(宋)廖瑩中校正　朱子校昌黎先生集傳一卷　明徐氏東雅堂刻本　山東省圖書館

第 1529　昌黎先生集四十卷外集十卷遺文一卷　(唐)韓愈撰(宋)廖瑩中校正　朱子校昌黎先生集傳一卷　明徐氏東雅堂刻本　山東省圖書館

第 1530　昌黎先生集四十卷外集十卷遺文一卷　(唐)韓愈撰(宋)廖瑩中校正　朱子校昌黎先生集傳一卷　明徐氏東雅堂刻本　濟南市圖書館　存 22 卷:卷 6-7、卷 26-33,外集十卷,遺文一卷,集傳一卷

第 1531　昌黎先生集四十卷外集十卷遺文一卷　(唐)韓愈撰(宋)廖瑩中校正　朱子校昌黎先生集傳一卷　明徐氏東雅堂刻本　山東省圖書館　存 10 卷:卷 1-10

第 1532　昌黎先生集四十卷外集十卷遺文一卷　(唐)韓愈撰(宋)廖瑩中校正　朱子校昌黎先生集傳一卷　明徐氏東雅堂刻本　泰安市博物館　存 10 卷:外集十卷

第 1533　韓文一卷　(唐)韓愈撰(明)郭正域評選　明萬曆四十五年(1617)閔齊伋刻朱墨套印韓文杜律本　山東省圖書館

第 1534　韓文一卷　(唐)韓愈撰(明)郭正域評選　明萬曆四十五年(1617)閔齊伋刻朱墨套印韓文杜律本　山東大學圖書館

第 1535　韓文一卷　(唐)韓愈撰(明)郭正域評選　明萬曆四十五年(1617)閔齊伋刻朱墨套印韓文杜律本　諸城市圖書館

第 1536　顧瑞屏太史評閱韓昌黎先生集四十卷　(唐)韓愈撰(明)顧錫疇評　明崇禎六年(1633)胡文柱刻本　山東省圖書館

第 1537　昌黎先生全集四十卷外集十卷遺文一卷　(唐)韓愈撰(明)葛鼒校　傳一卷　明末葛氏永懷堂刻本　山東省圖書館

第 1538　昌黎先生全集四十卷外集十卷遺文一卷　(唐)韓愈撰(明)葛鼒校　傳一卷　明末葛氏永懷堂刻本(清丁壽昌校並跋)　山東省圖書館

第 1539　韓文公文抄十六卷　(唐)韓愈撰(明)茅坤評　明刻朱墨套印本　山東省圖書館

第 1540　韓文公文抄十六卷　(唐)韓愈撰(明)茅坤評　明刻朱墨套印本　山東省圖書館

第 1541　柳文四十三卷別集二卷外集二卷　(唐)柳宗元撰　附錄一卷　明嘉靖十六年(1537)游居敬刻韓柳文本(清曹孖跋並錄清何焯、方苞批校)　山東省圖書館

第 1542　柳文七卷　(唐)柳宗元撰(明)茅坤輯　明刻朱墨套印本(清魏遜祖跋)　山東省圖書館

第 1543　河東先生集四十五卷外集二卷龍城錄二卷　(唐)柳宗元撰(宋)廖瑩中校正　附錄二卷傳一卷　明郭雲鵬濟美堂刻本　山東省圖書館

第 1544　河東先生集四十五卷外集二卷龍城錄二卷　(唐)柳宗元撰(宋)廖瑩中校正　附錄二卷傳一卷　明郭雲鵬濟美堂刻本　山東省圖書館

第 1545　河東先生集四十五卷外集二卷龍城錄二卷　(唐)柳宗元撰(宋)廖瑩中校正　附錄二卷傳一卷　明郭雲鵬濟美堂刻本　山東師範大學圖書館

第 1546　增廣註釋音辯唐柳先生集四十三卷別集二卷外集二卷　(唐)柳宗元撰(宋)童宗說注釋(宋)張敦頤音辯(宋)潘緯音義　附錄一卷　明初刻本　山東大學圖書館　存 21 卷:卷 1–21

第 1547　增廣註釋音辯唐柳先生集四十三卷別集二卷外集二卷　(唐)柳宗元撰(宋)童宗說注釋(宋)張敦頤音辯(宋)潘緯音義　附錄一卷　明刻本　山東省圖書館

第 1548　唐柳先生集四十五卷外集二卷龍城錄二卷　(唐)柳宗元撰(宋)童宗說音注(宋)張敦頤音辯(宋)潘緯音義　附錄二卷傳一卷　明萬曆刻本(明若英芝跋並錄明王錫爵批校)　山東省圖書館

第 1549　增廣註釋音辯唐柳先生集二十卷別集一卷外集一卷　(唐)柳宗元撰(宋)童宗說音注(宋)張敦頤音辯(宋)潘緯音義　附錄一卷　明刻本　山東大學圖書館

第 1550　元氏長慶集六十卷補遺六卷　(唐)元稹撰　附錄一卷　明萬曆三十二年(1604)馬元調魚樂軒刻元白長慶集本(清董兆熊錄清顧帆川批)　山東省博物館

第 1551　孟東野集十卷　(唐)孟郊撰　明楊鶴刻本　曹縣圖書館

第 1552　孟東野詩集十卷　(唐)孟郊撰(宋)國材、劉辰翁評　明凌濛初刻朱墨套印盛唐四名家集本　山東省圖書館

第 1553　孟東野詩集十卷　(唐)孟郊撰(宋)國材、劉辰翁評　明凌濛初刻朱墨套印盛唐四名家集本　山東省圖書館

第 1554　孟東野詩集十卷　(唐)孟郊撰(宋)國材、劉辰翁評　明凌濛初刻朱墨套印盛唐四名家集本　山東省圖書館

第 1555 孟東野詩集十卷 (唐)孟郊撰(宋)國材、劉辰翁評 明凌濛初刻朱墨套印盛唐四名家集本 山東省圖書館

第 1556 孟東野詩集十卷 (唐)孟郊撰(宋)國材、劉辰翁評 明凌濛初刻朱墨套印盛唐四名家集本 山東省圖書館

第 1557 孟東野詩集十卷 (唐)孟郊撰(宋)國材、劉辰翁評 明凌濛初刻朱墨套印盛唐四名家集本 山東大學圖書館

第 1558 孟東野詩集十卷 (唐)孟郊撰(宋)國材、劉辰翁評 明凌濛初刻朱墨套印盛唐四名家集本 諸城市圖書館 存 4 卷: 卷 1、卷 3、卷 6、卷 9

第 1559 孟東野詩集十卷 (唐)孟郊撰 聯句一卷 明嘉靖三十五年(1556)秦禾刻本 山東省博物館

第 1560 孟東野詩集十卷 (唐)孟郊撰(宋)國材評 明刻本 山東省圖書館

第 1561 白氏長慶集七十一卷目錄二卷 (唐)白居易撰 附錄一卷 明萬曆三十四年(1606)馬元調刻元白長慶集本(清何焯批校並跋) 山東省圖書館 存 42 卷:卷 1–42

第 1562 白氏長慶集七十一卷目錄二卷 (唐)白居易撰 附錄一卷 明萬曆三十四年(1606)馬元調刻元白长慶集本(佚名批校) 文登市圖書館

第 1563 杜樊川集十七卷 (唐)杜牧撰(明)朱一是、吳璵評 明末吳氏西爽堂刻本 山東省圖書館

第 1564 唐賈浪仙長江集十卷 (唐)賈島撰 明嘉靖二十九年(1550)蔣孝刻中唐十二家詩集本 山東省圖書館 存 5 卷:卷 1–5

第 1565 浣花集十卷 (唐)韋莊撰 明末毛氏綠君亭刻本 山東大學圖書館

第 1566 宋林和靖先生詩集四卷 (宋)林逋撰 附錄一卷(明)何養純、諸時寶等輯 明萬曆四十一年(1613)何養純、諸時寶等刻本 山東省圖書館

第 1567 安陽集五十卷 (宋)韓琦撰 別錄三卷(宋)王巖叟撰 遺事一卷(宋)強至撰 忠獻韓魏王家傳十卷 明正德九年(1514)張士隆刻本 山東省圖書館

第 1568 范文正公集二十卷別集四卷政府奏議二卷尺牘三卷 (宋)范仲淹撰 遺文一卷(宋)范純仁、范純粹撰 年譜一卷(宋)樓鑰撰 年譜補遺一卷祭文一卷褒賢集一卷褒賢祠記二卷諸賢贊頌論疏一卷論頌一卷西夏堡寨一卷朝廷優崇一卷遺跡一卷言行拾遺事錄四卷鄱陽遺事錄一卷義莊規矩一卷 明嘉靖范惟元等刻本 山東師範大學圖書館

第 1569 范文正公集二十卷別集四卷政府奏議二卷尺牘三卷 (宋)范仲淹撰 遺文一卷(宋)范純仁、范純粹撰 年譜一卷(宋)樓鑰撰 年譜補遺一卷祭文一卷褒賢集一卷褒賢祠記二卷諸賢贊頌論疏一卷論頌一卷詩頌一卷朝廷優崇一卷遺跡一卷言行拾遺事錄四卷鄱陽遺事錄一卷義莊規矩一卷 明嘉靖范惟元等刻本 青島市圖書館

第 1570 宋蔡忠惠文集三十六卷 (宋)蔡襄撰 宋蔡忠惠別紀十卷(明)徐𤊹輯 明萬曆四十四年(1616)蔡善繼雙甕齋刻本 山東省圖書館

第 1571 司馬太師温國文正公傳家集八十卷目錄二卷 (宋)司馬光撰 明刻本 曲阜市文物管理局孔府文物檔案館

第 1572 司馬太師温國文正公傳家集八十卷目錄二卷 (宋)司馬光撰 明萬曆十五年(1587)司馬祉

刻本　山東省圖書館

第 1573　司馬文正公集略三十一卷詩集七卷　(宋)司馬光撰　明嘉靖四年(1525)吕柟刻本　山東省圖書館

第 1574　趙清獻公集十卷目錄二卷　(宋)趙抃撰　明刻本　山東師範大學圖書館

第 1575　趙清獻公集十卷　(宋)趙抃撰　明末刻本　山東省圖書館

第 1576　新刻石室先生丹淵集四十卷拾遺二卷　(宋)文同撰　年譜一卷(宋)家誠之撰　續編諸公書翰詩文一卷雜紀一卷　明萬曆四十年(1612)蒲以懌刻本　山東省圖書館

第 1577　陳眉公先生訂正丹淵集四十卷拾遺二卷　(宋)文同撰　石室先生年譜一卷(宋)家誠之撰　附錄一卷(明)李應魁輯　明萬曆三十八年(1610)吳一標刻崇禎四年(1631)毛晉重修本　山東省圖書館

第 1578　南豐先生元豐類藳五十一卷　(宋)曾鞏撰　明刻本　山東省圖書館

第 1579　南豐先生元豐類藳五十一卷　(宋)曾鞏撰　明萬曆二十五年(1597)曾敏才等刻本　山東省圖書館

第 1580　南豐先生元豐類藳五十一卷　(宋)曾鞏撰　明萬曆二十五年(1597)曾敏才等刻本　山東省圖書館

第 1581　南豐先生元豐類稿五十一卷　(宋)曾鞏撰　明譚鍇刻本　濟南市圖書館

第 1582　南豐曾先生文粹十卷　(宋)曾鞏撰　明嘉靖二十八年(1549)安如石刻本　濟南市圖書館

第 1583　宛陵先生集六十卷拾遺一卷　(宋)梅堯臣撰　附錄一卷　明萬曆四年(1576)姜奇方刻本　山東師範大學圖書館

第 1584　宛陵先生集六十卷拾遺一卷　(宋)梅堯臣撰　附錄一卷　明萬曆四年(1576)姜奇方刻本　山東省圖書館缺 1 卷:附錄一卷

第 1585　宛陵先生集六十卷拾遺一卷　(宋)梅堯臣撰　附錄三卷　明萬曆四年(1576)姜奇方刻清康熙二十六年(1687)梅枝鳳、嘉慶十九年(1814)梅瑛遞修本　山東省圖書館

第 1586　宋邵康節先生伊川擊壤集十卷　(宋)邵雍撰(明)吳瀚、吳泰注　明萬曆三十三年(1605)吳元維刻本　山東大學圖書館

第 1587　濂溪集六卷　(宋)周敦頤撰　明嘉靖十四年(1535)黄敏才刻遞修本　山東省圖書館

第 1588　節孝先生文集三十卷　(宋)徐積撰　語錄一卷事實一卷　明嘉靖四十四年(1565)劉祐刻本　山東大學圖書館

第 1589　歐陽文忠公集一百五十三卷　(宋)歐陽修撰　年譜一卷(宋)胡柯撰　附錄五卷　明天順六年(1462)程宗刻弘治、正德、嘉靖遞修本　山東省圖書館

第 1590　歐陽文忠公集一百五十三卷　(宋)歐陽修撰　年譜一卷(宋)胡柯撰　附錄五卷　明天順六年(1462)程宗刻弘治、正德、嘉靖遞修本　山東省圖書館

第 1591　歐陽文忠公集一百五十三卷　(宋)歐陽修撰　年譜一卷(宋)胡柯撰　附錄六卷　明正德七年(1512)劉喬刻嘉靖十六年(1537)季本詹治三十九年(1560)何遷遞修本　山東省圖書館

第 1592　歐陽先生文粹二十卷　(宋)歐陽修撰(宋)陳亮輯　遺粹十卷(宋)歐陽修撰(明)郭雲鵬輯　明嘉靖二十六年(1547)郭雲鵬寶善堂刻本　山東省圖書館

第 1593　歐陽先生文粹二十卷　(宋)歐陽修撰(宋)陳亮輯　遺粹十卷(宋)歐陽修撰(明)郭雲鵬輯

明嘉靖二十六年(1547)郭雲鵬寶善堂刻本　山東省圖書館

第1594　歐陽先生文粹二十卷　(宋)歐陽修撰(宋)陳亮輯　遺粹十卷(宋)歐陽修撰(明)郭雲鵬輯　明嘉靖二十六年(1547)郭雲鵬寶善堂刻本　山東省圖書館

第1595　歐陽先生文粹二十卷　(宋)歐陽修撰(宋)陳亮輯　遺粹十卷(宋)歐陽修撰(明)郭雲鵬輯　明嘉靖二十六年(1547)郭雲鵬寶善堂刻本　山東省圖書館

第1596　歐陽文忠公文抄十卷　(宋)歐陽修撰(明)茅坤評　明刻朱墨套印本　山東省圖書館

第1597　歐陽文忠公文抄十卷　(宋)歐陽修撰(明)茅坤評　明刻朱墨套印本　山東省圖書館

第1598　歐陽文忠公文抄十卷　(宋)歐陽修撰(明)茅坤評　明刻朱墨套印本　青島市博物館

第1599　范忠宣公文集二十卷　(宋)范純仁撰　明嘉靖范惟元等刻本　青島市圖書館

第1600　重刊嘉祐集十五卷　(宋)蘇洵撰　明萬曆聶紹昌刻本　山東省圖書館

第1601　蘇老泉先生全集十六卷　(宋)蘇洵撰　明刻本(卷一配清鈔本)　山東省圖書館

第1602　蘇老泉文集十三卷　(宋)蘇洵撰(明)茅坤、焦竑等評　明凌濛初刻朱墨套印本　山東省圖書館

第1603　蘇老泉文集十三卷　(宋)蘇洵撰(明)茅坤、焦竑等評　明凌濛初刻朱墨套印本　山東師範大學圖書館

第1604　蘇老泉文集十三卷　(宋)蘇洵撰(明)茅坤、焦竑等評　明凌濛初刻朱墨套印本　山東省圖書館　存10卷:卷1–5、卷7–11

第1605　臨川先生文集一百卷目錄二卷　(宋)王安石撰　明嘉靖三十九年(1560)何遷刻本　山東省圖書館

第1606　臨川先生文集一百卷目錄二卷　(宋)王安石撰　明嘉靖三十九年(1560)何遷刻本　山東省圖書館

第1607　臨川先生文集一百卷目錄二卷　(宋)王安石撰　明嘉靖三十九年(1560)何遷刻本　山東省圖書館　存18卷:卷21–38

第1608　臨川先生文集一百卷目錄二卷　(宋)王安石撰　明嘉靖三十九年(1560)何遷刻本(清諸錦批校)　山東省圖書館

第1609　新刻臨川王介甫先生文集一百卷目錄二卷　(宋)王安石撰　明萬曆四十年(1612)王鳳翔光啓堂刻本　文登市圖書館

第1610　新刻臨川王介甫先生文集一百卷目錄二卷　(宋)王安石撰　明萬曆四十年(1612)王鳳翔光啓堂刻本(清蔣宗海校並跋)　山東省圖書館

第1611　蘇文忠公全集一百十一卷　(宋)蘇軾撰　年譜一卷(宋)王宗稷撰　明嘉靖十三年(1534)江西布政司刻本　山東省圖書館　存4種44卷:東坡集四十卷(存26卷:卷1–6、卷16–23、卷29–40);後集二十卷(存13卷:卷4–11、卷16–20);奏議十五卷(存3卷:卷1–3);續集十二卷(存2卷:卷1–2)

第1612　東坡全集一百十五卷目錄七卷　(宋)蘇軾撰　年譜一卷(宋)王宗稷撰　明刻本　山東省圖書館　存87卷:卷1–80,目錄七卷

第1613　東坡全集一百十五卷目錄七卷　(宋)蘇軾撰　年譜一卷(宋)王宗稷撰　明刻本　山東省圖書館

第 1614　東坡全集一百十五卷目録七卷　(宋)蘇軾撰　年譜一卷(宋)王宗稷撰　明刻本　山東省圖書館

第 1615　東坡全集一百十五卷目録七卷　(宋)蘇軾撰　年譜一卷(宋)王宗稷撰　明刻本　煙臺圖書館　存 102 卷:卷 1–11、卷 17–62、卷 67–75、卷 80–115

第 1616　東坡先生全集七十五卷　(宋)蘇軾撰　東坡詩選十二卷(宋)蘇軾撰(明)譚元春輯　年譜一卷(宋)王宗稷撰　明末文盛堂刻本　山東省圖書館

第 1617　東坡先生全集七十五卷　(宋)蘇軾撰　東坡詩選十二卷(宋)蘇軾撰(明)譚元春輯　年譜一卷(宋)王宗稷撰　明末文盛堂刻本　山東省圖書館

第 1618　東坡先生全集七十五卷　(宋)蘇軾撰　東坡詩選十二卷(宋)蘇軾撰(明)譚元春輯　年譜一卷(宋)王宗稷撰　明末文盛堂刻本　山東省圖書館　存 75 卷:東坡先生全集七十五卷

第 1619　東坡先生全集七十五卷　(宋)蘇軾撰　東坡詩選十二卷(宋)蘇軾撰(明)譚元春輯　年譜一卷(宋)王宗稷撰　明末文盛堂刻本　山東大學圖書館　存 12 卷:東坡詩選十二卷

第 1620　蘇東坡詩集二十五卷　(宋)蘇軾撰(宋)劉辰翁批點　明天啓刻本　文登市圖書館

第 1621　東坡先生詩集註三十二卷　(宋)蘇軾撰(題宋)王十朋纂集　東坡紀年録一卷(宋)傅藻撰　明萬曆茅維刻本　山東省圖書館

第 1622　東坡先生詩集註三十二卷　(宋)蘇軾撰(題宋)王十朋纂集　東坡紀年録一卷(宋)傅藻撰　明萬曆茅維刻本　山東省圖書館

第 1623　東坡先生詩集註三十二卷　(宋)蘇軾撰(題宋)王十朋纂集　東坡紀年録一卷(宋)傅藻撰　明萬曆茅維刻本　山東省圖書館

第 1624　東坡先生詩集註三十二卷　(宋)蘇軾撰(題宋)王十朋纂集　東坡紀年録一卷(宋)傅藻撰　明萬曆茅維刻本　濟南市圖書館

第 1625　東坡先生詩集註三十二卷　(宋)蘇軾撰(題宋)王十朋纂集　东坡紀年録一卷(宋)傅藻撰　明萬曆茅維刻本　棗莊市圖書館

第 1626　東坡先生詩集註三十二卷　(宋)蘇軾撰(題宋)宋王十朋纂集　明末王永積刻本　山東省圖書館

第 1627　重編東坡先生外集八十六卷　(宋)蘇軾撰　年譜一卷　明萬曆三十六年(1608)康丕揚刻本　山東省圖書館

第 1628　重編東坡先生外集八十六卷　(宋)蘇軾撰　年譜一卷　明萬曆三十六年(1608)康丕揚刻本　山東省圖書館

第 1629　重編東坡先生外集八十六卷　(宋)蘇軾撰　年譜一卷　明萬曆三十六年(1608)康丕揚刻本　山東大學圖書館

第 1630　坡仙集十六卷　(宋)蘇軾撰(明)李贄評輯　明萬曆二十八年(1600)焦竑刻本　煙臺圖書館

第 1631　坡仙集十六卷　(宋)蘇軾撰(明)李贄評輯　明萬曆二十八年(1600)焦竑刻本　濰坊市圖書館

第 1632　坡仙集十六卷　(宋)蘇軾撰(明)李贄評輯　明萬曆二十八年(1600)陳氏繼志齋刻本　山東省圖書館

第 1633 坡仙集十六卷 (宋)蘇軾撰(明)李贄評輯 明萬曆二十八年(1600)陳氏繼志齋刻本 山東師範大學圖書館

第 1634 坡仙集十六卷 (宋)蘇軾撰(明)李贄評輯 明萬曆二十八年(1600)陳氏繼志齋刻本 蓬萊市文化局慕湘藏書館

第 1635 坡仙集十六卷 (宋)蘇軾撰(明)李贄評輯 明萬曆二十八年(1600)陳氏繼志齋刻本 曲阜師範大學圖書館

第 1636 東坡集十六卷 (宋)蘇軾撰(明)李贄評輯 明刻本 山東省圖書館

第 1637 訂補坡仙集鈔三十八卷 (宋)蘇軾撰(明)李贄輯(明)陳繼儒訂補 明刻本 蓬萊市文化局慕湘藏書館

第 1638 訂補坡仙集鈔三十八卷 (宋)蘇軾撰(明)李贄輯(明)陳繼儒訂補 明刻本(卷一、卷八至卷九配清鈔本) 曲阜師範大學圖書館

第 1639 蘇公寓黄集二卷 (宋)蘇軾撰(明)王同軌輯 附錄一卷 明萬曆十一年(1583)刻本 山東大學圖書館

第 1640 宋蘇文忠公集選三十卷 (宋)蘇軾撰(明)崔邦亮輯 明萬曆二十七年(1599)楊四知刻本 山東省圖書館

第 1641 新刻陶顧二會元類編蘇長公全集四十卷 (宋)蘇軾撰(明)陶望齡輯(明)顧起元補訂 首一卷 明末刻本 山東省圖書館

第 1642 東坡集選五十卷集餘一卷 (宋)蘇軾撰(明)陳夢槐輯 年譜一卷(宋)王宗稷撰 外紀二卷(明)王世貞撰 外紀逸編一卷(明)璩之璞撰 明刻本 曲阜師範大學圖書館

第 1643 蘇長公合作内外篇不分卷 (宋)蘇軾撰(明)鄭圭輯 明刻本 山東省圖書館

第 1644 蘇長公合作八卷補二卷 (宋)蘇軾撰(明)鄭圭輯 附錄一卷 明萬曆四十八年(1620)凌啓康刻三色套印本 山東省圖書館

第 1645 蘇長公合作八卷補二卷 (宋)蘇軾撰(明)鄭圭輯 附錄一卷 明萬曆四十八年(1620)凌啓康刻三色套印本 山東省圖書館

第 1646 蘇長公合作八卷補二卷 (宋)蘇軾撰(明)鄭圭輯 附錄一卷 明萬曆四十八年(1620)凌啓康刻三色套印本 山東省圖書館

第 1647 蘇長公合作八卷補二卷 (宋)蘇軾撰(明)鄭圭輯 附錄一卷 明萬曆四十八年(1620)凌啓康刻三色套印本 山東省圖書館 存 2 卷:補二卷

第 1648 陶石簣精選蘇長公合作二卷 (宋)蘇軾撰(明)陶望齡輯 明萬曆閶門常春堂刻本 煙臺圖書館 存 1 卷:卷上

第 1649 蘇文忠公策選十二卷 (宋)蘇軾撰(明)茅坤、鍾惺評 明天啓元年(1621)刻三色套印本 山東省圖書館

第 1650 蘇文忠公策選十二卷 (宋)蘇軾撰(明)茅坤、鍾惺評 明天啓元年(1621)刻三色套印本 山東省圖書館 存 10 卷:卷 1-4、卷 7-12

第 1651 蘇長公小品四卷 (宋)蘇軾撰(明)王納諫輯並評 明凌啓康刻朱墨套印本 山東省圖書館

第 1652 蘇長公小品四卷 (宋)蘇軾撰(明)王納諫輯並評 明凌啓康刻朱墨套印本 青島市博物館

第 1653　蘇長公密語十六卷　（宋）蘇軾撰（明）吳京輯　首一卷　明天啓四年（1624）刻朱墨套印本　山東省圖書館　存 10 卷：卷 2–10，首一卷

第 1654　蘇長公密語十六卷　（宋）蘇軾撰（明）吳京輯　首一卷　明天啓四年（1624）刻朱墨套印本　山東省圖書館　存 6 卷：卷 1–5，首一卷

第 1655　蘇長公文燧不分卷　（宋）蘇軾撰（明）陳紹英輯　明崇禎四年（1631）陳紹英刻本（清弘曉批校，清方功惠跋）　山東省圖書館

第 1656　欒城集五十卷後集二十四卷三集十卷應詔集十二卷　（宋）蘇轍撰　明萬曆王執禮、顧天敍刻清夢軒印本　山東省圖書館

第 1657　豫章黃先生文集三十卷外集十四卷別集二十卷簡尺二卷詞一卷　（宋）黃庭堅撰　伐檀集二卷（宋）黃庶撰　山谷先生年譜三十卷（宋）黃㽦撰　明弘治葉天爵刻嘉靖六年（1527）喬遷、余載仕重修本　山東省圖書館　存 9 卷：文集卷 4–10，簡尺二卷

第 1658　重刻黃文節山谷先生文集三十卷外集十四卷別集二十卷　（宋）黃庭堅撰　伐檀集二卷（宋）黃庶撰　年譜十五卷（宋）黃㽦撰　明萬曆三十一年（1603）、四十二年（1614）方沆、周希令、李友梅刻本　山東省圖書館　缺 2 卷：伐檀集二卷

第 1659　重刻黃文節山谷先生文集三十卷外集十四卷別集二十卷　（宋）黃庭堅撰　伐檀集二卷（宋）黃庶撰　年譜十五卷（宋）黃㽦撰　明萬曆三十一年（1603）、四十二年（1614）方沆、周希令、李友梅刻本　青島市圖書館　存 26 卷：外集十四卷，伐檀集二卷，年譜卷 1–10

第 1660　重刻黃文節山谷先生文集三十卷外集十四卷別集二十卷　（宋）黃庭堅撰　伐檀集二卷（宋）黃庶撰　年譜十五卷（宋）黃㽦撰　明萬曆三十一年（1603）、四十二年（1614）方沆、周希令、李友梅刻本　山東大學圖書館　存 15 卷：文集卷 16–30

第 1661　重刻黃文節山谷先生文集三十卷　（宋）黃庭堅撰　明王鳳翔光啓堂刻本　山東大學圖書館

第 1662　淮海集四十卷後集六卷長短句三卷　（宋）秦觀撰　明嘉靖二十四年（1545）胡民表刻本　山東大學圖書館

第 1663　淮海集四十卷後集六卷長短句三卷　（宋）秦觀撰　明嘉靖二十四年（1545）胡民表刻本　山東省圖書館　存 27 卷：卷 1–6、卷 20–40

第 1664　淮海集四十卷後集六卷長短句三卷　（宋）秦觀撰　明萬曆四十六年（1618）李之藻刻本　山東省圖書館

第 1665　淮海集四十卷後集六卷長短句三卷　（宋）秦觀撰　明萬曆四十六年（1618）李之藻刻本　山東省圖書館

第 1666　淮海集四十卷後集六卷長短句三卷　（宋）秦觀撰　明萬曆四十六年（1618）李之藻刻本　山東省圖書館

第 1667　淮海集四十卷後集六卷長短句三卷　（宋）秦觀撰　明萬曆四十六年（1618）李之藻刻本　山東大學圖書館

第 1668　淮海集四十卷後集六卷長短句三卷　（宋）秦觀撰　明萬曆四十六年（1618）李之藻刻本　青島市圖書館　存 25 卷：卷 1–4、卷 17–24、卷 34–40，後集六卷

第 1669　濟北晁先生雞肋集七十卷　（宋）晁補之撰　明崇禎八年（1635）顧凝遠詩瘦閣刻本　山東省

圖書館

第1670　濟北晁先生雞肋集七十卷　(宋)晁補之撰　明崇禎八年(1635)顧凝遠詩瘦閣刻本　山東省圖書館

第1671　濟北晁先生雞肋集七十卷　(宋)晁補之撰　明崇禎八年(1635)顧凝遠詩瘦閣刻本(趙愚軒跋)　山東省圖書館

第1672　龜山先生全集四十二卷　(宋)楊時撰　明萬曆十九年(1591)林熙春刻本　山東省圖書館

第1673　浮溪文粹十五卷　(宋)汪藻撰　附錄一卷　明嘉靖三十四年(1555)錢芹刻本　山東省圖書館

第1674　屏山集二十卷　(宋)劉子翬撰　明弘治十七年(1504)刻本　山東省圖書館　存2卷:卷1–2

第1675　孫尚書内簡尺牘編註十卷　(宋)孫覿撰(宋)李祖堯注　明嘉靖三十六年(1557)顧名儒刻本　青島市博物館

第1676　孫尚書内簡尺牘編註十卷　(宋)孫覿撰(宋)李祖堯注　明萬曆八年(1580)葉逢春刻本　山東省圖書館

第1677　莆陽知稼翁集二卷　(宋)黄公度撰　明天啓五年(1625)黄崇翰刻本　山東大學圖書館

第1678　莆陽知稼翁集二卷　(宋)黄公度撰　明天啓五年(1625)黄崇翰刻本　山東師範大學圖書館

第1679　羅鄂州小集五卷　(宋)羅願撰　羅郢州遺文一卷(宋)羅頌撰　明天啓六年(1626)羅朗刻本　山東省圖書館

第1680　晦菴先生朱文公文集一百卷目錄二卷續集十一卷別集十卷　(宋)朱熹撰　明嘉靖十一年(1532)張大輪、胡岳等刻本　山東省圖書館

第1681　朱子大全一百卷目錄二卷續集十卷別集十卷　(宋)朱熹撰　明天順四年(1460)賀沈、胡緝刻本　山東師範大學圖書館　存26卷:卷1–26

第1682　晦菴文鈔十卷　(宋)朱熹撰(明)吳訥、崔銑輯　明嘉靖十九年(1540)張光祖刻本　山東省圖書館　存3卷:卷1–3

第1683　唐荊川選輯朱文公全集十五卷　(宋)朱熹撰(明)唐順之輯　明刻本(佚名批校)　山東省圖書館

第1684　止齋先生文集五十二卷　(宋)陳傅良撰　附錄一卷　明正德元年(1506)林長繁刻本　山東省圖書館

第1685　梅溪先生廷試策一卷奏議四卷文集二十卷後集二十九卷　(宋)王十朋撰　附錄一卷　明正統五年(1440)劉謙、何濻刻天順六年(1462)重修本　山東省圖書館

第1686　梅溪先生廷試策一卷奏議四卷文集二十卷後集二十九卷　(宋)王十朋撰　附錄一卷　明正統五年(1440)劉謙、何濻刻天順六年(1462)重修本　山東省圖書館

第1687　梅溪先生廷試策一卷奏議四卷文集二十卷後集二十九卷　(宋)王十朋撰　附錄一卷　明正統五年(1440)劉謙、何濻刻天順六年(1462)重修本　山東大學圖書館

第1688　象山先生文集二十八卷外集四卷　(宋)陸九淵撰　語錄四卷(宋)傅子雲、嚴松等輯　附錄二卷　明正德十六年(1521)李茂元刻本　山東大學圖書館　存8卷:外集四卷,語錄二卷,附錄二卷

第1689　象山先生全集三十六卷　(宋)陸九淵撰　明嘉靖三十八年(1559)張喬相刻本　青島市圖

書館

第 1690　象山先生全集三十六卷　(宋)陸九淵撰　附錄少湖徐先生學則辯一卷(明)徐階撰　明嘉靖四十年(1561)何遷刻本　山東省博物館

第 1691　象山先生全集三十六卷　(宋)陸九淵撰　附錄少湖徐先生學則辯一卷(明)徐階撰　明嘉靖四十年(1561)何遷刻本　山東省圖書館　存 9 卷:卷 21–28、卷 36

第 1692　象山先生全集六卷　(宋)陸九淵撰　明萬曆四十三年(1615)周希旦刻本　文登市圖書館

第 1693　慈湖先生遺書二十卷　(宋)楊簡撰　明嘉靖四年(1525)秦鉞刻本　山東省圖書館

第 1694　石湖居士文集三十四卷　(宋)范成大撰　明鈔本(佚名批校,明徐𤊹跋)　山東省圖書館

第 1695　誠齋集一百三十三卷　(宋)楊萬里撰　明末鈔本(據宋端平元年羅茂良刻本鈔)　山東省圖書館　存 27 卷:卷 107–133

第 1696　陸放翁全集六種一百五十七卷　(宋)陸游撰　明末毛氏汲古閣刻本　山東大學圖書館

第 1697　陸放翁全集六種一百五十七卷　(宋)陸游撰　明末毛氏汲古閣刻本　寧陽縣博物館　存 2 種 64 卷:渭南文集五十卷;劍南詩藁八十五卷(存 14 卷:卷 31–32、卷 35–38、卷 42–45、卷 53–54、卷 81–82)

第 1698　陸放翁全集六種一百五十七卷　(宋)陸游撰　明末毛氏汲古閣刻本　青州市圖書館　存 2 種 58 卷:渭南文集五十卷;劍南詩藁八十五卷(存 8 卷:卷 1–8)

第 1699　水心文集二十九卷　(宋)葉適撰　明末刻本　山東省圖書館

第 1700　水心文集二十九卷　(宋)葉適撰　明末刻本　山東省圖書館

第 1701　江湖長翁文集四十卷　(宋)陳造撰　明萬曆四十六年(1618)李之藻刻本　山東省圖書館

第 1702　江湖長翁文集四十卷　(宋)陳造撰　明萬曆四十六年(1618)李之藻刻本　山東省圖書館

第 1703　江湖長翁文集四十卷　(宋)陳造撰　明萬曆四十六年(1618)李之藻刻本　山東大學圖書館

第 1704　江湖長翁文集四十卷　(宋)陳造撰　明萬曆四十六年(1618)李之藻刻本　文登市圖書館

第 1705　南軒先生文集四十四卷　(宋)張栻撰　明嘉靖刻本　山東省圖書館

第 1706　校注橘山四六二十卷　(宋)李廷忠撰(明)孫雲翼注　明萬曆三十五年(1607)刻本　山東省圖書館

第 1707　西山先生眞文忠公文集五十五卷目錄二卷　(宋)眞德秀撰　明萬曆二十六年(1598)景賢堂刻崇禎十一年(1638)清康熙四年(1665)遞修本　山東大學圖書館

第 1708　箋釋梅亭先生四六標準四十卷　(宋)李劉撰(明)孫雲翼箋　明萬曆四十四年(1616)唐鯉飛刻本　山東師範大學圖書館

第 1709　秋崖先生小藁四十五卷又三十八卷　(宋)方岳撰　明嘉靖五年(1526)方謙刻本　山東省圖書館

第 1710　文山先生全集二十八卷　(宋)文天祥撰　明嘉靖三十一年(1552)鄢懋卿、甯寵刻本　山東省博物館

第 1711　文山先生全集二十八卷　(宋)文天祥撰　明嘉靖三十一年(1552)鄢懋卿、甯寵刻本　青島市博物館　存 14 卷:卷 1–14

第 1712　新刻宋文丞相信國公文山先生全集二十卷　(宋)文天祥撰　明崇禎四年(1631)毓秀齋張賓宇刻本　山東省圖書館

第 1713 宋文文山先生全集二十一卷 (宋)文天祥撰(明)鍾越輯並評 明崇禎二年(1629)鍾越刻本 成武縣文物管理所

第 1714 宋文文山先生全集二十一卷 (宋)文天祥撰(明)鍾越輯並評 明崇禎二年(1629)鍾越刻本(有鈔配) 濟南市圖書館 存 1 卷:卷 13

第 1715 心史七卷 (宋)鄭思肖撰 明崇禎十二年(1639)張國維刻本 山東省圖書館

第 1716 心史七卷 (宋)鄭思肖撰 明崇禎十二年(1639)張國維刻本 山東大學圖書館

第 1717 遺山先生詩集二十卷 (金)元好問撰 明毛氏汲古閣刻元人集十種本(清何焯跋) 蓬萊市文化局慕湘藏書館

第 1718 閑閑老人滏水文集二十卷 (金)趙秉文撰 附錄一卷 明鈔本 山東省博物館

第 1719 月屋樵吟四卷 (元)黄庚撰 明鈔本(明趙琦美校並跋) 山東省博物館

第 1720 魯齋遺書十四卷 (元)許衡撰(明)怡愉輯 明萬曆二十四年(1596)怡愉、江學詩刻本 山東省圖書館

第 1721 魯齋遺書十四卷 (元)許衡撰(明)怡愉輯 明萬曆二十四年(1596)怡愉、江學詩刻本 山東大學圖書館

第 1722 魯齋遺書十四卷 (元)許衡撰(明)怡愉輯 明萬曆二十四年(1596)怡愉、江學詩刻本(佚名校) 山東省圖書館 存 5 卷:卷 1–3、卷 5、卷 12

第 1723 靜修先生文集十卷 (元)劉因撰 明萬曆十六年(1588)方義壯刻本 山東省圖書館 存 9 卷:卷 2–10

第 1724 許白雲先生文集四卷 (元)許謙撰 明嘉靖胡璉刻本 山東省博物館

第 1725 秋澗先生大全文集一百卷 (元)王惲撰 附錄一卷 明弘治十一年(1498)馬龍、金舜臣刻本 文登市圖書館

第 1726 楚國文憲公雪樓程先生文集三十卷 (元)程鉅夫撰 年譜一卷(元)程世京撰 附錄一卷 明洪武二十八年(1395)與耕書堂刻本(清康綸鈞、楊紹和跋) 山東省圖書館

第 1727 揭文安公文粹一卷 (元)揭傒斯撰 明天順五年(1461)沈琮廣州府學刻本 山東大學圖書館

第 1728 淵潁吳先生集十二卷 (元)吳萊撰 附錄一卷 明嘉靖元年(1522)祝鑾刻本 山東省圖書館

第 1729 存心堂遺集十二卷 (元)吳萊撰(明)宋濂輯 附錄一卷 明萬曆三十九年(1611)吳邦彦刻本 山東省圖書館

第 1730 存心堂遺集十二卷 (元)吳萊撰(明)宋濂輯 附錄一卷 明萬曆三十九年(1611)吳邦彦刻本 山東大學圖書館

第 1731 重刊黄文獻公文集十卷 (元)黄縉撰 明嘉靖十年(1531)虞守愚刻本 山東省圖書館 存 2 卷:卷 1、卷 7

第 1732 重刊黄文獻公文集十卷 (元)黄溍撰(明)張維樞輯 明萬曆刻清康熙三十年(1691)王廷曾重修本 曲阜師範大學圖書館 存 8 卷:卷 1–8

第 1733 薩天錫詩集八卷 (元)薩都剌撰 明萬曆四十三年(1615)潘是仁刻宋元詩天啓二年(1622)

重修本(清呂肇齡跋)　文登市圖書館

第 1734　李五峯先生集六卷　(元)李孝光撰　明鈔本　山東省圖書館

第 1735　鐵崖先生古樂府十卷補六卷復古詩集六卷麗則遺音四卷　(元)楊維楨撰　附錄一卷　明末毛氏汲古閣刻本　山東省圖書館

第 1736　鐵崖先生古樂府十卷補六卷復古詩集六卷麗則遺音四卷　(元)楊維楨撰　附錄一卷　明末毛氏汲古閣刻本　蓬萊市文化局慕湘藏書館

第 1737　宋學士文集七十五卷　(明)宋濂撰　明正德九年(1514)張縉刻本　山東省圖書館

第 1738　宋學士文集七十五卷　(明)宋濂撰　明正德九年(1514)張縉刻本　山東省圖書館

第 1739　宋學士文集七十五卷　(明)宋濂撰　明正德九年(1514)張縉刻嘉靖四十四年(1565)劉祐重修本　山東大學圖書館

第 1740　新刊宋學士全集三十三卷　(明)宋濂撰　明嘉靖三十年(1551)韓叔陽刻本　山東省圖書館

第 1741　新刊宋學士全集三十三卷　(明)宋濂撰　明嘉靖三十年(1551)韓叔陽刻本(佚名批點)　山東省圖書館　存 18 卷:卷 16–33

第 1742　新刊宋學士全集三十三卷　(明)宋濂撰　明嘉靖三十年(1551)韓叔陽刻崇禎增修本　山東省圖書館

第 1743　太師誠意伯劉文成公集二十卷　(明)劉基撰　明隆慶六年(1572)謝廷傑、陳烈刻本　山東省博物館

第 1744　太師誠意伯劉文成公集二十卷　(明)劉基撰　明隆慶六年(1572)謝廷傑、陳烈刻本　山東大學圖書館

第 1745　太師誠意伯劉文成公集二十卷　(明)劉基撰　明隆慶六年(1572)謝廷傑、陳烈刻本(清李文藻跋)　山東省圖書館

第 1746　鳳池吟稿十卷　(明)汪廣洋撰　明萬曆四十五年(1617)王百祥刻本　山東省圖書館

第 1747　陶學士先生文集二十卷　(明)陶安撰　事蹟一卷　明弘治十三年(1500)項經刻遞修本　山東大學圖書館

第 1748　槎翁詩八卷　(明)劉崧撰　明萬曆三十八年(1610)眞如齋刻本　山東省圖書館

第 1749　劉槎翁先生詩選十二卷　(明)劉崧撰　明萬曆二十五年(1597)張應泰刻本　青島市圖書館

第 1750　全室外集九卷續集一卷　(明)釋宗泐撰　明永樂刻本　山東省圖書館

第 1751　解學士文集十卷　(明)解縉撰　明嘉靖四十一年(1562)刻本　山東省圖書館

第 1752　遜志齋集二十四卷　(明)方孝孺撰　附錄一卷　明正德十五年(1520)顧璘刻本　曹縣圖書館

第 1753　方正學先生遜志齋集二十四卷拾補一卷　(明)方孝孺撰　外紀一卷年譜一卷　明崇禎十六年(1643)張紹謙刻本　山東大學圖書館

第 1754　方正學先生遜志齋集二十四卷拾補一卷　(明)方孝孺撰　外紀一卷年譜一卷　明崇禎十六年(1643)張紹謙刻本　淄博市圖書館

第 1755　楊文敏公集二十五卷　(明)楊榮撰　附錄一卷　明正德十年(1515)刻本　山東大學圖書館

第 1756　東里文集二十五卷　(明)楊士奇撰　明正統刻正德十年(1515)沈玹志補修本　山東省圖

書館

第1757 覺非齋文集二十八卷 (明)金實撰 附錄一卷 明成化元年(1465)唐瑜刻本 山東大學圖書館

第1758 芳洲文集十卷詩集四卷 (明)陳循撰 附錄一卷 明萬曆陳以躍刻本 山東省圖書館 存12卷:文集卷1-4、卷7-10,詩集四卷

第1759 芳洲文集十卷續編六卷 (明)陳循撰 明萬曆陳以躍刻本 山東省圖書館 存4卷:續編卷3-6

第1760 文清公薛先生文集二十四卷 (明)薛瑄撰 明萬曆四十二年(1614)薛士弘刻本 山東省圖書館

第1761 文清公薛先生文集二十四卷 (明)薛瑄撰 明萬曆四十二年(1614)薛士弘刻本 兗州市圖書館 存20卷:卷1-14、卷19-24

第1762 薛文清公全集四十卷 (明)薛瑄撰 附錄一卷 明萬曆四十三年(1615)崔爾進刻本 山東省圖書館 存20卷:卷21-40

第1763 于肅愍公集八卷 (明)于謙撰 附錄一卷 明嘉靖六年(1527)大梁書院刻本 山東師範大學圖書館

第1764 古直先生文集十六卷 (明)劉珝撰 附錄一卷 明嘉靖刻本(有鈔配,劉春琴、張豈之、袁卿武、王昭洲跋) 山東省圖書館

第1765 劉文和公集十六卷 (明)劉珝撰 附錄一卷 明嘉靖刻本 山東省圖書館

第1766 白沙先生全集二十一卷 (明)陳獻章撰 明嘉靖三十年(1551)蕭世延刻本 山東省圖書館 存18卷:卷1-18

第1767 白沙子全集九卷 (明)陳獻章撰 附錄一卷 明萬曆四十年(1612)何上新刻本 山東省圖書館

第1768 白沙先生文編六卷 (明)陳獻章撰(明)唐伯元輯 年譜一卷(明)王弘誨撰 明萬曆十一年(1583)郭惟賢、汪應蛟等刻本 山東大學圖書館

第1769 白沙先生文編六卷 (明)陳獻章撰(明)唐伯元輯 年譜一卷(明)王弘誨撰 明萬曆十一年(1583)郭惟賢、汪應蛟等刻本 青島市圖書館

第1770 白沙先生文編六卷 (明)陳獻章撰(明)唐伯元輯 年譜一卷(明)王弘誨撰 明萬曆十一年(1583)郭惟賢、汪應蛟等刻本 曹縣圖書館

第1771 黎陽王襄敏公集四卷 (明)王越撰 年譜一卷 (明)王紹雍、王正蒙撰 明萬曆十三年(1585)但貴元刻本 山東省圖書館

第1772 瓊臺詩文會稿重編二十四卷 (明)丘濬撰 明天啓丘爾穀刻清康熙二十二年(1683)佟湘年重修本 山東省圖書館

第1773 椒丘文集三十四卷 (明)何喬新撰 外集一卷 明嘉靖元年(1522)余罃刻本 山東省圖書館

第1774 黎文僖公集十七卷 (明)黎淳撰 明嘉靖三十五年(1556)陳甘雨刻本 山東省圖書館

第1775 一峯先生文集十四卷 (明)羅倫撰 明萬卷樓刻本 山東省圖書館

第 1776　篁墩程先生文集九十三卷拾遺一卷　(明)程敏政撰　明正德二年(1507)何歆刻本　山東省圖書館

第 1777　篁墩程先生文粹二十五卷　(明)程敏政撰(明)程曾、戴銑輯　明正德元年(1506)張九逵刻本　山東省圖書館

第 1778　篁墩程先生文粹二十五卷　(明)程敏政撰(明)程曾、戴銑輯　明正德元年(1506)張九逵刻本　山東省圖書館　存 5 卷:卷 10–14

第 1779　篁墩程先生文粹二十五卷　(明)程敏政撰　明嘉靖十一年(1532)鄭氏宗文堂刻本　文登市圖書館

第 1780　張東海先生詩集四卷文集五卷　(明)張弼撰　明正德十三年(1518)張弘至刻萬曆重修本　山東省圖書館

第 1781　楓山章先生文集九卷　(明)章懋撰　明嘉靖九年(1530)張大綸刻章翰重修本　山東大學圖書館

第 1782　震澤先生集三十六卷　(明)王鏊撰　明嘉靖刻本　山東省圖書館

第 1783　王文恪公集三十六卷　(明)王鏊撰　鶡音一卷白社詩草一卷(明)王禹聲撰　名公筆記一卷　明萬曆王氏三槐堂刻本　山東省圖書館

第 1784　王文恪公集三十六卷　(明)王鏊撰　鶡音一卷白社詩草一卷(明)王禹聲撰　名公筆記一卷　明萬曆王氏三槐堂刻本　山東省圖書館

第 1785　王文恪公集三十六卷　(明)王鏊撰　鶡音一卷白社詩草一卷(明)王禹聲撰　名公筆記一卷　明萬曆王氏三槐堂刻本　山東大學圖書館

第 1786　王文恪公集三十六卷　(明)王鏊撰　鶡音一卷白社詩草一卷(明)王禹聲撰　名公筆記一卷　明萬曆王氏三槐堂刻本　山東師範大學圖書館

第 1787　王文恪公集三十六卷　(明)王鏊撰　鶡音一卷白社詩草一卷(明)王禹聲撰　名公筆記一卷　明萬曆王氏三槐堂刻本　文登市圖書館　存 35 卷:卷 2–36

第 1788　馬東田漫稿六卷　(明)馬中錫撰(明)孫緒評　明嘉靖十七年(1538)文三畏刻本　山東大學圖書館

第 1789　馬東田漫稿六卷　(明)馬中錫撰(明)孫緒評　明嘉靖十七年(1538)文三畏刻本　山東省圖書館　存 4 卷:卷 3–6

第 1790　柴墟文集十五卷　(明)儲巏撰　明嘉靖四年(1525)刻本　山東大學圖書館

第 1791　容春堂前集二十卷後集十四卷續集十八卷別集九卷　(明)邵寶撰　明正德刻清雍正華希閎重修本　山東省圖書館

第 1792　容春堂前集二十卷後集十四卷續集十八卷別集九卷　(明)邵寶撰　明正德刻清雍正華希閎重修本　山東省圖書館

第 1793　太保費文憲公摘稿二十卷　(明)費宏撰　明嘉靖三十四年(1555)吳遵之刻本　文登市圖書館

第 1794　振鷺集一卷　(明)陳鎬撰　明刻本　山東省圖書館

第 1795　翰林羅圭峯先生文集十八卷續集十五卷　(明)羅玘撰　明嘉靖五年(1526)陳洪謨、余載仕

刻本　山東大學圖書館　存15卷:續集十五卷

第1796　翰林羅圭峯先生文集十八卷續集十五卷　(明)羅玘撰　明嘉靖五年(1526)陳洪謨、余載仕刻本　山東省圖書館　存10卷:文集卷1–10

第1797　鼇峯類稿二十六卷　(明)毛紀撰　明嘉靖刻本　山東省博物館

第1798　鼇峯類稿二十六卷　(明)毛紀撰　明嘉靖刻本　山東省圖書館　存22卷:卷5–26

第1799　楊文恪公集六十二卷　(明)楊廉撰　明刻本(目錄配清鈔本)　山東省圖書館

第1800　石田先生集十一卷　(明)沈周撰　明萬曆四十三年(1615)陳仁錫刻本　山東省圖書館

第1801　石田先生詩鈔八卷文鈔一卷　(明)沈周撰(明)瞿式耜輯　事略一卷(清)錢謙益輯　明崇禎十七年(1644)瞿式耜刻本　山東省圖書館

第1802　恩紀詩集七卷含春堂藁一卷　(明)朱祐杬撰　明嘉靖五年(1526)司禮監刻本　山東省博物館

第1803　東岡小稿六卷　(明)李昆撰　明嘉靖刻本　山東省圖書館

第1804　北園蛙鳴集十二卷　(明)鄭瓘撰　明隆慶元年(1567)鄭國賢刻清康熙補修本　山東省圖書館

第1805　整菴先生存稿二十卷　(明)羅欽順撰　明萬曆二十三年(1595)劉憲寵刻本　煙臺圖書館　存2卷:卷1–2

第1806　鄭山齋先生文集二十四卷　(明)鄭岳撰　明萬曆十九年(1591)鄭炫刻清增修本　山東省圖書館

第1807　空同集六十三卷　(明)李夢陽撰　明嘉靖十一年(1532)曹嘉刻本(有鈔配)　山東大學圖書館

第1808　空同集六十三卷　(明)李夢陽撰　明嘉靖十一年(1532)曹嘉刻三十一年(1552)朱睦㮮增修本　山東省圖書館

第1809　空同集六十三卷　(明)李夢陽撰　明嘉靖十一年(1532)曹嘉刻三十一年(1552)朱睦㮮增修本　山東大學圖書館

第1810　空同集六十四卷　(明)李夢陽撰　明萬曆二十九年(1601)李思孝刻本　山東省圖書館

第1811　空同集六十四卷　(明)李夢陽撰　明萬曆二十九年(1601)李思孝刻本　山東省圖書館

第1812　空同子集六十六卷目錄三卷　(明)李夢陽撰　附錄二卷　明萬曆三十年(1602)鄧雲霄刻本　山東省博物館

第1813　空同子集六十六卷目錄三卷　(明)李夢陽撰　附錄二卷　明萬曆三十年(1602)鄧雲霄刻本　山東省圖書館

第1814　空同子集六十六卷目錄三卷　(明)李夢陽撰　附錄二卷　明萬曆三十年(1602)鄧雲霄刻本　山東省圖書館

第1815　空同子集六十六卷目錄三卷　(明)李夢陽撰　附錄二卷　明萬曆三十年(1602)鄧雲霄刻本　山東大學圖書館

第1816　空同子集六十六卷目錄三卷　(明)李夢陽撰　附錄二卷　明萬曆三十年(1602)鄧雲霄刻本　山東師範大學圖書館

第 1817　空同子集六十六卷目錄三卷　(明)李夢陽撰　附錄二卷　明萬曆三十年(1602)鄧雲霄刻本　山東省圖書館　存 56 卷

第 1818　祝氏集畧三十卷　(明)祝允明撰　明嘉靖三十六年(1557)張景賢刻本　文登市圖書館

第 1819　祝氏集畧三十卷　(明)祝允明撰　明嘉靖三十六年(1557)張景賢刻本　山東省圖書館　存 26 卷:卷 1–22、卷 27–30

第 1820　重刻渼陂王太史先生全集二十七卷　(明)王九思撰　明嘉靖十二年(1533)王獻等刻嘉靖二十四年(1545)翁萬達刻崇禎十三年(1640)張宗孟遞刻重修本　山東省圖書館　存 16 卷:渼陂集十六卷(存 14 卷:卷 3–16),渼陂續集三卷(存 2 卷:卷上、卷中)

第 1821　重刻渼陂王太史先生全集二十七卷　(明)王九思撰　明嘉靖十二年(1533)王獻等刻嘉靖二十四年(1545)翁萬達刻崇禎十三年(1640)張宗孟遞刻重修本　山東省圖書館　存 16 卷:渼陂集十六卷

第 1822　邊華泉集八卷　(明)邊貢撰(明)劉天民輯　明嘉靖十七年(1538)司馬魯瞻刻本　山東省圖書館

第 1823　紫巖文集四十八卷　(明)劉龍撰　明嘉靖韓山精舍刻本　山東大學圖書館

第 1824　陽明先生文錄五卷外集九卷別錄十卷　(明)王守仁撰　明嘉靖三十六年(1557)胡宗憲刻本　山東省圖書館

第 1825　陽明先生文錄五卷外集九卷別錄十卷　(明)王守仁撰　明嘉靖三十六年(1557)胡宗憲刻本　諸城市圖書館　存 3 卷:外集卷 4–6

第 1826　陽明先生文錄五卷外集九卷別錄十卷　(明)王守仁撰　明嘉靖三十六年(1557)胡宗憲刻本(別錄卷二為鈔配)　山東省圖書館　存 10 卷:別錄十卷

第 1827　陽明先生集要十五卷　(明)王守仁撰(明)施邦曜輯　年譜一卷　明崇禎八年(1635)王立準刻本　蓬萊市文化局慕湘藏書館

第 1828　王文成公全書三十八卷　(明)王守仁撰　明隆慶六年(1572)謝廷傑刻本　山東省博物館

第 1829　張伎陵集七卷　(明)張鳳翔撰　明刻本　山東大學圖書館

第 1830　內臺集七卷　(明)王廷相撰　明嘉靖刻王浚川所著書九種本　山東省圖書館

第 1831　凌谿先生集十八卷　(明)朱應登撰　明嘉靖刻本　山東大學圖書館

第 1832　袁中郎先生批評唐伯虎彙集四卷　(明)唐寅撰(明)袁宏道評　唐六如先生畫譜三卷(明)唐寅輯　外集一卷(明)祝允明撰　紀事一卷傳贊一卷　明刻本(秋槎跋)　即墨市博物館

第 1833　對山集十九卷　(明)康海撰　明嘉靖二十四年(1545)吳孟祺刻本　山東省圖書館

第 1834　康對山先生集四十六卷　(明)康海撰　明萬曆十年(1582)潘允哲刻本　山東省圖書館

第 1835　康對山先生集四十六卷　(明)康海撰　明萬曆十年(1582)潘允哲刻本　山東省圖書館

第 1836　康對山先生集四十六卷　(明)康海撰　明萬曆十年(1582)潘允哲刻本　山東省圖書館

第 1837　康對山先生集四十六卷　(明)康海撰　明萬曆十年(1582)潘允哲刻本　山東省圖書館

第 1838　栢齋文集十卷　(明)何瑭撰　明刻本　文登市圖書館

第 1839　何文定公文集十一卷　(明)何瑭撰　明萬曆四年(1576)賈待問等刻本　山東省圖書館

第 1840　周恭肅公集十六卷　(明)周用撰　附錄一卷　明嘉靖二十八年(1549)周國南川上草堂刻本　山東省圖書館　存 8 卷:卷 9–16

第 1841 何氏集二十六卷 (明)何景明撰 明嘉靖沈氏野竹齋刻本 山東省圖書館

第 1842 大復集三十七卷 (明)何景明撰 明嘉靖三十四年(1555)袁璨刻本 山東師範大學圖書館

第 1843 何大復先生集三十八卷 (明)何景明撰 附錄一卷 明萬曆五年(1577)陳堂、胡秉性刻本 山東省圖書館

第 1844 何大復先生集三十八卷 (明)何景明撰 附錄一卷 明刻本 山東省圖書館

第 1845 何大復先生集三十八卷 (明)何景明撰 附錄一卷 明刻本 山東省圖書館

第 1846 何大復先生集三十八卷 (明)何景明撰 附錄一卷 明刻本 山東省圖書館 存 27 卷:卷 1–19、卷 31–38

第 1847 洹詞十二卷 (明)崔銑撰 明趙府味經堂刻本 山東師範大學圖書館

第 1848 洹詞十二卷 (明)崔銑撰 明趙府味經堂刻清乾隆三十六年(1771)黄邦寧重修本 山東省圖書館

第 1849 洹詞十二卷 (明)崔銑撰 明趙府味經堂刻清乾隆三十六年(1771)黄邦寧重修本 山東大學圖書館

第 1850 洹詞十二卷 (明)崔銑撰 明趙府味經堂刻清乾隆三十六年(1771)黄邦寧重修本 蓬萊市文化局慕湘藏書館

第 1851 鈐山詩選七卷 (明)嚴嵩撰(明)楊慎輯並批點 明嘉靖刻本 山東省博物館

第 1852 儼山文集一百卷目錄二卷外集四十卷續集十卷 (明)陸深撰 明嘉靖二十五年(1546)、三十年(1551)陸楫刻本 山東師範大學圖書館 存 50 卷:外集四十卷,續集十卷

第 1853 儼山文集一百卷目錄二卷外集四十卷續集十卷 (明)陸深撰 明嘉靖二十五年(1546)、三十年(1551)陸楫刻本 山東省圖書館 存 40 卷:外集四十卷

第 1854 陸文裕公行遠集二十四卷 (明)陸深撰(明)陸起龍輯 明陸起龍刻清康熙六十一年(1722)陸瀛齡重修本 山東大學圖書館

第 1855 徐文敏公集五卷 (明)徐縉撰 明隆慶二年(1568)刻清重修本 山東大學圖書館

第 1856 玉巖先生文集九卷 (明)周廣撰 附錄一卷 明嘉靖三十七年(1558)杏華書屋刻清乾隆九年(1744)周挺重修本 山東省圖書館

第 1857 張文定公靡悔軒集十二卷 (明)張邦奇撰 明刻本 山東大學圖書館

第 1858 撫上郡集一卷 (明)周金撰 明隆慶元年(1567)周偉刻本(清周懷綬跋) 山東省圖書館

第 1859 端溪先生集八卷 (明)王崇慶撰 明嘉靖三十一年(1552)張蘊刻本 山東省圖書館 存 4 卷:卷 1–4

第 1860 鳥鼠山人小集十六卷 (明)胡纘宗撰 明嘉靖刻本 山東大學圖書館

第 1861 鳥鼠山人小集十六卷後集二卷近取編二卷願學編二卷擬漢樂府八卷可泉擬涯翁擬古樂府二卷附錄二卷補遺一卷雍音四卷唐雅八卷 (明)胡纘宗撰 榮哀錄二卷 明嘉靖刻清順治十三年(1656)周盛時補修本 山東省圖書館 存 47 卷:鳥鼠山小人集十六卷,後集二卷,願學編二卷,擬漢樂府八卷,可泉擬涯翁擬古樂府二卷,附錄二卷,補遺一卷,雍音四卷,唐雅八卷,榮哀錄二卷

第 1862 鳥鼠山人小集十六卷後集二卷近取編二卷願學編二卷擬漢樂府八卷可泉擬涯翁擬古樂府二卷附錄二卷補遺一卷雍音四卷唐雅八卷 (明)胡纘宗撰 榮哀錄二卷 明嘉靖刻清順治十三年(1656)周

盛時補修本　山東省圖書館　存 43 卷：鳥鼠山人小集十六卷，後集二卷，擬漢樂府八卷，可泉擬涯翁擬古樂府二卷，附錄二卷，補遺一卷，雍音四卷，唐雅八卷

第 1863　鳥鼠山人小集十六卷後集二卷近取編二卷願學編二卷擬漢樂府八卷可泉擬涯翁擬古樂府二卷附錄二卷補遺一卷雍音四卷唐雅八卷　(明)胡纘宗撰　榮哀錄二卷　明嘉靖刻清順治十三年(1656)周盛時補修本　山東師範大學圖書館　存 30 卷：鳥鼠山人小集十六卷，後集二卷，願學編二卷，擬漢樂府八卷，可泉擬涯翁擬古樂府二卷

第 1864　太史升菴文集八十一卷目錄四卷　(明)楊慎撰　明萬曆十年(1582)張士佩等刻本　山東省圖書館

第 1865　太史升菴文集八十一卷目錄四卷　(明)楊慎撰　明萬曆十年(1582)張士佩等刻本　煙臺圖書館

第 1866　太史升菴文集八十一卷目錄四卷　(明)楊慎撰　明萬曆十年(1582)張士佩等刻本　曹縣圖書館

第 1867　升菴先生文集八十一卷目錄四卷　(明)楊慎撰　明萬曆二十九年(1601)王藩臣、蕭如松刻本　濟南市圖書館

第 1868　升菴先生文集八十一卷目錄四卷　(明)楊慎撰　明萬曆二十九年(1601)王藩臣、蕭如松刻本　山東省圖書館

第 1869　升菴先生文集八十一卷目錄四卷　(明)楊慎撰　明萬曆二十九年(1601)王藩臣、蕭如松刻本　山東省圖書館

第 1870　升菴先生文集八十一卷目錄四卷　(明)楊慎撰　明萬曆二十九年(1601)王藩臣、蕭如松刻本　山東省圖書館

第 1871　升菴先生文集八十一卷目錄四卷　(明)楊慎撰　明萬曆二十九年(1601)王藩臣、蕭如松刻本　山東師範大學圖書館

第 1872　升菴先生文集八十一卷目錄四卷　(明)楊慎撰　明萬曆二十九年(1601)王藩臣、蕭如松刻本　山東省圖書館　有缺葉

第 1873　太史升菴全集八十一卷目錄二卷　(明)楊慎撰　明萬曆陳大科刻本　山東大學圖書館

第 1874　太史升菴全集八十一卷目錄二卷　(明)楊慎撰　明萬曆陳大科刻本　文登市圖書館　存 81 卷：太史升菴全集八十一卷

第 1875　太史升菴文集八十一卷　(明)楊慎撰　明崇禎十二年(1639)陳宗器刻本　山東師範大學圖書館

第 1876　太史升菴遺集二十六卷　(明)楊慎撰　明萬曆三十四年(1606)湯日昭刻本　諸城市圖書館

第 1877　太史升菴遺集二十六卷　(明)楊慎撰　明萬曆三十四年(1606)湯日昭刻本　單縣博物館　存 3 卷：卷 1–3

第 1878　升菴外集一百卷　(明)楊慎撰(明)焦竑輯　明萬曆四十五年(1617)刻本　山東師範大學圖書館

第 1879　升菴外集一百卷　(明)楊慎撰(明)焦竑輯　明萬曆四十五年(1617)刻本　青島市圖書館

第 1880　升菴外集一百卷　(明)楊慎撰(明)焦竑輯　明萬曆四十五年(1617)刻本　文登市圖書館

存 99 卷:卷 1–99

第 1881 古菴毛先生文集十卷昆陵正學編一卷 (明)毛憲撰 明嘉靖四十一年(1562)毛訢刻本 山東大學圖書館

第 1882 古園集十二卷 (明)盧雍撰 明歸仁刻本 文登市圖書館

第 1883 夏東巖先生文集六卷詩集六卷 (明)夏尚樸撰 明嘉靖四十五年(1566)斯正刻本 山東省圖書館 存 6 卷:詩集六卷

第 1884 渭厓文集十卷 (明)霍韜撰 明萬曆四年(1576)霍與瑕刻本 山東大學圖書館

第 1885 張太微詩集十二卷 (明)張治道撰 明嘉靖十年(1531)劉天和刻本 山東省圖書館

第 1886 太微後集四卷 (明)張治道撰 明嘉靖二十年(1541)刻本 山東省圖書館 存 3 卷:卷 1–3

第 1887 梓溪文鈔內集八卷外集十卷 (明)舒芬撰 明萬曆四十八年(1620)舒琛刻本 山東省圖書館

第 1888 梓溪文鈔內集八卷外集十卷 (明)舒芬撰 明萬曆四十八年(1620)舒琛刻本 山東省圖書館

第 1889 梓溪文鈔內集八卷外集十卷 (明)舒芬撰 明萬曆四十八年(1620)舒琛刻本 山東省圖書館 存 17 卷

第 1890 崔東洲集二十卷續集十一卷 (明)崔桐撰 明嘉靖二十九年(1550)曹金刻續集三十四年(1555)周希哲刻本 山東省圖書館

第 1891 夏桂洲先生文集十八卷 (明)夏言撰 年譜一卷 明崇禎十一年(1638)吳一璘刻本 山東省圖書館 存 8 卷:卷 11–18

第 1892 夏桂洲先生文集十八卷 (明)夏言撰 年譜一卷 明崇禎十一年(1638)吳一璘刻清康熙五十八年(1719)吳橋重修本 山東大學圖書館

第 1893 小山類稿選二十卷 (明)張岳撰 張襄惠公輯略一卷 明萬曆刻遞修本 山東省圖書館

第 1894 小山類稿選二十卷 (明)張岳撰 張襄惠公輯略一卷 明萬曆刻遞修本 山東大學圖書館

第 1895 少華山人文集十五卷前集十三卷後集九卷 (明)許宗魯撰 明嘉靖二十六年(1547)刻本 山東省圖書館 存 15 卷:文集 12 卷,前集 3 卷

第 1896 玄素子集□卷 (明)廖道南撰 明嘉靖刻本 山東省圖書館 存 5 卷:玄素詞垣集五卷

第 1897 甫田集三十六卷 (明)文徵明撰 明刻本 山東省圖書館

第 1898 文翰林甫田詩選二卷 (明)文徵明撰 明萬曆二十二年(1594)文從龍承天寺重雲精舍刻本(清丁艮美跋) 山東省圖書館

第 1899 世經堂集二十六卷 (明)徐階撰 明萬曆徐氏刻本 山東省圖書館

第 1900 端簡鄭公文集十二卷 (明)鄭曉撰 明萬曆二十八年(1600)鄭心材刻本 山東師範大學圖書館 存 8 卷:卷 1–8

第 1901 藍侍御集二卷 (明)藍田撰 稿本(清周亮工評) 山東省博物館

第 1902 耘石詩稿一卷 (明)黃禎撰 稿本(清逢源主人跋) 山東省博物館

第 1903 趙浚谷文集十卷詩集六卷疏案一卷 (明)趙時春撰 永思錄一卷 明萬曆八年(1580)周鑑刻本 山東省圖書館 存 12 卷:文集十卷,疏案一卷,永思錄一卷

第 1904　趙浚谷文集十卷詩集六卷疏案一卷　(明)趙時春撰　永思錄一卷　明萬曆八年(1580)周鑑刻本　山東省圖書館　存 9 卷:文集卷 1-2、卷 4、卷 6-10,疏案一卷

第 1905　浚谷先生集十七卷　(明)趙時春撰　明刻本　山東省圖書館

第 1906　遵巖先生文集四十一卷　(明)王愼中撰　明隆慶五年(1571)邵廉刻本　文登市圖書館

第 1907　王遵巖家居集七卷　(明)王愼中撰　明嘉靖三十一年(1552)句吳書院刻本　山東省博物館

第 1908　孟龍川文集二十卷　(明)孟思撰　明萬曆十七年(1589)金繼震、朱應轂刻本　山東省圖書館

第 1909　念菴羅先生集十三卷　(明)羅洪先撰　明嘉靖四十三年(1564)甄津刻本　山東省圖書館

第 1910　程文恭公遺稿三十二卷　(明)程文德撰　明萬曆十二年(1584)程光裕刻本　山東省圖書館

第 1911　唐荊川先生文集十二卷　(明)唐順之撰　明嘉靖二十八年(1549)安如石刻本　山東師範大學圖書館

第 1912　重刊校正唐荊川先生文集十二卷　(明)唐順之撰　明嘉靖三十二年(1553)葉氏寶山堂刻本　山東省圖書館

第 1913　重刊校正唐荊川先生文集十二卷　(明)唐順之撰　明嘉靖三十二年(1553)葉氏寶山堂刻本　山東大學圖書館

第 1914　重刊荊川先生文集十七卷外集三卷　(明)唐順之撰　附錄一卷　明萬曆元年(1573)純白齋刻本　山東省圖書館

第 1915　重刊荊川先生文集十七卷外集三卷　(明)唐順之撰　附錄一卷　明萬曆元年(1573)純白齋刻本(佚名批校)　山東省圖書館

第 1916　重刊荊川先生文集十七卷外集三卷　(明)唐順之撰　附錄一卷　明萬曆元年(1573)純白齋刻本(清陳元龍批校,劉峙跋)　山東省圖書館

第 1917　重刊荊川先生文集十七卷外集三卷　(明)唐順之撰　附錄一卷　明萬曆元年(1573)純白齋刻本(欒調甫跋)　山東省圖書館　存 11 卷:文集卷 1-7、卷 11-12,外集卷 1-2

第 1918　李中麓閒居集十二卷　(明)李開先撰　年譜一卷　明嘉靖隆慶間刻崇禎十四年(1641)補修本　山東省圖書館

第 1919　斛山楊先生遺稿四卷　(明)楊爵撰　明萬曆六年(1578)陳世寶、曾如春刻本　山東師範大學圖書館

第 1920　葛端肅公文集十八卷　(明)葛守禮撰　明萬曆十年(1582)刻本　山東省博物館

第 1921　葛端肅公文集十八卷　(明)葛守禮撰　明萬曆十年(1582)刻本　煙臺圖書館　存 10 卷:卷 5-12、卷 17-18

第 1922　葛端肅公文集十八卷　(明)葛守禮撰　明萬曆十年(1582)刻清乾隆五十六年(1791)鍾大受重修本　山東省圖書館

第 1923　葛端肅公文集十八卷　(明)葛守禮撰　明萬曆十年(1582)刻清乾隆五十六年(1791)鍾大受重修本　山東師範大學圖書館

第 1924　洞庭集五十三卷　(明)孫宜撰　明嘉靖二十八年至二十九年(1549—1550)孫斯億刻本　文登市圖書館

第 1925 洞庭漁人續集十六卷 (明)孫宜撰 明萬曆三十年(1602)孫斯傳刻本 文登市圖書館

第 1926 陂門山人集八卷 (明)馮惟健撰 明嘉靖三十五年(1556)馮惟訥刻本 山東省博物館

第 1927 陂門山人集八卷 (明)馮惟健撰 明嘉靖三十五年(1556)馮惟訥刻本 山東省圖書館

第 1928 册川先生集六卷 (明)于玭撰 明萬曆二十六年(1598)于慎行刻本 山東省圖書館 存 3 卷:卷 4–6

第 1929 午塘先生集七卷 (明)閔如霖撰 明萬曆二年(1574)閔世誉刻本 山東大學圖書館

第 1930 龍谿王先生全集二十二卷 (明)王畿撰 明萬曆四十三年(1615)丁賓、張汝霖刻本 文登市圖書館

第 1931 龍谿王先生全集二十二卷 (明)王畿撰 明萬曆四十三年(1615)丁賓、張汝霖刻本 濟南市圖書館 存 9 卷:卷 1、卷 6–10、卷 15–16、卷 20

第 1932 窮居集五卷 (明)張涞撰 明嘉靖二十七年(1548)童漢臣刻本 曲阜師範大學圖書館

第 1933 少村漫稿四卷 (明)黄廷用撰 明萬曆刻本 山東大學圖書館

第 1934 王氏存笥稿二十卷 (明)王維楨撰 明嘉靖三十七年(1558)趙忻刻本 山東大學圖書館 存 18 卷:卷 1–15、卷 18–20

第 1935 王槐野先生存笥稿二十卷續集九卷 (明)王維楨撰 明萬曆七年(1579)尹應元、徐學禮刻本 山東省圖書館 存 7 卷:存笥稿卷 16–20,續集卷 1–2

第 1936 靳兩城先生集二十卷 (明)靳學顔撰 明萬曆十七年(1589)刻本 山東省博物館

第 1937 靳兩城先生集二十卷 (明)靳學顔撰 明萬曆十七年(1589)刻本 山東省圖書館

第 1938 靳兩城先生集二十卷 (明)靳學顔撰 明萬曆十七年(1589)刻本 山東省圖書館

第 1939 靳兩城先生集二十卷 (明)靳學顔撰 明萬曆十七年(1589)刻本 寧陽縣博物館

第 1940 崇蘭館集二十卷 (明)莫如忠撰 明萬曆十四年(1586)馮大受、董其昌等刻本 山東省圖書館

第 1941 白華樓藏稿十一卷續稿十五卷吟稿十卷 (明)茅坤撰 明萬曆刻本 山東省圖書館

第 1942 茅鹿門先生文集三十六卷 (明)茅坤撰 明萬曆刻本 山東省圖書館 存 19 卷:卷 1–19

第 1943 馮光禄詩集十卷 (明)馮惟訥撰 明萬曆十四年(1586)馮琦、馮珣刻本 青州市圖書館 存 3 卷:卷 5–7

第 1944 宋祠部集六卷 (明)宋延年撰 明隆慶六年(1572)刻清光緒元年(1875)宋氏家塾重修本 山東省圖書館

第 1945 宋祠部集六卷 (明)宋延年撰 明萬曆三年(1575)宋伯華刻本 山東省圖書館

第 1946 萬文恭公摘集十二卷 (明)萬士和撰 明萬曆二十年(1592)萬春素履齋刻本 山東省圖書館

第 1947 何翰林集二十八卷 (明)何良俊撰 明嘉靖四十四年(1565)何氏香嚴精舍刻本 萊陽市圖書館

第 1948 劉子威集五十二卷 (明)劉鳳撰 明萬曆刻本 山東省圖書館 存 32 卷:卷 1–32

第 1949 白雪樓詩集十卷 (明)李攀龍撰 明嘉靖四十二年(1563)魏裳刻本 山東省圖書館

第 1950 滄溟先生集三十卷 (明)李攀龍撰 附錄一卷 明隆慶刻本 山東省博物館

第 1951　滄溟先生集三十卷　(明)李攀龍撰　附錄一卷　明隆慶刻本　山東省圖書館

第 1952　滄溟先生集三十卷　(明)李攀龍撰　附錄一卷　明隆慶刻本　山東省圖書館

第 1953　滄溟先生集三十卷　(明)李攀龍撰　附錄一卷　明隆慶刻本　山東師範大學圖書館

第 1954　滄溟先生集三十卷　(明)李攀龍撰　附錄一卷　明隆慶刻本　濟南市圖書館　存 14 卷:卷 1–14

第 1955　滄溟先生集三十卷　(明)李攀龍撰　附錄一卷　明萬曆三十四年(1606)陳陞刻本　山東省圖書館

第 1956　補註李滄溟先生文選四卷　(明)李攀龍撰(明)宋祖駿、宋祖驊補注　明宋光廷刻本　山東省圖書館

第 1957　李文定公貽安堂集十卷　(明)李春芳撰　明萬曆刻本　山東省圖書館

第 1958　新刻張太岳先生文集四十七卷　(明)張居正撰　明萬曆四十年(1612)唐國達刻本　山東省圖書館

第 1959　新刻張太岳先生文集四十七卷　(明)張居正撰　明萬曆四十年(1612)唐國達刻本　山東大學圖書館

第 1960　新刻張太岳先生文集四十七卷　(明)張居正撰　明萬曆四十年(1612)唐國達刻本　青島市圖書館

第 1961　新刻張太岳先生文集四十七卷　(明)張居正撰　明萬曆四十年(1612)唐國達刻本　煙臺圖書館

第 1962　楊忠愍公集不分卷　(明)楊繼盛撰　明萬曆吳時刻本　青島市圖書館

第 1963　弇州山人四部稿一百七十四卷目錄十二卷　(明)王世貞撰　明萬曆五年(1577)王氏世經堂刻本　山東大學圖書館

第 1964　弇州山人續稿二百七卷目錄十卷附十一卷　(明)王世貞撰　明刻本　山東大學圖書館

第 1965　弇州山人續稿二百七卷目錄十卷附十一卷　(明)王世貞撰　明刻本　山東省圖書館　存 214 卷:卷 1–204,目錄十卷

第 1966　弇州山人讀書後八卷　(明)王世貞撰　明刻本　山東省圖書館

第 1967　金輿山房稿十四卷　(明)殷士儋撰　明萬曆十七年(1589)邵陛刻本　山東省博物館

第 1968　太函集一百二十卷目錄六卷　(明)汪道昆撰　明萬曆刻本　山東省圖書館

第 1969　太函集一百二十卷目錄六卷　(明)汪道昆撰　明萬曆刻本　山東省圖書館

第 1970　太函集一百二十卷目錄六卷　(明)汪道昆撰　明萬曆刻本　山東大學圖書館

第 1971　太函集一百二十卷目錄六卷　(明)汪道昆撰　明萬曆刻本　山東省圖書館　存 104 卷:卷 1–37、卷 60–120,目錄六卷

第 1972　副墨八卷　(明)汪道昆撰　明刻本　山東省圖書館　存 6 卷:卷 1–6

第 1973　副墨五卷　(明)汪道昆撰　明萬曆二年(1574)金陵毛少池刻本　山東省圖書館

第 1974　夢山存家詩稿八卷　(明)楊巍撰　明萬曆三十年(1602)楊岑刻本　山東省圖書館

第 1975　夢山存家詩稿八卷　(明)楊巍撰　明萬曆三十年(1602)楊岑刻本　青島市圖書館　存 4 卷:卷 1–4

第 1976　宗子相集十五卷　(明)宗臣撰　明萬曆刻本　山東省圖書館　存 13 卷:卷 1–5、卷 8–15

第 1977　宗子相先生集二十五卷　(明)宗臣撰　明天華閣刻本　山東大學圖書館

第 1978　宗子相先生集二十五卷　(明)宗臣撰　明天華閣刻本(清李澄中批校)　山東省圖書館

第 1979　天目先生集二十一卷　(明)徐中行撰　附錄一卷(明)郭造卿撰　明萬曆十二年(1584)張佳胤刻本　山東省圖書館

第 1980　甔甀洞續稿詩部十二卷文部十五卷目錄二卷　(明)吳國倫撰　明萬曆三十一年(1603)吳士良刻本　山東省圖書館

第 1981　甔甀洞續稿詩部十二卷文部十五卷目錄二卷　(明)吳國倫撰　明萬曆三十一年(1603)吳士良刻本　山東省圖書館

第 1982　居來先生集六十五卷　(明)張佳胤撰　明萬曆二十二年(1594)張叔璽刻本　山東省博物館

第 1983　李氏文集二十卷　(明)李贄撰　明刻本　山東省博物館

第 1984　李氏焚書六卷　(明)李贄撰　明刻本　山東省博物館

第 1985　李氏焚書六卷　(明)李贄撰　明刻朱墨套印本　濟南市圖書館

第 1986　李氏焚書六卷　(明)李贄撰　明刻朱墨套印本　山東省圖書館

第 1987　鄭襄敏公赤牘十九卷　(明)鄭洛撰　明萬曆三十五年(1607)刻本　山東大學圖書館

第 1988　賜閒堂集四十卷　(明)申時行撰　明萬曆四十四年(1616)申用懋等刻本　濟南市圖書館　存 34 卷:卷 3–36

第 1989　賜閒堂集四十卷　(明)申時行撰　明萬曆四十四年(1616)申用懋等刻本　山東省圖書館　存 20 卷:卷 21–40

第 1990　穆考功逍遙園集選二十卷　(明)穆文熙撰(明)南師仲輯　明萬曆二十九年(1601)穆光胤刻本(王獻唐跋)　山東省圖書館

第 1991　張中丞詩集二卷　(明)張煥撰　明萬曆刻本　山東省圖書館

第 1992　震川先生文集二十卷　(明)歸有光撰　明萬曆二年(1574)歸道傳刻本　山東省圖書館

第 1993　震川先生文集二十卷　(明)歸有光撰　明萬曆二年(1574)歸道傳刻本　蓬萊市文化局慕湘藏書館

第 1994　歸先生文集三十二卷　(明)歸有光撰　附錄一卷　明萬曆四年(1576)翁良瑜雨金堂刻本　山東省圖書館

第 1995　歸先生文集三十二卷　(明)歸有光撰　附錄一卷　明萬曆四年(1576)翁良瑜雨金堂刻本　山東省圖書館

第 1996　歸先生文集三十二卷　(明)歸有光撰　附錄一卷　明萬曆四年(1576)翁良瑜雨金堂刻本　山東省圖書館

第 1997　歸先生文集三十二卷　(明)歸有光撰　附錄一卷　明萬曆四年(1576)翁良瑜雨金堂刻本　山東省圖書館　存 23 卷:卷 1–22、卷 30

第 1998　處實堂集選十二卷後集六卷　(明)張鳳翼撰　明萬曆刻本　山東省圖書館　存 8 卷:卷 1–3、卷 10–12,後集卷 3、卷 5

第 1999　四溟山人全集二十四卷　(明)謝榛撰　明萬曆二十四年(1596)趙府冰玉堂刻本　山東省圖

書館

第 2000　巎嶸集五卷　(明)盧柟撰　明萬曆三十年(1602)張其忠刻本　山東省博物館

第 2001　巎嶸集五卷　(明)盧柟撰　明萬曆三十年(1602)張其忠刻本　山東省圖書館

第 2002　黄淳父先生全集二十四卷　(明)黄姬水撰　明萬曆十三年(1585)顧九思刻本　山東省圖書館　存 14 卷:卷 1–14

第 2003　歐虞部選集十四卷　(明)歐大任撰　明萬曆刻本　文登市圖書館

第 2004　徐文長文集三十卷四聲猿一卷　(明)徐渭撰(明)袁宏道評點　徐文長傳一卷(明)陶望齡撰　明萬曆四十二年(1614)鍾人傑刻本　山東省圖書館

第 2005　徐文長文集三十卷四聲猿一卷　(明)徐渭撰(明)袁宏道評點　徐文長傳一卷(明)陶望齡撰　明萬曆四十二年(1614)鍾人傑刻本　山東省圖書館　缺 1 卷:四聲猿一卷

第 2006　徐文長文集三十卷四聲猿一卷　(明)徐渭撰(明)袁宏道評點　徐文長傳一卷(明)陶望齡撰　明萬曆四十二年(1614)鍾人傑刻本　山東省圖書館　缺 1 卷:四聲猿一卷

第 2007　徐文長文集三十卷四聲猿一卷　(明)徐渭撰(明)袁宏道評點　徐文長傳一卷(明)陶望齡撰　明萬曆四十二年(1614)鍾人傑刻本　山東省圖書館　缺 1 卷:四聲猿一卷

第 2008　徐文長文集三十卷　(明)徐渭撰(明)袁宏道評點　明刻本　山東師範大學圖書館

第 2009　徐文長文集三十卷　(明)徐渭撰(明)袁宏道評點　明刻本　文登市圖書館

第 2010　徐文長文集三十卷　(明)徐渭撰(明)袁宏道評點　明刻本(公文紙做襯)　曲阜師範大學圖書館

第 2011　徐文長文集三十卷　(明)徐渭撰(明)袁宏道評點　明刻本(有鈔配)　濟南市圖書館　存 24 卷:卷 1–24

第 2012　徐文長逸稿二十四卷畸譜一卷　(明)徐渭撰　明天啓三年(1623)張維城刻本　山東省圖書館

第 2013　徐文長逸稿二十四卷畸譜一卷　(明)徐渭撰　明天啓三年(1623)張維城刻本　山東大學圖書館

第 2014　十嶽山人詩集四卷　(明)王寅撰　明萬曆程開泰、項仲連刻本　山東大學圖書館

第 2015　海嶽山房存稿詩五卷文十五卷別稿五卷　(明)郭造卿撰　附録一卷　明萬曆三十五年(1607)師古齋吴勉學刻別稿四十一年(1613)刻本　山東省圖書館　存 14 卷:詩五卷,文卷 1–4、卷 12–15,附録一卷

第 2016　海嶽山房存稿詩五卷文十五卷別稿五卷　(明)郭造卿撰　附録一卷　明萬曆三十五年(1607)師古齋吴勉學刻別稿四十一年(1613)刻本　淄博市圖書館　存 5 卷:詩五卷

第 2017　延令纂二卷　(明)王穉登撰　明萬曆刻本　泰安市博物館

第 2018　大泌山房集一百三十四卷目録二卷　(明)李維楨撰　明萬曆刻本　山東省圖書館

第 2019　穀城山館詩集二十卷　(明)于慎行撰　明萬曆三十二年(1604)自刻本　青島市圖書館

第 2020　穀城山館詩集二十卷　(明)于慎行撰　明萬曆三十二年(1604)自刻本　泰安市圖書館　存 3 卷:卷 10–12

第 2021　穀城山館全集六十二卷　(明)于慎行撰　明萬曆三十五年(1607)周時泰刻本　山東省圖

書館

第 2022 穀城山館全集六十二卷 (明)于慎行撰 明萬曆三十五年(1607)周時泰刻本 山東省圖書館 存 19 卷:詩集卷 1-12、卷 16-20,文集卷 17-18

第 2023 張陽和先生不二齋文選七卷 (明)張元忭撰(明)鄒元標輯 附一卷 明萬曆張汝霖、張汝懋刻本 山東省圖書館

第 2024 方初菴先生集十六卷 (明)方揚撰 明萬曆四十年(1612)方時化刻本 山東省圖書館

第 2025 銓部王先生文集一卷詩集一卷 (明)王教撰 明萬曆四十四年(1616)張至發刻本 山東省圖書館

第 2026 銓部王先生文集一卷詩集一卷 (明)王教撰 明萬曆四十四年(1616)張至發刻本 青島市圖書館

第 2027 銓部王先生文集一卷詩集一卷 (明)王教撰 明萬曆四十四年(1616)張至發刻本 淄博市圖書館 存 1 卷:文集一卷

第 2028 馮元成選集八十三卷 (明)馮時可撰 明刻本 文登市圖書館

第 2029 黃髮翁集二卷 (明)畢木撰 明鈔本 山東省圖書館

第 2030 李于田詩集十二卷 (明)李化龍撰 明萬曆刻本(幼航跋) 山東省圖書館 存 6 卷:中州稿一卷,西徵藁一卷,河上稿一卷,東省稿一卷,都下稿一卷,南都藁一卷

第 2031 來禽館集二十九卷 (明)邢侗撰 明萬曆四十六年(1618)刻清康熙十九年(1680)鄭雍重修本 山東省圖書館

第 2032 來禽館集二十九卷 (明)邢侗撰 明萬曆四十六年(1618)刻清康熙十九年(1680)鄭雍重修本 文登市圖書館

第 2033 來禽館集二十九卷 (明)邢侗撰 明萬曆四十六年(1618)刻清康熙十九年(1680)鄭雍重修本 山東省圖書館 存 22 卷

第 2034 來禽館集二十八卷 (明)邢侗撰 明崇禎十年(1637)版築居刻本 山東大學圖書館

第 2035 雍野李先生快獨集十八卷 (明)李堯民撰 明萬曆三十六年(1608)康丕揚刻本 山東省圖書館

第 2036 問竹軒詩稿二卷 (明)梁南撰 稿本(清梁溥跋) 山東省圖書館

第 2037 郊居遺稿十卷 (明)沈懋學撰 明萬曆三十三年(1605)何喬遠刻本 山東省圖書館 存 5 卷:卷 6-10

第 2038 宗伯集八十一卷 (明)馮琦撰 明萬曆三十五年(1607)刻本 山東省博物館

第 2039 宗伯集八十一卷 (明)馮琦撰 明萬曆三十五年(1607)刻本 山東省圖書館

第 2040 宗伯集八十一卷 (明)馮琦撰 明萬曆三十五年(1607)刻本 山東省圖書館

第 2041 宗伯集八十一卷 (明)馮琦撰 明萬曆三十五年(1607)刻本 山東師範大學圖書館

第 2042 宗伯集八十一卷 (明)馮琦撰 明萬曆三十五年(1607)刻本 山東省圖書館 存 78 卷:卷 1-65、卷 69-81

第 2043 宗伯集八十一卷 (明)馮琦撰 明萬曆三十五年(1607)刻本 青島市圖書館 存 56 卷:卷 1-29、卷 55-81

第 **2044**　宗伯集八十一卷　(明)馮琦撰　明萬曆三十五年(1607)刻本　山東省圖書館　存 27 卷:卷 28–54

第 **2045**　馮用韞先生北海集四十六卷　(明)馮琦撰　明萬曆林有麟刻本　山東省博物館

第 **2046**　馮用韞先生北海集四十六卷　(明)馮琦撰　明萬曆林有麟刻本　山東省圖書館

第 **2047**　馮用韞先生北海集四十六卷　(明)馮琦撰　明萬曆林有麟刻本　山東省圖書館

第 **2048**　文敏馮先生詩集六卷　(明)馮琦撰　明末刻本　山東省圖書館

第 **2049**　宗伯馮先生尺牘四卷　(明)馮琦撰　明末刻本　山東省圖書館

第 **2050**　實菴集二十四卷　(明)顧紹芳撰　明萬曆趙標刻本　山東省圖書館

第 **2051**　由拳集二十三卷　(明)屠隆撰　明萬曆八年(1580)馮夢禎刻本　山東省圖書館

第 **2052**　白榆集二十八卷　(明)屠隆撰　明萬曆龔堯惠刻本　山東大學圖書館

第 **2053**　鄒南臯集選七卷　(明)鄒元標撰　明萬曆三十五年(1607)余懋衡刻本　山東省圖書館

第 **2054**　鄒子願學集八卷　(明)鄒元標撰　明萬曆四十七年(1619)郭一鶚、龍遇奇刻本　山東省圖書館

第 **2055**　鄒子存眞集十二卷方外集一卷　(明)鄒元標撰　明天啓李生文、張瑀等刻本　山東省圖書館

第 **2056**　涇臯藏稿二十二卷　(明)顧憲成撰　明刻本　山東大學圖書館

第 **2057**　蒼霞續草二十二卷　(明)葉向高撰　明末刻本　山東省圖書館

第 **2058**　虞德園先生集二十五卷又八卷　(明)虞淳熙撰　明崇禎刻本　山東省圖書館　存 25 卷:虞德園先生集二十五卷

第 **2059**　秣陵草二卷　(明)季道統撰　明萬曆刻本　山東省博物館

第 **2060**　弗告堂集二十六卷　(明)于若瀛撰　明萬曆刻本　山東省博物館

第 **2061**　弗告堂集二十六卷　(明)于若瀛撰　明萬曆刻本　山東省圖書館

第 **2062**　玉茗堂文集十卷　(明)湯顯祖撰　明萬曆刻本　山東省圖書館

第 **2063**　臨川湯若士先生玉茗堂絶句選二卷　(明)湯顯祖撰　明萬曆四十六年(1618)湯開遠刻本　山東省圖書館

第 **2064**　玉茗堂全集四十六卷　(明)湯顯祖撰　明天啓刻本　山東省圖書館

第 **2065**　玉茗堂全集四十六卷　(明)湯顯祖撰　明天啓刻本　山東省圖書館

第 **2066**　玉茗堂全集四十六卷　(明)湯顯祖撰　明天啓刻本　山東省圖書館

第 **2067**　獨深居點定玉茗堂集三十卷　(明)湯顯祖撰(明)沈際飛輯　明崇禎刻本　山東省圖書館

第 **2068**　獨深居點定玉茗堂集三十卷　(明)湯顯祖撰(明)沈際飛輯　明崇禎刻本　山東省圖書館

第 **2069**　獨深居點定玉茗堂集三十卷　(明)湯顯祖撰(明)沈際飛輯　明崇禎刻本　山東大學圖書館　存 24 卷:賦集四卷,詩集十三卷,文集七卷

第 **2070**　玉茗堂集選二十四卷　(明)湯顯祖撰(明)帥機等輯　明刻本　山東大學圖書館

第 **2071**　玉茗堂集選二十四卷　(明)湯顯祖撰(明)帥機等輯　明刻本(清姚新山校)　文登市圖書館　存 21 卷:卷 1–14、卷 17–23

第 **2072**　吳文恪公文集三十二卷　(明)吳道南撰　附録一卷　明崇禎吳之京刻本　山東省圖書館

第 2073 歇菴集十六卷 （明）陶望齡撰 明萬曆三十九年（1611）王應遴刻本 山東省圖書館

第 2074 歇菴集十六卷 （明）陶望齡撰 明萬曆三十九年（1611）王應遴刻本 山東省圖書館

第 2075 歇菴集十六卷 （明）陶望齡撰 明萬曆三十九年（1611）王應遴刻本 山東省圖書館 存 15 卷：卷 1–3、卷 5–16

第 2076 容臺文集九卷詩集四卷別集四卷 （明）董其昌撰 明崇禎三年（1630）董庭刻本 缺 2 卷：別集卷 3–4 山東省圖書館

第 2077 豫章雲嶠劉先生遺稿二卷 （明）劉曰寧撰 明萬曆四十二年（1614）徐縉芳刻本 山東省圖書館

第 2078 莊學士集八卷 （明）莊天合撰 明刻本 濟南市圖書館 存 3 卷：卷 1–3

第 2079 周季平先生青藜館集四卷 （明）周如砥撰 明崇禎十五年（1642）周爆刻本 山東省博物館

第 2080 周季平先生青藜館集四卷 （明）周如砥撰 明崇禎十五年（1642）周爆刻本 即墨市博物館

第 2081 高子遺書十二卷 （明）高攀龍撰 附錄一卷（明）陳龍正輯 明崇禎五年（1632）錢士升、陳龍正等刻本 山東省圖書館

第 2082 仰節堂集十四卷 （明）曹于汴撰 明天啓四年（1624）劉在庭刻本 煙臺圖書館

第 2083 白陽畢公自嚴遺蹟一卷 （明）畢自嚴撰 稿本 山東省圖書館

第 2084 畢自嚴遺稿一卷 （明）畢自嚴撰 明末鈔本（清唐夢賚批校） 山東省圖書館

第 2085 雪濤閣集十四卷 （明）江盈科撰 明萬曆二十八年（1600）自刻本 山東省圖書館 存 11 卷：卷 1–3、卷 6–13

第 2086 瀟碧堂集二十卷 （明）袁宏道撰 明萬曆三十六年（1608）袁氏書種堂刻本 山東省圖書館

第 2087 瀟碧堂集二十卷 （明）袁宏道撰 明萬曆三十六年（1608）袁氏書種堂刻本 山東師範大學圖書館

第 2088 瀟碧堂集二十卷 （明）袁宏道撰 明萬曆三十六年（1608）袁氏書種堂刻本 濟南市圖書館 存 5 卷：卷 6–10

第 2089 瀟碧堂續集十卷 （明）袁宏道撰 明刻本 山東省圖書館

第 2090 瓶花齋集十卷 （明）袁宏道撰 明萬曆三十六年（1608）袁氏書種堂刻本 山東省圖書館

第 2091 錦帆集四卷去吳七牘一卷 （明）袁宏道撰 明萬曆三十七年（1609）袁氏書種堂刻本、山東省圖書館

第 2092 解脱集四卷 （明）袁宏道撰 明萬曆三十八年（1610）袁氏書種堂刻本 山東省圖書館

第 2093 敝篋集二卷 （明）袁宏道撰 明萬曆袁氏書種堂刻本 山東大學圖書館

第 2094 梨雲館類定袁中郎全集二十四卷 （明）袁宏道撰 明周文煒刻本 山東大學圖書館

第 2095 梨雲館類定袁中郎全集二十四卷 （明）袁宏道撰 明周文煒刻本 文登市圖書館 存 23 卷：卷 2–24

第 2096 梨雲館類定袁中郎全集二十四卷 （明）袁宏道撰 明周文煒刻本 山東省圖書館 存 14 卷：卷 1–14

第 2097 袁中郎全集四十卷 （明）袁宏道撰 明崇禎二年（1629）武林佩蘭居刻本 山東省圖書館

第 2098 袁中郎全集四十卷 （明）袁宏道撰 明崇禎二年（1629）武林佩蘭居刻本 青島市圖書館

第 2099　袁中郎全集四十卷　(明)袁宏道撰　明崇禎二年(1629)武林佩蘭居刻本　煙臺圖書館　存30 卷:卷 1–7、卷 18–40

第 2100　袁中郎全集四十卷　(明)袁宏道撰　明崇禎二年(1629)武林佩蘭居刻本　泰安市博物館　存 20 卷:卷 1–20

第 2101　水鑑齋稿□卷　(明)丁鴻陽撰　明刻本　山東省圖書館　存 1 卷:卷上

第 2102　文飯小品不分卷　(明)王思任撰　稿本　山東省圖書館

第 2103　趙秉忠殿試卷　(明)趙秉忠撰　明萬曆二十六年(1598)稿本　青州市博物館

第 2104　峓山集十二卷　(明)趙秉忠撰　明刻本　山東省圖書館

第 2105　峓山集十二卷　(明)趙秉忠撰　明刻本　山東省圖書館　存 11 卷:卷 2–12

第 2106　峓山集十二卷　(明)趙秉忠撰　明刻本　濟南市圖書館　存 8 卷:卷 2–3、卷 7–12

第 2107　范勛卿文集六卷詩集二十一卷　(明)范鳳翼撰　明末刻清初增修本　曲阜市文物管理局孔府文物檔案館

第 2108　何長人集八卷　(明)何慶元撰　明萬曆刻本　山東省圖書館

第 2109　緱山先生集二十七卷　(明)王衡撰　明萬曆刻本　山東省圖書館

第 2110　許鍾斗文集五卷　(明)許獬撰　明萬曆四十年(1612)洪夢錫等刻本　山東大學圖書館

第 2111　叢青軒集六卷　(明)許獬撰　明崇禎十三年(1640)許鏞刻本　山東省圖書館

第 2112　吳文端公涣亭存稿二十八卷　(明)吳宗達撰　明崇禎吳職思刻本　山東省圖書館

第 2113　五品稿九卷　(明)李若訥撰　明萬曆刻本　山東省圖書館

第 2114　五品稿九卷　(明)李若訥撰　明萬曆刻本　山東師範大學圖書館

第 2115　張忠烈公存集□□卷　(明)張銓撰　明末刻本　山東省圖書館　存 29 卷:卷 6–30、卷32–35

第 2116　中丞念山公集不分卷　(明)張潑撰　明刻明清遞修本　山東省圖書館

第 2117　問山亭詩十卷　(明)王象春撰　明萬曆刻本　山東省圖書館

第 2118　四素山房集十九卷皇華集一卷　(明)劉鴻訓撰　明崇禎十三年(1640)劉孔中刻清修本　山東省博物館

第 2119　四素山房集十九卷皇華集一卷　(明)劉鴻訓撰　明崇禎十三年(1640)劉孔中刻清修本　山東省圖書館

第 2120　四素山房集十九卷皇華集一卷　(明)劉鴻訓撰　明崇禎十三年(1640)劉孔中刻清修本　青島市圖書館

第 2121　柳堂遺集十三卷　(明)胡胤嘉撰　明萬曆刻本　山東大學圖書館

第 2122　雲黃集八十二卷　(明)傅國撰　明崇禎十三年(1640)自刻本　山東省博物館　存 81 卷:卷1–77、卷 79–82

第 2123　簡齋詩鈔十卷二刻秋水謠五卷劍吷五卷　(明)劉榮嗣撰　明崇禎刻本(佚名批校)　文登市圖書館

第 2124　珂雪齋前集二十四卷外集十五卷　(明)袁中道撰　明萬曆四十六年(1618)自刻本　山東省圖書館　存 15 卷:外集十五卷

第 2125 青來閣初集十卷 (明)方應祥撰 明萬曆四十五年(1617)自刻本 山東省圖書館

第 2126 陳靖質居士文集六卷 (明)陳山毓撰 明天啓四年(1624)陳舒等刻本 山東省圖書館

第 2127 滄漚集八卷 (明)張重華撰 明萬曆晴陽堂刻本 山東省圖書館

第 2128 余學士集三十卷 (明)余孟麟撰 明萬曆刻本 淄博市圖書館

第 2129 唱喁集一卷 (明)唐仲賢撰 明萬曆二十五年(1597)唐仲賢折芰軒刻本 濟南市圖書館

第 2130 雙魚編二卷二編二卷三編二卷 (明)項桂芳撰 明萬曆二十三年(1595)周子文刻本 山東大學圖書館

第 2131 詹詹言一卷 (明)王醒之撰 明蒼蝶齋刻本 山東省圖書館

第 2132 眉公先生晚香堂小品二十四卷 (明)陳繼儒撰 明湯大節簡綠居刻本 山東大學圖書館

第 2133 眉公先生晚香堂小品二十四卷 (明)陳繼儒撰 明湯大節簡綠居刻本 青島市圖書館

第 2134 陳眉公先生全集六十卷 (明)陳繼儒撰 年譜一卷 明崇禎吴震元等刻本 山東大學圖書館 存 19 卷:卷 1–19

第 2135 希聲館藏稿十卷 (明)黄廷鵠撰 附録一卷 明崇禎刻本 山東省圖書館

第 2136 湯慈明詩集三十二卷 (明)湯有光撰 明天啓二年(1622)周長應刻本 山東省圖書館

第 2137 謝耳伯先生初集十六卷全集八卷 (明)謝兆申撰 明崇禎玉樹軒刻本 山東省圖書館

第 2138 陳太史無夢園初集三十四卷 (明)陳仁錫撰 明崇禎六年(1633)張一鳴刻本 山東省圖書館

第 2139 陳太史無夢園初集三十四卷 (明)陳仁錫撰 明崇禎六年(1633)張一鳴刻本 文登市圖書館

第 2140 鴻寶應本十七卷 (明)倪元璐撰 明崇禎刻清順治十四年(1657)唐九經重修本 山東省圖書館

第 2141 鴻寶應本十七卷 (明)倪元璐撰 明崇禎刻清順治十四年(1657)唐九經重修本 山東大學圖書館

第 2142 北海亭詩集四卷文集四卷 (明)鹿化麟撰 明崇禎十二年(1639)范士楫刻本 山東大學圖書館

第 2143 太霞洞集三十二卷 (明)杜文焕撰 明天啓刻本 山東省圖書館

第 2144 松濤詩稿四卷 (明)周文漪撰 稿本(清孫象森、趙球跋) 山東省圖書館

第 2145 七錄齋詩文合集十六卷 (明)張溥撰 明崇禎九年(1636)刻本 山東省博物館

第 2146 七錄齋詩文合集十六卷 (明)張溥撰 明崇禎九年(1636)刻本 山東省圖書館 存 13 卷:近稿六卷,七錄齋文集存稿五卷,館課一卷,論略一卷

第 2147 梅花屋詩草一卷 (明)左懋第撰 稿本(清左心鈐跋) 山東省博物館

第 2148 紡授堂集八卷二集十卷文集八卷 (明)曾異撰撰 明崇禎益友齋刻清康熙五十七年(1718)曾天采重修本 山東省圖書館

第 2149 紡授堂集八卷二集十卷文集八卷 (明)曾異撰撰 明崇禎益友齋刻清康熙五十七年(1718)曾天采重修本 山東省圖書館缺 3 卷:文集卷 6–8

第 2150 匪石齋詩草二卷 (明)李復泰撰 稿本 山東省博物館

第 2151　牧齋初學集一百十卷目錄二卷　(清)錢謙益撰　明崇禎十六年(1643)瞿式耜刻本　山東大學圖書館

第 2152　牧齋初學集一百十卷目錄二卷　(清)錢謙益撰　明崇禎十六年(1643)瞿式耜刻本　青島市圖書館　存 105 卷:卷 1-46、卷 48-104,目錄二卷

第 2153　漢魏六朝諸家文集一百二十九卷　明刻本(清劉喜海跋)　山東省圖書館　存 10 種 33 卷:董仲舒集一卷(漢)董仲舒撰;司馬長卿集一卷(漢)司馬相如撰;東方先生集一卷(漢)東方朔撰;揚子雲集三卷(漢)揚雄撰;嵇中散集十卷(晉)嵇康撰;阮嗣宗集二卷(魏)阮籍撰;潘黃門集六卷(晉)潘岳撰;顏延之集一卷(劉宋)顏延之撰;任彦升集六卷(梁)任昉撰;陶貞白集二卷(梁)陶弘景撰

第 2154　漢魏六朝百三名家集一百十八卷　(明)張溥編　明婁東張氏刻本　山東省圖書館

第 2155　漢魏六朝百三名家集一百十八卷　(明)張溥編　明婁東張氏刻本　山東省圖書館

第 2156　漢魏六朝百三名家集一百十八卷　(明)張溥編　明婁東張氏刻本　山東省圖書館

第 2157　漢魏六朝百三名家集一百十八卷　(明)張溥編　明婁東張氏刻本　山東大學圖書館

第 2158　漢魏六朝百三名家集一百十八卷　(明)張溥編　明婁東張氏刻本　文登市圖書館

第 2159　六朝詩集五十五卷　明嘉靖刻本　山東大學圖書館

第 2160　文選逸集六十四卷　(明)閻光世編　明末筆臺刻本　蓬萊市文化局慕湘藏書館　存 2 種 22 卷:梁武帝集八卷(梁)武帝蕭衍撰;梁簡文帝集十四卷(梁)簡文帝蕭綱撰

第 2161　阮陶合集十一卷　(明)潘璁編　明崇禎刻本　山東省圖書館　存 1 種 8 卷:陶靖節集八卷(晉)陶潛撰

第 2162　詩詞雜俎二十五卷　(明)毛晉編　明天啓崇禎間毛氏汲古閣刻本　山東省圖書館

第 2163　詩詞雜俎二十五卷　(明)毛晉編　明天啓崇禎間毛氏汲古閣刻本　山東大學圖書館　存 4 種 12 卷:河汾諸老詩集八卷(元)房祺輯;漱玉詞一卷(宋)李清照撰;斷腸詞一卷(宋)朱淑眞撰;女紅餘志二卷(元)龍輔撰

第 2164　詩詞雜俎二十五卷　(明)毛晉編　明天啓崇禎間毛氏汲古閣刻本　山東省圖書館　存 4 種 6 卷:衆妙集一卷(宋)趙師秀輯;剪綃集二卷(宋)李(上龍+下廾)撰;月泉吟社一卷(宋)吳渭輯;谷音二卷(元)杜本輯

第 2165　詩詞雜俎二十五卷　(明) 毛晉編　明天啓崇禎間毛氏汲古閣刻本　曲阜師範大學圖書館　缺 1 種 1 卷:元宮詞一卷(明)蘭雪軒主人撰

第 2166　三家宮詞三卷　(明)毛晉編　明天啓五年(1625)毛氏綠君亭刻本　蓬萊市文化局慕湘藏書館

第 2167　八代文鈔一百六卷　(明)李賓編　明末刻本　山東大學圖書館

第 2168　八代文鈔一百六卷　(明)李賓編　明末刻本(佚名批)　山東省圖書館

第 2169　唐宋八大家文鈔一百四十四卷　(明)茅坤編　明萬曆七年(1579)茅一桂刻本　山東大學圖書館　存 6 種 122 卷:唐大家韓文公文抄十六卷(唐)韓愈撰;宋大家歐陽文忠公文抄三十二卷(宋)歐陽修撰;宋大家蘇文忠公文抄二十八卷(宋)蘇軾撰;宋大家蘇文定公文抄二十卷(宋)蘇轍撰;宋大家王文公文抄十六卷(宋)王安石撰;宋大家曾文定公文抄十卷(宋)曾鞏撰

第 2170　唐宋八大家文鈔一百四十四卷　(明)茅坤編　明萬曆七年(1579)茅一桂刻本　山東大學圖

書館　存5種106卷:宋大家歐陽文忠公文抄三十二卷(宋)歐陽修撰;宋大家蘇文忠公文抄二十八卷(宋)蘇軾撰;宋大家蘇文定公文抄二十卷(宋)蘇轍撰;宋大家王文公文抄十六卷(宋)王安石撰;宋大家曾文定公文抄十卷(宋)曾鞏撰

第2171　唐宋八大家文鈔一百四十四卷　(明)茅坤編　明萬曆七年(1579)茅一桂刻本　平度市圖書館　存2種29卷:宋大家蘇文忠公文抄二十八卷(宋)蘇軾撰(存19卷:卷10–28);宋大家曾文定公文抄十卷(宋)曾鞏撰

第2172　唐宋八大家文鈔一百六十六卷　(明)茅坤編　明崇禎四年(1631)茅著刻本　山東大學圖書館　存3種46卷:宋大家蘇文定公文抄二十卷(宋)蘇轍撰;宋大家王文公文抄十六卷(宋)王安石撰;宋大家曾文定公文抄十卷(宋)曾鞏撰

第2173　唐宋八大家文鈔一百六十六卷　(明)茅坤編　明崇禎四年(1631)茅著刻本　安丘市博物館　存3種42卷:唐大家韓文公文抄十六卷(唐)韓愈撰(存3卷:卷2–4);宋大家蘇文忠公文抄二十八卷(宋)蘇軾撰(存25卷:卷4–28);宋大家蘇文定公文抄二十卷(宋)蘇轍撰(存14卷:卷3–16)

第2174　宋元詩二百八卷　(明)潘是仁編　明萬曆四十三年(1615)自刻本　山東省圖書館　存26種135卷:宋林和靖先生詩集六卷(宋)林逋撰;唐眉山詩集七卷(宋)唐庚撰;米襄陽詩集五卷(宋)米芾撰;蔡莆陽詩集六卷(宋)蔡襄撰;秦少游詩集六卷(宋)秦觀撰;文與可詩集九卷(宋)文同撰;嚴滄浪詩集六卷(宋)嚴羽撰;王梅溪詩集六卷(宋)王十朋撰;白玉蟾詩集九卷(宋)葛長庚撰;陳后山詩集四卷(宋)陳師道撰;趙清獻公詩集五卷(宋)趙抃撰;裘竹齋詩集六卷(宋)裘萬頃撰;曾茶山詩集二卷(宋)曾幾撰;陳簡齋詩集五卷(宋)陳與義撰;放翁詩集八卷(宋)陸游撰;晞髮吟集五卷(宋)謝翱撰;石屏詩集六卷(宋)戴復古撰;雪巖詩集三卷(宋)宋伯仁撰;戴東埜詩集五卷(宋)戴昺撰;葦碧軒詩集四卷(宋)翁卷撰;清苑齋詩集四卷(宋)趙師秀撰;芳蘭軒詩集五卷(宋)徐照撰;二薇亭詩集四卷(宋)徐璣撰;眞山民詩集四卷(宋)眞山民撰;花蘂夫人詩集一卷(後蜀)花蘂夫人撰;斷腸詩集四卷(宋)朱淑眞撰

第2175　宋元詩二百八卷　(明)潘是仁編　明萬曆四十三年(1615)自刻本　山東大學圖書館　存5種16卷:貫酸齋詩集二卷(元)貫雲石撰;困學齋詩集二卷(元)鮮于樞撰;吳草廬詩集六卷(元)吳澄撰;盧含雪詩集三卷(元)盧亘撰;馬西如詩集三卷(元)馬祖常撰

第2176　宋元詩二百七十三卷　(明)潘是仁編　明萬曆四十三年(1615)自刻天啓二年(1622)重修本　山東省圖書館　存51種252卷:宋林和靖先生詩集六卷(宋)林逋撰;唐眉山詩集七卷(宋)唐庚撰;米襄陽詩集五卷(宋)米芾撰;蔡莆陽詩集六卷(宋)蔡襄撰;秦少游詩集六卷(宋)秦觀撰;文與可詩集九卷(宋)文同撰;嚴滄浪詩集六卷(宋)嚴羽撰;王梅溪詩集六卷(宋)王十朋撰;白玉蟾詩集九卷(宋)葛長庚撰;陳后山詩集四卷(宋)陳師道撰;趙清獻公詩集五卷(宋)趙抃撰;裘竹齋詩集六卷(宋)裘萬頃撰;曾茶山詩集二卷(宋)曾幾撰;陳簡齋詩集五卷(宋)陳與義撰;放翁詩集八卷(宋)陸游撰;晞髮吟集五卷(宋)謝翱撰;石屏詩集六卷(宋)戴復古撰;雪巖詩集三卷(宋)宋伯仁撰;戴東埜詩集五卷(宋)戴昺撰;葦碧軒詩集四卷(宋)翁卷撰;清苑齋詩集四卷(宋)趙師秀撰;芳蘭軒詩集五卷(宋)徐照撰;二薇亭詩集四卷(宋)徐璣撰;眞山民詩集四卷(宋)眞山民撰;花蘂夫人詩集一卷(後蜀)花蘂夫人撰;斷腸詩集四卷(宋)朱淑眞撰;元遺山詩集十卷(金)元好問撰;劉靜修詩集三卷(元)劉因撰;陳笏齋詩集六卷(元)陳孚撰;貫酸齋詩集二卷(元)貫雲石撰;困學齋詩集二卷(元)鮮于樞撰;松雪齋詩集七卷(元)趙孟頫撰;吳草廬詩集六卷(元)吳澄撰;盧含雪詩集三卷(元)盧亘撰;馬西如詩集三卷(元)馬祖常撰;范錦江詩集五卷(元)范梈撰;楊浦城詩集四卷(元)

楊載撰；石屋禪師山居詩六卷（元）釋清珙撰；虞邵菴詩集七卷（元）虞集撰；揭秋宜詩集五卷（元）揭傒斯撰；王陌菴詩集二卷（元）王士熙撰；薛象峯詩集二卷（元）薛漢撰；薩天錫詩集八卷（元）薩都剌撰；句曲張外史詩集六卷（元）張雨撰；陳荔溪詩集三卷（元）陳旅撰；貢南湖詩集七卷（元）貢性之撰；倪雲林詩集六卷（元）倪瓚撰；楊鐵崖古樂府三卷（元）楊維楨撰；傅玉樓詩集四卷（元）傅若金撰；柳初陽詩集三卷（元）柳貫撰；張蛻菴詩集四卷（元）張翥撰

第 2177　晉二俊文集二十卷　明正德十四年(1519)陸元大刻本　山東大學圖書館

第 2178　三唐人文集三十四卷　(明)毛晉編　明末毛氏汲古閣刻本　山東省圖書館

第 2179　盛唐四名家集二十四卷　明凌濛初刻朱墨套印本　山東省圖書館　存 2 種 15 卷：李長吉歌詩四卷外詩集一卷（唐）李賀撰（宋）劉辰翁評；孟東野詩集十卷（唐）孟郊撰（宋）國材、劉辰翁評

第 2180　唐人選唐詩二十三卷　(明)毛晉編　明崇禎元年(1628)毛氏汲古閣刻本　山東省圖書館

第 2181　唐人選唐詩二十三卷　(明)毛晉編　明崇禎元年(1628)毛氏汲古閣刻本　山東省圖書館

第 2182　唐人選唐詩二十三卷　(明)毛晉編　明崇禎元年(1628)毛氏汲古閣刻本　山東省圖書館

第 2183　唐人選唐詩二十三卷　(明)毛晉編　明崇禎元年(1628)毛氏汲古閣刻本　淄博市圖書館

第 2184　唐人選唐詩二十三卷　(明)毛晉編　明崇禎元年(1628)毛氏汲古閣刻本　文登市圖書館

第 2185　唐人選唐詩二十三卷　(明)毛晉編　明崇禎元年(1628)毛氏汲古閣刻本　山東師範大學圖書館　存 7 種 13 卷：御覽詩一卷（唐）令狐楚輯；篋中集一卷（唐）元結輯；國秀集三卷（唐）芮挺章輯；河嶽英靈集三卷（唐）殷璠輯；中興間氣集二卷（唐）高仲武輯；搜玉小集一卷；極玄集二卷（唐）姚合輯

第 2186　唐人八家詩四十二卷　(明)毛晉編　明崇禎十二年(1639)毛氏汲古閣刻本　山東省圖書館

第 2187　唐人八家詩四十二卷　(明)毛晉編　明崇禎十二年(1639)毛氏汲古閣刻本　山東大學圖書館

第 2188　唐十二家詩十二卷　(明)楊一統編　明萬曆十二年(1584)刻本　山東省圖書館

第 2189　唐十二家詩十二卷　(明)楊一統編　明萬曆十二年(1584)刻本　山東大學圖書館　存 10 種 10 卷：王勃集一卷（唐）王勃撰；楊炯集一卷（唐）楊炯撰；駱賓王集一卷（唐）駱賓王撰；陳子昂集一卷（唐）陳子昂撰；杜審言集一卷（唐）杜審言撰；沈佺期集一卷（唐）沈佺期撰；宋之問集一卷（唐）宋之問撰；孟浩然集一卷（唐）孟浩然撰；王維集一卷（唐）王維撰；岑參集一卷（唐）岑參撰

第 2190　唐十二家詩十二卷　(明)楊一統編　明萬曆十二年(1584)刻本　山東省圖書館　存 4 種 4 卷

第 2191　唐十二家詩四十九卷　明刻本　山東省圖書館

第 2192　前唐十二家詩二十四卷　(明)許自昌編　明鄭能瑯嬛齋刻本　濟南市圖書館　存 3 種 6 卷：陳子昂集二卷（唐）陳子昂撰；杜審言集二卷（唐）杜審言撰；沈佺期集二卷（唐）沈佺期撰

第 2193　中唐十二家詩集七十八卷　(明)蔣孝編　明嘉靖二十九年(1550)蔣孝刻本　山東省圖書館

第 2194　中唐十二家詩集七十八卷　(明)蔣孝編　明嘉靖二十九年(1550)蔣孝刻本　煙臺圖書館　存 10 種 64 卷：唐儲光羲詩集五卷（唐）儲光羲撰；毘陵集三卷（唐）獨孤及撰；唐劉隨州詩集十一卷外集一卷（唐）劉長卿撰；唐錢起詩集十卷（唐）錢起撰；唐盧戶部詩集十卷（唐）盧綸撰；唐孫集賢詩集一卷（唐）孫逖撰；唐崔補闕詩集一卷（唐）崔峒撰；唐劉賓客詩集六卷（唐）劉禹錫撰；唐張司業詩集六卷（唐）張籍撰；唐賈浪仙長江集十卷（唐）賈島撰

第 2195 中唐十二家詩集七十八卷 (明)蔣孝編 明嘉靖二十九年(1550)蔣孝刻本 山東省圖書館 存 8 種 42 卷:唐儲光羲詩集五卷(唐)儲光羲撰;毘陵集三卷(唐)獨孤及撰;唐錢起詩集十卷(唐)錢起撰;唐盧戶部詩集十卷(唐)盧綸撰;唐孫集賢詩集一卷(唐)孫逖撰;唐崔補闕詩集一卷(唐)崔峒撰;唐劉賓客詩集六卷(唐)劉禹錫撰;唐李義山詩集六卷(唐)李商隱撰

第 2196 唐百家詩一百七十一卷 (明)朱警編 唐詩品一卷(明)徐獻忠撰 明嘉靖十九年(1540)刻本 山東省圖書館 存 14 種 18 卷:唐玄宗皇帝集二卷(唐)玄宗李隆基撰;崔顥詩集一卷(唐)崔顥撰;李頎詩集一卷(唐)李頎撰;李端詩集三卷(唐)李端撰;戴叔倫集二卷(唐)戴叔倫撰;李山甫詩集一卷(唐)李山甫撰;崔塗詩集一卷(唐)崔塗撰;曹松詩集一卷(唐)曹松撰;劉兼詩集一卷(唐)劉兼撰;鄭巢詩集一卷(唐)鄭巢撰;王周詩集一卷(唐)王周撰;劉威詩集一卷(唐)劉威撰;秦韜玉詩集一卷(唐)秦韜玉撰;殷文珪詩集一卷(唐)殷文珪撰

第 2197 李杜全集四十八卷 (明)許自昌編 明萬曆三十年(1602)許自昌刻本 山東省圖書館

第 2198 李杜全集四十八卷 (明)許自昌編 明萬曆三十年(1602)許自昌刻本 山東大學圖書館

第 2199 李杜全集四十八卷 (明)許自昌編 明萬曆三十年(1602)許自昌刻本 文登市圖書館 缺 1 種 2 卷:分類補註李太白詩二十五卷(唐)李白撰(宋)楊齊賢集注(元)蕭士贇補注 年譜一卷(宋)薛仲邕撰(缺 2 卷:分類補註李太白詩卷 1,年譜一卷)

第 2200 李杜全集四十二卷 明崇禎二年(1629)聞啓祥刻本 山東省圖書館

第 2201 韓柳文一百卷 (明)游居敬編 明嘉靖十六年(1537)游居敬刻本 山東大學圖書館

第 2202 韓柳文一百卷 (明)游居敬編 明嘉靖十六年(1537)游居敬刻本(維駒跋) 山東省圖書館

第 2203 韓柳文一百卷 (明)游居敬編 明嘉靖三十五年(1556)莫如士刻本 山東省圖書館

第 2204 韓柳文一百卷 (明)游居敬編 明嘉靖三十五年(1556)莫如士刻本 山東省圖書館 存 12 卷:柳文卷 31-42

第 2205 韓柳全集一百四卷 (明)蔣之翹編 明崇禎六年(1633)蔣氏三徑草堂刻本 山東大學圖書館

第 2206 韓柳全集一百四卷 (明)蔣之翹編 明崇禎豹變齋刻本 山東師範大學圖書館

第 2207 元白長慶集一百四十一卷 (明)馬元調編 明萬曆馬元調魚樂軒刻本 山東大學圖書館

第 2208 元詩四大家二十七卷 (明)毛晉編 明崇禎毛氏汲古閣刻本 山東師範大學圖書館

第 2209 盛明百家詩三百二十四卷 (明)俞憲編 明嘉靖隆慶間刻本 文登市圖書館 存前編 142 種 153 卷

第 2210 明十二家詩選三十九卷 (明)趙南星編 明萬曆刻本 山東省圖書館

第 2211 明十二家詩選三十九卷 (明)趙南星編 明萬曆刻本 文登市圖書館

第 2212 皇明五先生文雋二百四卷目錄五卷 (明)蘇文韓編 明天啓四年(1624)刻本 山東省圖書館 存 101 卷:卷 1-19、卷 22-27、卷 131-204,目錄卷 1-2

第 2213 皇明十六名家小品三十二卷 (明)陸雲龍編 明崇禎六年(1633)崢霄館刻本 山東師範大學圖書館 存 11 種 22 卷:翠娱閣評選屠赤水先生小品二卷(明)屠隆撰;翠娱閣評選徐文長先生小品二卷(明)徐渭撰;翠娱閣評選虞德園先生小品二卷(明)虞淳熙撰;翠娱閣評選黃貞父先生小品二卷(明)黃汝亨撰;翠娱閣評選董思白先生小品二卷(明)董其昌撰;翠娱閣評選湯若士先生小品二卷(明)湯顯祖撰;翠娱

閣評選陳明卿先生小品二卷(明)陳仁錫撰;翠娛閣評選李本寧先生小品二卷(明)李維禎撰;翠娛閣評選袁中郎先生小品二卷(明)袁宏道撰;翠娛閣評選袁小脩先生小品二卷(明)袁中道撰;翠娛閣評選曹能始先生小品二卷(明)曹學佺撰

第 2214　文選六十卷　(梁)蕭統輯　明萬曆十三年(1585)吳彰刻本　山東省圖書館

第 2215　文選十二卷　(梁)蕭統輯　明吳勉學刻本　山東省圖書館

第 2216　文選六十卷　(梁)蕭統輯(唐)李善注　明成化二十三年(1487)唐藩朱芝址刻本　山東大學圖書館

第 2217　文選六十卷　(梁)蕭統輯(唐)李善注　明嘉靖元年(1522)汪諒刻本　山東省博物館

第 2218　文選六十卷　(梁)蕭統輯(唐)李善注　明嘉靖元年(1522)汪諒刻本　山東大學圖書館

第 2219　文選六十卷　(梁)蕭統輯(唐)李善注　明嘉靖元年(1522)汪諒刻本(徐北文跋)　山東省圖書館　存 30 卷:卷 2–7、卷 11–13、卷 18–20、卷 24–39、卷 59–60

第 2220　文選六十卷　(梁)蕭統輯(唐)李善注　明萬曆二十九年(1601)鄧原岳刻本　山東省博物館

第 2221　文選六十卷　(梁)蕭統輯(唐)李善注　明末毛氏汲古閣刻本(蕭應椿批校)　濟南市圖書館

第 2222　六家文選六十卷　(梁)蕭統輯(唐)李善、吕延濟、劉良、張銑、吕向、李周翰注　明嘉靖十三年至二十八年(1534—1549)袁褧嘉趣堂刻本　山東省圖書館　存 49 卷:卷 1–30、卷 42–60

第 2223　六家文選六十卷　(梁)蕭統輯(唐)李善、吕延濟、劉良、張銑、吕向、李周翰注　明嘉靖十三年至二十八年(1534—1549)袁褧嘉趣堂刻本　山東省圖書館　存 33 卷:卷 3–14、卷 30–38、卷 49–60

第 2224　六家文選六十卷　(梁)蕭統輯(唐)李善、吕延濟、劉良、張銑、吕向、李周翰注　明嘉靖十三年至二十八年(1534—1549)袁褧嘉趣堂刻本　山東省圖書館　存 23 卷:卷 4–12、卷 28–29、卷 31–42

第 2225　六家文選六十卷　(梁)蕭統輯(唐)李善、吕延濟、劉良、張銑、吕向、李周翰注　明丁覲刻本　山東省圖書館

第 2226　六家文選六十卷　(梁)蕭統輯(唐)李善、吕延濟、劉良、張銑、吕向、李周翰注　明丁覲刻本　山東大學圖書館

第 2227　六家文選六十卷　(梁)蕭統輯(唐)李善、吕延濟、劉良、張銑、吕向、李周翰注　明丁覲刻本　山東師範大學圖書館

第 2228　六家文選六十卷　(梁)蕭統輯(唐)李善、吕延濟、劉良、張銑、吕向、李周翰注　明丁覲刻本　山東省圖書館　存 8 卷:卷 1–5、卷 28–30

第 2229　六臣註文選六十卷　(梁)蕭統輯(唐)李善、吕延濟、劉良、張銑、吕向、李周翰注　明萬曆二年(1574)崔孔昕刻六年(1578)徐成位重修本　山東省圖書館

第 2230　六臣註文選六十卷　(梁)蕭統輯(唐)李善、吕延濟、劉良、張銑、吕向、李周翰注　明萬曆二年(1574)崔孔昕刻六年(1578)徐成位重修本(有鈔配)　山東大學圖書館

第 2231　文選纂註十二卷　(梁)蕭統輯(明)張鳳翼纂注　明萬曆十年(1582)書林余碧泉刻本　山東大學圖書館

第 2232　文選纂註評林十二卷　(梁)蕭統輯(明)張鳳翼纂注　明萬曆刻本　山東大學圖書館

第 2233　文選纂註評林十二卷　(梁)蕭統輯(明)張鳳翼纂注　明萬曆刻本　山東師範大學圖書館

第 2234　梁昭明文選十二卷　(梁)蕭統輯(明)張鳳翼纂注　明萬曆刻本　青州市圖書館

第 2235　梁昭明文選二十四卷　(梁)蕭統輯(明)張鳳翼纂注　明天啓六年(1626)盧之頤刻本　山東省圖書館

第 2236　孫月峯先生評文選三十卷　(梁)蕭統輯(明)孫鑛評(明)閔齊華瀹注　明天啓刻本　山東大學圖書館

第 2237　文選補遺四十卷　(宋)陳仁子輯　明刻本　青島市博物館

第 2238　文選章句二十八卷　(明)陳與郊撰　明萬曆二十五年(1597)刻本　煙臺圖書館

第 2239　文選章句二十八卷　(明)陳與郊撰　明萬曆二十五年(1597)刻本　濟南市圖書館　存 19 卷:卷 1-4、卷 6-12、卷 17-18、卷 21-22、卷 25-28

第 2240　文選删註十二卷　(明)王象乾撰　明萬曆刻本　山東省圖書館

第 2241　文選尤十四卷　(梁)蕭統輯(明)鄒思明删訂　明天啓二年(1622)刻三色套印本　山東省圖書館

第 2242　文選尤十四卷　(梁)蕭統輯(明)鄒思明删訂　明天啓二年(1622)刻三色套印本　山東省圖書館

第 2243　文選尤十四卷　(梁)蕭統輯(明)鄒思明删訂　明天啓二年(1622)刻三色套印本　濟南市圖書館　存 2 卷:卷 4-5

第 2244　選詩補註八卷　(元)劉履撰　補遺二卷續編四卷　(元)劉履輯　明初刻本(劉善渥跋)　山東大學圖書館　存 12 卷:選詩補註八卷,續編四卷

第 2245　選詩補註八卷　(元)劉履撰　補遺二卷續編四卷　(元)劉履輯　明嘉靖三十一年(1552)顧存仁養吾堂刻本　山東大學圖書館

第 2246　選詩補註八卷　(元)劉履撰　補遺二卷續編四卷　(元)劉履輯　明刻本　山東大學圖書館　存 8 卷:選詩補註八卷

第 2247　選詩三卷　(明)許宗魯輯　明嘉靖六年(1527)劉士元、王鎣刻本　山東省圖書館

第 2248　選詩三卷補一卷　(明)顧大猷輯　明萬曆二十八年(1600)劉大文刻本　山東省圖書館

第 2249　選詩七卷　(梁)蕭統輯(明)郭正域評點(明)凌濛初輯評　詩人世次爵里一卷　明凌濛初刻朱墨套印本　曲阜師範大學圖書館

第 2250　文選詩集七卷　(梁)蕭統輯(明)虞九章訂注　明萬曆刻本　山東省圖書館

第 2251　選賦六卷　(梁)蕭統輯(明)郭正域評點　名人世次爵里一卷　明凌氏鳳笙閣刻朱墨套印本　山東省圖書館

第 2252　選賦六卷　(梁)蕭統輯(明)郭正域評點　名人世次爵里一卷　明凌氏鳳笙閣刻朱墨套印本　山東省圖書館

第 2253　選賦六卷　(梁)蕭統輯(明)郭正域評點　名人世次爵里一卷　明凌氏鳳笙閣刻朱墨套印本　山東省圖書館

第 2254　選賦六卷　(梁)蕭統輯(明)郭正域評點　名人世次爵里一卷　明凌氏鳳笙閣刻朱墨套印本　青島市博物館

第 2255　選賦六卷　(梁)蕭統輯(明)郭正域評點　名人世次爵里一卷　明凌氏鳳笙閣刻朱墨套印本　曲阜師範大學圖書館

第 2256　選賦六卷　(梁)蕭統輯(明)郭正域評點　名人世次爵里一卷　明凌氏鳳笙閣刻朱墨套印本　曲阜師範大學圖書館

第 2257　選賦六卷　(梁)蕭統輯(明)郭正域評點　名人世次爵里一卷　明凌氏鳳笙閣刻朱墨套印本　濟南市圖書館　存 2 卷:卷 6,名人世次爵里一卷

第 2258　文苑英華一千卷　(宋)李昉等輯　明隆慶元年(1567)胡維新、戚繼光刻本　山東省博物館

第 2259　文苑英華一千卷　(宋)李昉等輯　明隆慶元年(1567)胡維新、戚繼光刻本　山東省圖書館

第 2260　文苑英華一千卷　(宋)李昉等輯　明隆慶元年(1567)胡維新、戚繼光刻本　山東省圖書館

第 2261　文苑英華一千卷　(宋)李昉等輯　明隆慶元年(1567)胡維新、戚繼光刻本　山東大學圖書館

第 2262　文苑英華一千卷　(宋)李昉等輯　明隆慶元年(1567)胡維新、戚繼光刻本　山東師範大學圖書館

第 2263　文苑英華一千卷　(宋)李昉等輯　明隆慶元年(1567)胡維新、戚繼光刻本　青島市博物館

第 2264　文苑英華一千卷　(宋)李昉等輯　明隆慶元年(1567)胡維新、戚繼光刻本　山東省圖書館　存 990 卷:卷 1–370、卷 381–1000

第 2265　文苑英華一千卷　(宋)李昉等輯　明隆慶元年(1567)胡維新、戚繼光刻本　山東省圖書館　存 690 卷:卷 1–50、卷 121–360、卷 431–610、卷 671–790、卷 831–930

第 2266　文苑英華一千卷　(宋)李昉等輯　明隆慶元年(1567)胡維新、戚繼光刻本(有鈔配)　山東省圖書館　存 992 卷:卷 1–78、卷 87–1000

第 2267　古文苑二十一卷　(宋)章樵注　明萬曆張象賢刻本　山東省圖書館

第 2268　廣文選六十卷　(明)劉節輯　明嘉靖十六年(1537)陳蕙刻本　山東省圖書館

第 2269　廣文選六十卷　(明)劉節輯　明嘉靖十六年(1537)陳蕙刻本　山東大學圖書館

第 2270　廣文選六十卷　(明)劉節輯　明嘉靖十六年(1537)陳蕙刻本　濟寧市圖書館　存 16 卷:卷 1–7、卷 12–15、卷 28–32

第 2271　天佚草堂刊定廣文選二十五卷詩選六卷　(明)馬維銘輯　明萬曆刻本　青州市圖書館

第 2272　玉臺新詠十卷　(陳)徐陵輯　明崇禎六年(1633)趙均刻本　山東省圖書館

第 2273　古樂府十卷　(元)左克明輯　明正德四年(1509)孫璽刻本　山東大學圖書館　存 9 卷:卷 1–3(卷三殘)、卷 5–10

第 2274　古詩類苑一百三十卷　(明)張之象輯(明)俞顯卿補訂　明萬曆三十年(1602)俞顯謨、王熲、陳甲刻本　山東大學圖書館

第 2275　漢魏詩集十四卷　(明)劉成德輯　明萬曆陳堂刻本　山東大學圖書館

第 2276　漢魏詩選二卷附錄一卷　(明)吕陽輯　明萬曆刻本(王獻唐跋)　山東省圖書館

第 2277　六朝聲偶刪補七卷　(明)邵一儒輯　明泰昌元年(1620)刻本　文登市圖書館

第 2278　新刊古今名賢品彙註釋玉堂詩選八卷　(明)舒芬輯(明)舒琛增補(明)楊淙注　明萬曆七年(1579)富春堂刻積秀堂達德堂重修本　山東省圖書館

第 2279　詩紀一百三十卷前集十卷附錄一卷外集四卷別集十二卷　(明)馮惟訥輯　明嘉靖三十九年(1560)甄敬刻本　山東省圖書館　存 90 卷:卷 1–23、卷 34–38、卷 41–43、卷 69–72、卷 88–101、卷 112–

130,前集卷 1-6,外集四卷,别集十二卷

第 2280 詩紀一百三十卷前集十卷附録一卷外集四卷别集十二卷 (明)馮惟訥輯 明萬曆四十一年(1613)黄承玄、馮珣刻本 山東師範大學圖書館

第 2281 詩紀一百三十卷前集十卷附録一卷外集四卷别集十二卷 (明)馮惟訥輯 明萬曆四十一年(1613)黄承玄、馮珣刻本 山東省圖書館 存 140 卷:詩紀一百三十卷,前集十卷

第 2282 詩紀一百五十六卷目録三十六卷 (明)馮惟訥輯 明萬曆吳琯、謝陛、陸弼、俞策刻本 山東師範大學圖書館

第 2283 詩紀一百五十六卷目録三十六卷 (明)馮惟訥輯 明萬曆吳琯、謝陛、陸弼、俞策刻本 文登市圖書館

第 2284 詩紀一百五十六卷目録三十六卷 (明)馮惟訥輯 明萬曆吳琯、謝陛、陸弼、俞策刻本 山東省圖書館 存 72 卷:卷 11-15、卷 21-25、卷 31-40、卷 51-65、卷 70-73、卷 118-147、卷 151-153

第 2285 詩紀一百五十六卷目録三十六卷 (明)馮惟訥輯 明萬曆吳琯、謝陛、陸弼、俞策刻本 山東省圖書館 存 62 卷

第 2286 詩紀一百五十六卷目録三十六卷 (明)馮惟訥輯 明萬曆吳琯、謝陛、陸弼、俞策刻本(莫棠跋) 山東大學圖書館

第 2287 詩刪二十三卷 (明)李攀龍輯(明)鍾惺、譚元春評 明刻朱墨套印本 山東大學圖書館

第 2288 詩體明辯二十六卷 (明)徐師曾輯(明)沈芬、沈騏箋注 明崇禎十三年(1640)刻本 曲阜師範大學圖書館

第 2289 八代詩乘四十五卷吳詩一卷總録二卷補遺一卷 (明)梅鼎祚輯 明萬曆十一年(1583)劉文顯、徐家慶等刻三十四年(1606)寧國郡續刻本 山東省圖書館

第 2290 詩宿二十八卷詩人考世二卷 (明)劉一相輯 明萬曆三十六年(1608)刻本 山東省博物館

第 2291 詩宿二十八卷詩人考世二卷 (明)劉一相輯 明萬曆三十六年(1608)刻本 山東省圖書館

第 2292 詩宿二十八卷詩人考世二卷 (明)劉一相輯 明萬曆三十六年(1608)刻本 山東省圖書館 存 3 卷:卷 1-2、卷 10

第 2293 詩所五十六卷歷代名氏爵里一卷 (明)臧懋循輯 明萬曆三十一年(1603)雕蟲館刻本 山東省圖書館

第 2294 詩所五十六卷歷代名氏爵里一卷 (明)臧懋循輯 明萬曆三十一年(1603)雕蟲館刻本 山東省圖書館

第 2295 詩所五十六卷歷代名氏爵里一卷 (明)臧懋循輯 明萬曆三十一年(1603)雕蟲館刻本 山東省圖書館

第 2296 詩所五十六卷歷代名氏爵里一卷 (明)臧懋循輯 明萬曆三十一年(1603)雕蟲館刻本 山東大學圖書館

第 2297 類選唐宋四時絶句不分卷 (明)畢自嚴輯 稿本 山東省圖書館

第 2298 詩歸五十一卷 (明)鍾惺、譚元春輯 明萬曆四十五年(1617)刻本 山東省圖書館

第 2299 詩歸五十一卷 (明)鍾惺、譚元春輯 明萬曆四十五年(1617)刻本 山東大學圖書館

第 2300 詩歸五十一卷 (明)鍾惺、譚元春輯 明崇禎刻本 山東大學圖書館

第 2301　詩歸五十一卷　(明)鍾惺、譚元春輯(明)劉斅重訂　明末刻本　山東大學圖書館

第 2302　詩歸五十一卷　(明)鍾惺、譚元春輯(明)劉斅重訂　明末刻本　曲阜師範大學圖書館

第 2303　名媛詩歸三十六卷　(明)鍾惺輯　明刻本　山東省圖書館

第 2304　名媛詩歸三十六卷　(明)鍾惺輯　明刻本　山東大學圖書館

第 2305　詩雋類函一百五十卷　(明)俞安期輯　(明)梅鼎祚增輯　明萬曆刻本　山東省圖書館

第 2306　賦苑八卷　(明)李鴻輯　明萬曆刻本　山東省圖書館

第 2307　賦苑八卷　(明)李鴻輯　明萬曆刻本　山東大學圖書館

第 2308　賦苑八卷　(明)李鴻輯　明萬曆刻本　山東省圖書館　存 7 卷:卷 2–8

第 2309　四六選鋭二卷　(明)曾孔遇輯　明刻本　山東省圖書館

第 2310　迂齋先生標註崇古文訣三十五卷　(宋)樓昉輯　明嘉靖十二年(1533)王鴻漸刻本　山東省圖書館

第 2311　西山先生眞文忠公文章正宗二十四卷　(宋)眞德秀輯　明嘉靖四十三年(1564)李豸、李磐刻本　山東省圖書館

第 2312　西山先生眞文忠公文章正宗二十四卷續二十卷　(宋)眞德秀輯　明嘉靖四十四年(1565)鍾沂刻本　山東省圖書館　存 10 卷:續卷 1–10

第 2313　西山先生眞文忠公文章正宗二十四卷續二十卷　(宋)眞德秀輯　明末刻本　山東省圖書館　缺 1 卷:續卷 20

第 2314　文章正宗鈔四卷　(明)胡汝嘉輯　明萬曆三年(1575)懷慶府刻本　曲阜師範大學圖書館

第 2315　文章軌範七卷　(宋)謝枋得輯　明末三畏堂映旭齋刻本　曲阜師範大學圖書館

第 2316　諸儒箋解古文眞寶前集十卷後集十卷　(元)黄堅輯　明萬曆十一年(1583)司禮監刻本　山東省圖書館

第 2317　文翰類選大成一百六十三卷　(明)李伯璵、馮厚輯　明成化八年(1472)淮府刻弘治十四年(1501)、嘉靖二十五年(1546)遞修本　山東省圖書館　存 13 卷:卷 136–140、卷 143–148、卷 152–153

第 2318　文編六十四卷　(明)唐順之輯　明嘉靖胡帛刻本　山東省圖書館

第 2319　文編六十四卷　(明)唐順之輯　明嘉靖胡帛刻本　山東省圖書館

第 2320　文編六十四卷　(明)唐順之輯　明嘉靖胡帛刻本　山東省圖書館　存 40 卷:卷 1–40

第 2321　文編六十四卷　(明)唐順之輯　明天啓刻本　山東省圖書館

第 2322　文編六十四卷　(明)唐順之輯　明天啓刻本　山東大學圖書館

第 2323　文編六十四卷　(明)唐順之輯　明天啓刻本　山東省圖書館　存 62 卷:卷 1–62

第 2324　名家表選八卷　(明)陳塏輯　明嘉靖二十六年(1547)崇正書院刻本　山東省圖書館

第 2325　正續名世文宗十六卷　(題明)王世貞輯(明)錢允治續輯(明)陳繼儒校注　明萬曆四十五年(1617)刻金陵唐玉予印本　山東省圖書館

第 2326　新刊彙編秦漢精華十四卷　(明)汪道昆、詹惟修輯　明萬曆十三年(1585)刻本　山東省圖書館

第 2327　文體明辯六十一卷首一卷目錄六卷附錄十四卷附錄目錄二卷　(明)徐師曾輯　明萬曆十九年(1591)趙夢麟刻本　山東省圖書館

第 2328　文體明辯六十一卷首一卷目錄六卷附錄十四卷附錄目錄二卷　(明)徐師曾輯　明萬曆十九年(1591)趙夢麟刻本　山東大學圖書館

第 2329　文體明辯六十一卷首一卷目錄六卷附錄十四卷附錄目錄二卷　(明)徐師曾輯　明萬曆十九年(1591)趙夢麟刻本　山東師範大學圖書館

第 2330　文體明辯六十一卷首一卷目錄六卷附錄十四卷附錄目錄二卷　(明)徐師曾輯　明萬曆十九年(1591)趙夢麟刻本　寧陽縣博物館　存 6 卷:文體明辯卷 12–17

第 2331　文體明辯六十一卷首一卷目錄六卷附錄十四卷附錄目錄二卷　(明)徐師曾輯　明刻本　青島市博物館

第 2332　文體明辯四十八卷　(明)徐師曾輯(明)沈芬、沈騏箋　明崇禎十三年(1640)刻本　曲阜師範大學圖書館

第 2333　文章正論二十卷　(明)劉祜輯　明萬曆十九年(1591)徐圖刻本　山東省圖書館

第 2334　文章正論二十卷　(明)劉祜輯　明萬曆十九年(1591)徐圖刻本　山東大學圖書館

第 2335　古文類選十八卷　(明)鄭旻輯　明隆慶六年(1572)顧知類、徐宏等刻本　山東省圖書館

第 2336　書記洞詮一百十六卷目錄十卷　(明)梅鼎祚輯　明萬曆二十五年(1597)玄白堂刻本　山東大學圖書館　存 79 卷:卷 1–79

第 2337　崇正文選十二卷　(明)施策輯　明萬曆三十八年(1610)瞿汝說刻本　文登市圖書館

第 2338　新刊名世文宗三十卷　(明)胡時化輯　明萬曆四年(1576)吳善言刻本　山東省圖書館

第 2339　新刊名世文宗三十卷　(明)胡時化輯　明萬曆七年(1579)李充實刻本　山東省圖書館　存 8 卷:卷 3、卷 6、卷 9、卷 13–17

第 2340　新刊名世文宗三十卷　(明)胡時化輯　明刻本　山東師範大學圖書館

第 2341　新刊名世文宗三十卷　(明)胡時化輯　明萬曆八年(1580)常存仁刻本　山東省圖書館　存 26 卷:卷 5–30

第 2342　名世文宗三十卷談藪一卷　(明)胡時化輯　明崇禎元年(1628)刻書林翁少麓印本　山東省圖書館

第 2343　刻續名世文宗評林十卷　(明)胡時化輯　明唐廷仁刻本　山東省圖書館

第 2344　古文儁十六卷　(明)趙燿輯　明崇禎元年(1628)趙胤昌刻本　山東省圖書館

第 2345　古文儁十六卷　(明)趙燿輯　明崇禎元年(1628)趙胤昌刻本　山東師範大學圖書館

第 2346　新刊王三楚秦漢魏晉近古文選六卷　(明)王之綱輯　明隆慶四年(1570)嚴丕式等刻本　山東大學圖書館

第 2347　匯古菁華二十四卷　(明)張國璽、劉一相輯　明萬曆二十四年(1596)褚鈇刻本　山東省圖書館

第 2348　鉅文十二卷　(明)屠隆輯　明刻本　山東大學圖書館

第 2349　詞致錄十六卷　(明)李天麟輯　明萬曆十五年(1587)自刻本　山東師範大學圖書館

第 2350　詞致錄十六卷　(明)李天麟輯　明萬曆十五年(1587)自刻本(佚名批校)　山東省圖書館

第 2351　新鍥焦太史彙選百家評林歷代古文珠璣十九卷　(明)焦竑輯　明萬曆刻本　山東大學圖書館

第 2352　新鐫焦太史彙選中原文獻經集六卷史集六卷子集七卷文集四卷通考一卷　(明)焦竑輯(明)陶望齡評(明)朱之蕃注　明萬曆二十四年(1596)汪元湛等刻本　山東省圖書館

第 2353　古文世編一百卷　(明)潘士達輯　明萬曆三十四年(1606)自刻本　山東省圖書館

第 2354　刻張太史精選古文藍田玉四卷　(明)張瑞圖輯　明萬曆三十九年(1611)王惺初刻本　山東省圖書館

第 2355　古文瀾編二十卷　(明)王志堅輯　明崇禎五年(1632)刻槐蔭堂印本　山東師範大學圖書館　存 10 卷:卷 1–10

第 2356　秦漢文歸三十卷　(明)鍾惺輯並評　明末古香齋刻本　山東師範大學圖書館　存 10 卷:秦文歸十卷

第 2357　漢晉南北朝唐宋文歸七十六卷　(明)鍾惺輯並評　明末古香齋集賢堂刻本　山東省圖書館　存 62 卷:漢文歸二十卷,晉文歸八卷,南北朝文歸四卷,唐文歸十卷,宋文歸二十卷

第 2358　唐宋十二大家文歸十四卷　(明)鍾惺輯並評　國朝大家文歸二卷(明)鄭元勳輯並評　明末刻本　山東大學圖書館

第 2359　古逸書三十卷首一卷末一卷　(明)潘基慶輯　明萬曆刻本　山東省圖書館

第 2360　古逸書三十卷首一卷末一卷　(明)潘基慶輯　明萬曆刻本　山東省圖書館

第 2361　古逸書三十卷首一卷末一卷　(明)潘基慶輯　明萬曆刻本　山東省圖書館

第 2362　古逸書三十卷首一卷末一卷　(明)潘基慶輯　明萬曆刻本　山東師範大學圖書館

第 2363　古文品外錄十二卷　(明)陳繼儒輯並評　明天啓五年(1625)朱蔚然刻本　山東大學圖書館

第 2364　古文品外錄二十四卷　(明)陳繼儒輯　明喬山堂劉龍田刻本　濟南市圖書館

第 2365　古文品外錄二十四卷　(明)陳繼儒輯　明刻本　山東省圖書館

第 2366　古文品外錄二十四卷　(明)陳繼儒輯　明刻本　山東師範大學圖書館

第 2367　新刊陳眉公先生精選古論大觀四十卷　(明)陳繼儒輯　明刻本　山東省圖書館

第 2368　秦漢文鈔不分卷　(明)馮有翼輯　明萬曆十一年(1583)清音館刻本　山東省圖書館

第 2369　秦漢文鈔不分卷　(明)馮有翼輯　明萬曆十一年(1583)清音館刻本　山東大學圖書館

第 2370　秦漢文鈔十二卷　(明)馮有翼輯(明)汪德元訂　明萬曆刻本　山東省圖書館

第 2371　秦漢文鈔十二卷　(明)馮有翼輯(明)汪德元訂　明萬曆刻本　山東師範大學圖書館

第 2372　秦漢文準十二卷　(明)程夢庚輯　明萬曆四十四年(1616)刻本　山東師範大學圖書館

第 2373　秦漢文鈔六卷　(明)閔邁德等輯(明)楊融博批點　明萬曆四十八年(1620)刻朱墨套印本　山東省圖書館

第 2374　秦漢文鈔六卷　(明)閔邁德等輯(明)楊融博批點　明萬曆四十八年(1620)刻朱墨套印本　山東省圖書館

第 2375　秦漢文鈔六卷　(明)閔邁德等輯(明)楊融博批點　明萬曆四十八年(1620)刻朱墨套印本　山東省圖書館

第 2376　秦漢文鈔六卷　(明)閔邁德等輯(明)楊融博批點　明萬曆四十八年(1620)刻朱墨套印本　山東大學圖書館

第 2377　古文奇賞二十二卷續古文奇賞三十四卷奇賞齋廣文苑英華二十六卷四續古文奇賞五十三卷

(明)陳仁錫輯　明萬曆四十六年(1618)至天啓刻本　文登市圖書館　存30卷:古文奇賞二十二卷,奇賞齋廣文苑英華卷7-8、卷11-14、卷19-20

第2378　古文奇賞二十二卷續古文奇賞三十四卷奇賞齋廣文苑英華二十六卷四續古文奇賞五十三卷　(明)陳仁錫輯　明萬曆四十六年(1618)至天啓刻本　山東大學圖書館　存22卷:古文奇賞二十二卷

第2379　古文奇賞二十二卷續古文奇賞三十四卷奇賞齋廣文苑英華二十六卷四續古文奇賞五十三卷　(明)陳仁錫輯　明萬曆四十六年(1618)至天啓刻本　山東師範大學圖書館　存22卷:古文奇賞二十二卷

第2380　古文奇賞二十二卷續古文奇賞三十四卷　(明)陳仁錫輯　明萬曆四十六年(1618)至天啓刻本(清楊以增跋)　山東省圖書館

第2381　古今文統十六卷　(明)張以忠輯(明)陳仁錫評　明崇禎刻本　山東大學圖書館

第2382　國瑋集五十六卷　(明)方岳貢輯　明刻本　山東師範大學圖書館　存10卷:唐文十卷

第2383　新鐫三太史評選歷代名文鳳采五卷　(明)項煜、翁鴻業、黄景昉輯　明喬山堂劉弼虜刻本(佚名批校)　山東省圖書館

第2384　合諸名家點評古文鴻藻十二卷　(明)黄士京輯　明末刻本　山東大學圖書館　存11卷:卷1-11

第2385　古文五刪五十二卷　(明)張溥輯　明末段君定刻本　山東大學圖書館　存4種40卷:廣文選刪十四卷;唐文粹刪十卷;宋文鑑刪十二卷;元文類刪四卷

第2386　古文五刪五十二卷　(明)張溥輯　明末段君定刻本　山東師範大學圖書館　存2種16卷:宋文鑑刪十二卷;元文類刪四卷

第2387　張太史評選秦漢文範十三卷　(明)張溥輯　明末刻本　山東師範大學圖書館

第2388　文致不分卷　(明)劉士鏻輯(明)閔無頗、閔昭明集評　明天啓元年(1621)閔元衢刻朱墨套印本　山東省圖書館

第2389　文致不分卷　(明)劉士鏻輯(明)閔無頗、閔昭明集評　明天啓元年(1621)閔元衢刻朱墨套印本　山東省圖書館

第2390　文致不分卷　(明)劉士鏻輯(明)閔無頗、閔昭明集評　明天啓元年(1621)閔元衢刻朱墨套印本　曲阜師範大學圖書館　存一冊

第2391　文致不分卷　(明)劉士鏻輯(明)閔無頗、閔昭明集評　明天啓元年(1621)閔元衢刻朱墨套印本(清黄叔琳、翁方綱跋)　山東省圖書館

第2392　刪補古今文致十卷　(明)劉士鏻輯(明)王宇增刪　明天啓刻本　山東省圖書館

第2393　刪補古今文致十卷　(明)劉士鏻輯(明)王宇增刪　明天啓刻本　山東大學圖書館

第2394　刪補古今文致十卷　(明)劉士鏻輯(明)王宇增刪　明天啓刻本　青島市圖書館

第2395　三國兩晉南北朝文選十二卷附輯一卷　(明)錢士馨、陸上瀾輯　明來復堂刻本　山東大學圖書館

第2396　魏晉六朝文選三卷皇明文一卷　明紫薇軒鈔本　山東大學圖書館

第2397　古文選不分卷　明鈔本(佚名批校)　山東省圖書館

第2398　赤牘清裁二十八卷　(明)楊慎輯(明)王世貞增輯　明嘉靖三十七年(1558)刻本　山東省圖

書館

第 2399　尺牘清裁六十卷補遺一卷　(明)王世貞輯　明隆慶五年(1571)自刻本　山東大學圖書館

第 2400　古今振雅雲箋十卷　(明)徐渭輯　明刻本　山東省圖書館

第 2401　尺牘補遺四卷　(明)公鼒輯　明萬曆刻本　山東省博物館

第 2402　翰海十二卷　(明)沈佳胤輯　明崇禎刻本　山東省圖書館

第 2403　翰海十二卷　(明)沈佳胤輯　明崇禎刻本　山東大學圖書館

第 2404　周文歸二十卷　(明)鍾惺輯　明崇禎刻本　山東省圖書館

第 2405　周文歸二十卷　(明)鍾惺輯　明崇禎刻本　山東大學圖書館

第 2406　西漢文苑十卷　(明)申用嘉輯　明萬曆二十八年(1600)刻本(佚名批校)　山東省圖書館

第 2407　兩漢文選不分卷　(明)衞勳輯　明萬曆三十七年(1609)衞拱宸刻本　曲阜師範大學圖書館

第 2408　西漢文二十卷東漢文二十卷　(明)張采輯　明崇禎刻五雲居印本　山東省圖書館

第 2409　三國文二十卷　(明)張采輯　明崇禎刻本　山東省圖書館

第 2410　三國文二十卷　(明)張采輯　明崇禎刻本　山東省圖書館

第 2411　三國文二十卷　(明)張采輯　明崇禎刻本　山東師範大學圖書館

第 2412　西晉文二十卷　(明)張采輯　明崇禎刻本　山東省圖書館

第 2413　西晉文二十卷　(明)張采輯　明崇禎刻本　山東大學圖書館

第 2414　重校正唐文粹一百卷　(宋)姚鉉輯　明嘉靖三年(1524)徐焴刻本　山東省圖書館

第 2415　重校正唐文粹一百卷　(宋)姚鉉輯　明嘉靖三年(1524)徐焴刻本　山東省圖書館

第 2416　重校正唐文粹一百卷　(宋)姚鉉輯　明嘉靖六年(1527)張大輪刻本　山東省博物館

第 2417　唐文粹一百卷　(宋)姚鉉輯　明嘉靖八年(1529)晉府養德書院刻本　山東省圖書館

第 2418　唐文粹一百卷　(宋)姚鉉輯　明嘉靖八年(1529)晉府養德書院刻本　山東省圖書館

第 2419　唐文粹一百卷　(宋)姚鉉輯　明嘉靖八年(1529)晉府養德書院刻本　山東大學圖書館

第 2420　唐文粹一百卷　(宋)姚鉉輯　明嘉靖八年(1529)晉府養德書院刻本　青島市圖書館

第 2421　唐文粹一百卷　(宋)姚鉉輯　明嘉靖八年(1529)晉府養德書院刻本　煙臺圖書館

第 2422　唐文粹一百卷　(宋)姚鉉輯　明嘉靖八年(1529)晉府養德書院刻本　山東省圖書館　存 50 卷:卷 1-40、卷 66-70、卷 86-90

第 2423　唐文粹一百卷　(宋)姚鉉輯　明嘉靖八年(1529)晉府養德書院刻本　山東省圖書館　存 40 卷:卷 51-70、卷 76-95

第 2424　唐文粹一百卷　(宋)姚鉉輯　明崇禎三年(1630)徐仁中刻本(卷一至五為鈔配)　山東省圖書館

第 2425　松陵集十卷　(唐)皮日休、陸龜蒙撰　明末毛氏汲古閣刻本　山東省圖書館

第 2426　松陵集十卷　(唐)皮日休、陸龜蒙撰　明末毛氏汲古閣刻本　山東省圖書館

第 2427　松陵集十卷　(唐)皮日休、陸龜蒙撰　明末毛氏汲古閣刻本　山東大學圖書館

第 2428　松陵集十卷　(唐)皮日休、陸龜蒙撰　明末毛氏汲古閣刻本　山東師範大學圖書館

第 2429　才調集十卷　(蜀)韋縠輯　明沈春澤刻本(佚名批校)　濟南市圖書館　存 5 卷:卷 1-5

第 2430　萬首唐人絶句一百一卷　(宋)洪邁輯　明嘉靖十九年(1540)陳敬學德星堂刻本　山東省博

物館

第 2431 分門纂類唐歌詩一百卷 (宋)趙孟奎輯 明鈔本 山東省博物館 存 7 卷:天地山川類卷 32,草木蟲魚類卷 3–8

第 2432 唐音十五卷 (元)楊士弘輯(明)顧璘批點 明刻朱墨套印本 山東省圖書館 存 14 卷:卷 1–14

第 2433 唐詩合選十五卷 (元)楊士弘、(明)高棅、趙完璧輯 明萬曆十一年(1583)趙愼修刻本 山東省圖書館

第 2434 唐詩品彙九十卷拾遺十卷 (明)高棅輯 明弘治六年(1493)張璁刻本 山東師範大學圖書館

第 2435 唐詩品彙九十卷拾遺十卷 (明)高棅輯 明嘉靖十六年(1537)姚芹泉刻本(有鈔配) 山東大學圖書館

第 2436 唐詩品彙九十卷拾遺十卷 (明)高棅輯 明嘉靖十八年(1539)牛斗刻本 山東省圖書館

第 2437 唐詩品彙九十卷拾遺十卷 (明)高棅輯 明嘉靖十八年(1539)牛斗刻本 山東大學圖書館

第 2438 唐詩品彙九十卷拾遺十卷 (明)高棅輯 明嘉靖十八年(1539)牛斗刻本 山東省圖書館 存 19 卷:卷 1–19

第 2439 唐詩品彙九十卷拾遺十卷 (明)高棅輯(明)張恂重訂 明張恂刻本 山東省圖書館

第 2440 唐詩正聲二十二卷 (明)高棅輯 明書林種德堂熊沖宇刻本 山東大學圖書館

第 2441 唐詩類鈔八卷 (明)顧應祥輯 明嘉靖三十一年(1552)自刻本(佚名批校) 山東省圖書館

第 2442 唐雅八卷 (明)胡纘宗輯 明嘉靖二十八年(1549)文斗山堂刻本 山東省圖書館

第 2443 唐雅八卷 (明)胡纘宗輯 明嘉靖二十八年(1549)文斗山堂刻本 泰安市博物館

第 2444 唐詩絕句類選四卷總評一卷人物一卷 (明)敖英、凌雲輯 明凌雲刻三色套印本 山東大學圖書館

第 2445 唐雅二十六卷 (明)張之象輯 明嘉靖二十年(1541)長水書院刻本 山東師範大學圖書館 存 14 卷:卷 13–26

第 2446 唐雅二十六卷 (明)張之象輯 明嘉靖三十一年(1552)無錫縣刻本 山東省圖書館

第 2447 唐雅二十一卷 (明)張之象輯 明萬曆吳勉學刻本 山東省圖書館

第 2448 唐雅二十一卷 (明)張之象輯 明萬曆吳勉學刻本 山東大學圖書館

第 2449 唐詩類苑二百卷 (明)張之象輯 明萬曆二十九年(1601)曹仁孫刻本 山東省圖書館

第 2450 唐詩類苑二百卷 (明)張之象輯 明萬曆二十九年(1601)曹仁孫刻本 山東師範大學圖書館

第 2451 唐詩類苑二百卷 (明)張之象輯 明萬曆二十九年(1601)曹仁孫刻本 山東省圖書館 存 71 卷:卷 130–200

第 2452 唐詩類苑二百卷 (明)張之象輯 明萬曆二十九年(1601)曹仁孫刻本 山東省圖書館 存 4 卷:卷 157–160

第 2453 唐詩選七卷 (明)李攀龍輯(明)王稺登評 明閔氏刻朱墨套印本 文登市圖書館

第 2454 唐詩選七卷 (明)李攀龍輯(明)王稺登評 明閔氏刻朱墨套印本 山東省圖書館 存 5

卷:卷 1-2、卷 5-7

第 2455　唐詩選七卷　(明)李攀龍輯(明)王穉登評　明閔氏刻朱墨套印本　山東大學圖書館　存 4 卷:卷 1-4

第 2456　唐詩選七卷附錄一卷　(明)李攀龍輯(明)蔣一葵箋釋　明萬曆二十八年(1600)武林一初齋刻本　山東省圖書館

第 2457　唐詩選七卷　(明)李攀龍輯　彙釋七卷(明)蔣一葵撰　明施大猷刻朱墨套印本　山東省圖書館

第 2458　李于鱗唐詩廣選七卷　(明)李攀龍輯(明)凌瑞森、凌南榮輯評　明萬曆三年(1575)凌氏盟鷗館刻朱墨套印本　山東省博物館

第 2459　李于鱗唐詩廣選七卷　(明)李攀龍輯(明)凌瑞森、凌南榮輯評　明萬曆三年(1575)凌氏盟鷗館刻朱墨套印本　山東大學圖書館

第 2460　唐詩歸三十六卷　(明)鍾惺、譚元春輯　明萬曆刻三色套印本　山東省圖書館

第 2461　十二家唐詩類選十二卷　(明)何東序輯　明隆慶四年(1570)刻本　山東大學圖書館

第 2462　唐雅同聲五十卷目錄二卷　(明)毛懋宗輯　明萬曆十六年(1588)毛謙刻崇禎六年(1633)朱謀垔重修本　山東省圖書館

第 2463　唐雅同聲五十卷目錄二卷　(明)毛懋宗輯　明萬曆十六年(1588)毛謙刻崇禎六年(1633)朱謀垔重修本　山東省圖書館　存 30 卷:卷 21-50

第 2464　唐詩三集合編七十四卷首一卷　(明)沈子來輯　明天啓四年(1624)寧遠山房刻本　山東省圖書館

第 2465　唐詩三集合編七十四卷首一卷　(明)沈子來輯　明天啓四年(1624)寧遠山房刻本　山東大學圖書館

第 2466　唐詩所四十七卷　(明)臧懋循輯　明萬曆刻本　山東省圖書館

第 2467　唐詩所四十七卷　(明)臧懋循輯　明萬曆刻本　山東大學圖書館

第 2468　宋藝圃集二十二卷續集三卷　(明)李蓘輯　明萬曆五年(1577)暴孟奇刻本　文登市圖書館　存 7 卷:卷 4-10

第 2469　新雕宋朝文鑑一百五十卷目錄三卷　(宋)呂祖謙輯　明天順八年(1464)嚴州府刻弘治十七年(1504)胡韶重修本(佚名批校)　山東省圖書館

第 2470　宋文鑑一百五十卷目錄三卷　(宋)呂祖謙輯　明嘉靖五年(1526)晉藩養德書院刻本　山東省圖書館　存 92 卷:卷 16-31、卷 56-65、卷 82-99、卷 105-150,目錄卷中、下

第 2471　校正重刊官版宋朝文鑑一百五十卷目錄三卷　(宋)呂祖謙輯　明刻本　山東省圖書館

第 2472　校正重刊官版宋朝文鑑一百五十卷目錄三卷　(宋)呂祖謙輯　明刻本　山東省圖書館

第 2473　中州集十卷首一卷樂府一卷　(金)元好問輯　明末毛氏汲古閣刻本　山東省圖書館

第 2474　中州集十卷首一卷樂府一卷　(金)元好問輯　明末毛氏汲古閣刻本　山東省圖書館

第 2475　中州集十卷首一卷樂府一卷　(金)元好問輯　明末毛氏汲古閣刻本　山東省圖書館

第 2476　中州集十卷首一卷樂府一卷　(金)元好問輯　明末毛氏汲古閣刻本　山東省圖書館

第 2477　中州集十卷首一卷樂府一卷　(金)元好問輯　明末毛氏汲古閣刻本　山東省圖書館

第 2478 中州集十卷首一卷樂府一卷 (金)元好問輯 明末毛氏汲古閣刻本 山東大學圖書館

第 2479 中州集十卷首一卷樂府一卷 (金)元好問輯 明末毛氏汲古閣刻本 濟南市圖書館 存 6 卷:卷 6-10,樂府一卷

第 2480 元文類七十卷目錄三卷 (元)蘇天爵輯 明嘉靖十六年(1537)晉藩刻本 山東省圖書館 存 50 卷:卷 1-5、卷 15-22、卷 27-41、卷 46-63、卷 67-70

第 2481 元文類七十卷目錄三卷 (元)蘇天爵輯 明末脩德堂刻本 山東省圖書館

第 2482 元文類七十卷目錄三卷 (元)蘇天爵輯 明末脩德堂刻本 山東省圖書館

第 2483 元文類七十卷目錄三卷 (元)蘇天爵輯 明末脩德堂刻本 山東省圖書館 存 69 卷:卷 1-66,目錄三卷

第 2484 元文類七十卷目錄三卷 (元)蘇天爵輯 明末脩德堂刻本 山東省圖書館 存 42 卷:卷 1-39,目錄三卷

第 2485 明詩選十二卷首一卷 (明)李攀龍輯(明)陳子龍增刪 明崇禎四年(1631)豹變齋刻本 山東省圖書館

第 2486 明詩選十二卷首一卷 (明)李攀龍輯(明)陳子龍增刪 明崇禎四年(1631)豹變齋刻本 山東省圖書館

第 2487 明詩選十二卷首一卷 (明)李攀龍輯(明)陳子龍增刪 明崇禎四年(1631)豹變齋刻本 山東省圖書館

第 2488 國雅二十卷續四卷雜附一卷 (明)顧起綸輯 國雅品一卷 (明)顧起綸撰 明萬曆元年(1573)顧氏奇字齋刻本 山東大學圖書館

第 2489 批點明詩七言律十二卷 (明)穆文熙輯並批 明萬曆九年(1581)劉懷恕刻本 文登市圖書館

第 2490 皇明詩統四十二卷 (明)李騰鵬輯 明萬曆刻本 山東省圖書館 存 12 卷:卷 12-22、卷 24

第 2491 明詩正聲六十卷 (明)盧純學輯 明萬曆十九年(1591)江一夔刻本 山東省圖書館

第 2492 明詩正聲十八卷 (明)穆光胤刪訂 明萬曆陳素蘊刻本 濟南市圖書館 存 10 卷:卷 6-15

第 2493 明詩存不分卷 (明)曹學佺輯 稿本 山東省圖書館

第 2494 皇明詩選十三卷 (明)陳子龍等輯 明崇禎十六年(1643)刻本 青島市圖書館

第 2495 皇明詩選十三卷 (明)陳子龍等輯 明崇禎十六年(1643)刻本 煙臺圖書館 存 10 卷:卷 4-13

第 2496 皇明詩選十三卷 (明)陳子龍等輯 明崇禎十六年(1643)刻本(佚名批校) 山東省圖書館

第 2497 皇明詩選十三卷 (明)陳子龍等輯 明崇禎十六年(1643)刻本(佚名批校) 山東省圖書館

第 2498 餞送白陽畢大司農歸里詩一卷 (明)顧起元等撰 稿本(清朱長湝跋) 山東省圖書館

第 2499 新鐫淥水新聲三卷 (明)馮廷槐輯 明末刻本 山東省博物館

第 2500 皇明百家文範八卷 (明)王乾章輯 明萬曆三年(1575)自刻本 山東大學圖書館

第 2501 新刊陳眉公先生精選論膾八卷 (明)陳繼儒輯 明末刻本 山東師範大學圖書館

第 2502 鼎鐫諸方家彙編皇明名公文雋八卷 (明)袁宏道輯(明)丘兆麟補 明金陵奎壁堂鄭思鳴刻

本　山東大學圖書館

第 2503　明文奇賞四十卷　(明)陳仁錫輯　明天啓三年(1623)刻本　山東省圖書館

第 2504　明文奇賞四十卷　(明)陳仁錫輯　明天啓三年(1623)刻本　山東大學圖書館

第 2505　明文奇賞四十卷　(明)陳仁錫輯　明天啓三年(1623)刻本　山東師範大學圖書館

第 2506　明文奇賞四十卷　(明)陳仁錫輯　明天啓三年(1623)刻本　棲霞市圖書館

第 2507　明文霱二十卷　(明)劉士鏻輯並評　明崇禎刻本　山東省圖書館

第 2508　新刻旁註四六類函十二卷　(明)朱錦輯(明)閔師孔注　明萬曆三十六年(1608)王養恬刻本　山東大學圖書館

第 2509　鍥評釋湖州弄丸集翰墨四卷　明刻本　山東大學圖書館

第 2510　新刊國朝歷科翰林文選經濟宏猷十六卷續一卷　(明)沈一貫輯　明萬曆廣慶堂唐氏刻本　山東省圖書館

第 2511　刻壬辰翰林館課纂二十三卷　(明)翁正春、焦竑等撰　明見岡書屋刻本　山東省圖書館　存 19 卷:卷 1–19

第 2512　金華正學編十二卷　(明)趙鶴輯(明)張朝瑞重輯　明萬曆十八年(1590)刻本　山東省圖書館

第 2513　麟溪集二十二卷別篇二卷　(明)鄭太和輯(明)鄭璽續輯　附錄二卷　明成化十一年(1475)鄭珋、鄭琥刻本　山東省博物館

第 2514　釣臺集二卷　(明)楊束輯　明萬曆十三年(1585)遞修本　山東省圖書館

第 2515　于氏家藏詩略四卷　(明)于玭等撰　明萬曆刻本　山東省圖書館

第 2516　馮氏五先生集五卷　(明)馮琦輯　明萬曆刻本　山東省圖書館

第 2517　馮氏五先生集五卷　(明)馮琦輯　明萬曆刻本　濟南市圖書館

第 2518　午夢堂集二十三卷　(明)葉紹袁輯　明崇禎刻本　山東大學圖書館　存 4 種 6 卷:窈聞一卷續一卷(明)葉紹袁撰;百旻遺草一卷(明)葉世偁撰;屺雁哀一卷(明)葉紹袁輯;彤奩續些二卷　(明)葉紹袁輯

第 2519　三蘇先生文粹七十卷　(宋)蘇洵、蘇軾、蘇轍撰　明刻本　山東省圖書館

第 2520　三蘇先生文粹七十卷　(宋)蘇洵、蘇軾、蘇轍撰　明刻本　山東省圖書館

第 2521　三蘇先生文粹七十卷　(宋)蘇洵、蘇軾、蘇轍撰　明刻本　山東省圖書館

第 2522　三蘇先生文粹七十卷　(宋)蘇洵、蘇軾、蘇轍撰　明刻本　煙臺圖書館

第 2523　三蘇先生文集七十卷　(宋)蘇洵、蘇軾、蘇轍撰　明成化二十年(1484)許仁刻本　山東省圖書館

第 2524　大宋眉山蘇氏家傳心學文集大全七十卷　(宋)蘇洵、蘇軾、蘇轍撰　明正德十二年(1517)劉弘毅慎獨齋刻本　山東大學圖書館

第 2525　大宋眉山蘇氏家傳心學文集大全七十卷首一卷　(宋)蘇洵、蘇軾、蘇轍撰　明刻本　山東省圖書館

第 2526　嘉樂齋三蘇文範十八卷首一卷　(宋)蘇洵、蘇軾、蘇轍撰(明)楊慎輯(明)袁宏道評釋　明天啓二年(1622)刻本　山東省圖書館

第 2527 嘉樂齋三蘇文範十八卷首一卷 (宋)蘇洵、蘇軾、蘇轍撰(明)楊慎輯(明)袁宏道評釋 明天啓二年(1622)刻本 山東省圖書館

第 2528 嘉樂齋三蘇文範十八卷首一卷 (宋)蘇洵、蘇軾、蘇轍撰(明)楊慎輯(明)袁宏道評釋 明天啓二年(1622)刻本 山東省圖書館

第 2529 嘉樂齋三蘇文範十八卷首一卷 (宋)蘇洵、蘇軾、蘇轍撰(明)楊慎輯(明)袁宏道評釋 明天啓二年(1622)刻本 山東大學圖書館

第 2530 三蘇文匯六十卷 (明)茅坤、錢穀、鍾惺等評 明末刻本 山東省圖書館 存 2 種 39 卷:合刻三先生老泉文匯十卷(宋)蘇洵撰(存 2 卷:卷 1–2);合刻三先生東坡文匯四十卷(宋)蘇軾撰(存 37 卷:卷 4–40)

第 2531 三蘇文匯六十卷 (明)茅坤、錢穀、鍾惺等評 明末刻本 山東大學圖書館 存 2 種 20 卷:合刻三先生老泉文匯十卷(宋)蘇洵撰;合刻三先生東坡文匯四十卷(宋)蘇軾撰(存 10 卷:卷 1–10)

第 2532 三蘇文抄二十卷 (明)李贄等輯 明崇禎宜和堂刻本 山東大學圖書館

第 2533 靜觀室三蘇文選十六卷 (明)錢穀輯 明刻本 山東大學圖書館

第 2534 文心雕龍十卷 (梁)劉勰撰 明刻本(佚名校) 山東省圖書館

第 2535 楊升菴先生批點文心雕龍十卷 (梁)劉勰撰(明)楊慎批點(明)梅慶生音注 明萬曆三十七年(1609)梅慶生刻天啓二年(1622)重修本 山東省圖書館

第 2536 楊升菴先生批點文心雕龍十卷 (梁)劉勰撰(明)楊慎批點(明)梅慶生音注 明萬曆三十七年(1609)梅慶生刻天啓二年(1622)重修本 濟南市圖書館

第 2537 楊升菴先生批點文心雕龍十卷 (梁)劉勰撰(明)楊慎批點(明)梅慶生音注 明萬曆三十七年(1609)梅慶生刻天啓二年(1622)重修本 濟南市圖書館

第 2538 楊升菴先生批點文心雕龍十卷 (梁)劉勰撰(明)楊慎批點(明)梅慶生音注 明萬曆三十七年(1609)梅慶生刻天啓二年(1622)重修本 山東大學圖書館

第 2539 文心雕龍訓故十卷 (梁)劉勰撰(明)王惟儉訓故 明刻本 山東省圖書館

第 2540 增修詩話總龜四十八卷後集五十卷 (宋)阮閱輯 明嘉靖二十四年(1545)月窻道人刻本 山東省圖書館 存 59 卷:前集卷 1–8、卷 18–38,後集卷 1–21、卷 31–39

第 2541 唐詩紀事八十一卷 (宋)計有功撰 明嘉靖二十四年(1545)張子立刻本 山東省博物館

第 2542 唐詩紀事八十一卷 (宋)計有功撰 明嘉靖二十四年(1545)張子立刻本 山東省圖書館

第 2543 唐詩紀事八十一卷 (宋)計有功撰 明嘉靖二十四年(1545)張子立刻本 山東省圖書館

第 2544 全唐詩話三卷 (題宋)尤袤撰 明正德二年(1507)秦昂刻本 山東省圖書館

第 2545 全唐詩話三卷 (題宋)尤袤撰 明正德二年(1507)秦昂刻明修本 山東省圖書館

第 2546 全唐詩話六卷 (題宋)尤袤撰 明嘉靖二十二年(1543)王教、王政刻本 山東大學圖書館

第 2547 文筌八卷附詩小譜二卷 (元)陳繹曾撰 明初朱權刻本(佚名批校) 山東省圖書館

第 2548 詩話補遺三卷 (明)楊慎撰 明嘉靖三十五年(1556)曹命刻本 山東大學圖書館

第 2549 冰川詩式十卷 (明)梁橋撰 明隆慶四年(1570)朱睦㮮、梁夢龍刻本 山東省圖書館

第 2550 堯山堂偶雋七卷 (明)蔣一葵撰 明刻本 山東省圖書館

第 2551 堯山堂偶雋七卷 (明)蔣一葵撰 明刻本 山東省圖書館

第 2552　文壇列俎十卷　(明)汪廷訥輯　明萬曆三十五年(1607)汪氏環翠堂刻本　山東省圖書館

第 2553　詩譚十卷續錄一卷　(明)葉廷秀撰　明崇禎八年(1635)胡正言十竹齋刻本　曲阜市文物管理局孔府文物檔案館

第 2554　文通三十卷閏一卷　(明)朱荃宰撰　明天啓六年(1626)刻本　山東省圖書館

第 2555　文通三十卷閏一卷　(明)朱荃宰撰　明天啓六年(1626)刻本　山東師範大學圖書館

第 2556　詞苑英華四十五卷　(明)毛晉編　明末毛氏汲古閣刻本　山東省圖書館

第 2557　詞苑英華四十五卷　(明)毛晉編　明末毛氏汲古閣刻本　山東省圖書館

第 2558　詞苑英華四十五卷　(明)毛晉編　明末毛氏汲古閣刻本　山東大學圖書館

第 2559　詞苑英華四十五卷　(明)毛晉編　明末毛氏汲古閣刻本　蓬萊市文化局慕湘藏書館　存 3 種 22 卷:花間集十卷(後蜀)趙崇祚輯;花菴絕妙詞選十卷(宋)黃昇輯;尊前集二卷

第 2560　詞苑英華四十五卷　(明)毛晉編　明末毛氏汲古閣刻本　寧陽縣博物館　存 2 種 6 卷:花間集十卷(後蜀)趙崇祚輯(存 2 卷);草堂詩餘四卷(題)武陵逸史輯

第 2561　宋名家詞九十卷　(明)毛晉編　明崇禎毛氏汲古閣刻本　青島市圖書館　存 30 種 44 卷:珠玉詞一卷(宋)晏殊撰;六一詞一卷(宋)歐陽修撰;樂章集一卷(宋)柳永撰;東坡詞一卷(宋)蘇軾撰;山谷詞一卷(宋)黃庭堅撰;淮海詞一卷(宋)秦觀撰;小山詞一卷(宋)晏幾道撰;東堂詞一卷(宋)毛滂撰;放翁詞一卷(宋)陸游撰;稼軒詞四卷(宋)辛棄疾撰;片玉詞二卷(宋)周邦彥撰;梅溪詞一卷(宋)史達祖撰;白石詞一卷(宋)姜夔撰;石林詞一卷(宋)葉夢得撰;酒邊詞二卷(宋)向子諲撰;溪堂詞一卷(宋)謝逸撰;樵隱詞一卷(宋)毛幵撰;竹山詞一卷(宋)蔣捷撰;書舟詞一卷(宋)程垓撰;坦菴詞一卷(宋)趙師俠撰;惜香樂府十卷(宋)趙長卿撰;西樵語業一卷(宋)楊炎撰;竹屋癡語一卷(宋)高觀國撰;夢窗詞稿一卷(宋)吳文英撰;近體樂府一卷(宋)周必大撰;竹齋詩餘一卷(宋)黃機撰;金谷遺音一卷(宋)石孝友撰;散花菴詞一卷(宋)黃昇撰;和清眞詞一卷(宋)方千里撰;後村別調一卷(宋)劉克莊撰

第 2562　花間集四卷　(後蜀)趙崇祚輯(明)汤顯祖評　明刻本　蓬萊市文化局慕湘藏書館

第 2563　花間集四卷　(後蜀)趙崇祚輯(明)汤顯祖評　明刻朱墨套印本　山東大學圖書館

第 2564　花間集四卷　(後蜀)趙崇祚輯(明)湯顯祖評　明文治堂刻本　山東師範大學圖書館

第 2565　類編草堂詩餘四卷　(明)顧從敬編次　續四卷(明)一眞子輯　明末刻本　山東省圖書館

第 2566　草堂詩餘五卷　(明)楊慎評點　明閔暎璧刻朱墨套印本　山東省圖書館

第 2567　草堂詩餘五卷　(明)楊慎評點　明閔暎璧刻朱墨套印本　濟南市圖書館

第 2568　類選箋釋草堂詩餘六卷　(明)顧從敬輯　續選草堂詩餘二卷(明)錢允治箋釋　類編箋釋國朝詩餘五卷(明)錢允治輯(明)陳仁錫釋　明萬曆四十二年(1614)刻本　山東大學圖書館

第 2569　古香岑草堂詩餘四集十七卷　明末刻本　山東省圖書館

第 2570　古香岑草堂詩餘四集十七卷　明末刻本　曲阜師範大學圖書館

第 2571　古香岑草堂詩餘四集十七卷　明末刻翁少麓印本　濟南市圖書館

第 2572　古香岑草堂詩餘四集十七卷　明末刻童湧泉印本　山東大學圖書館

第 2573　詩餘廣選十六卷雜說一卷　(明)卓人月輯(明)徐士俊評　徐卓晤歌一卷(明)徐士俊、卓人月撰　明崇禎刻本　山東大學圖書館

第 2574　董解元西廂記二卷　明黃嘉惠刻本　蓬萊市文化局慕湘藏書館

第 2575 董解元西廂記二卷 明黄嘉惠刻本(清王筠批校並跋) 山東省圖書館

第 2576 元曲選十集一百卷 (明)臧懋循編 論曲一卷(明)陶宗儀等撰 元曲論一卷 明萬曆刻本 蓬萊市文化局慕湘藏書館

第 2577 元曲選十集一百卷 (明)臧懋循編 論曲一卷(明)陶宗儀等撰 元曲論一卷 明萬曆刻本 曲阜師範大學圖書館 存 18 種 18 卷:包待制智斬魯齋郎雜劇一卷(元)關漢卿撰;朱太守風雪漁樵記雜劇一卷;江州司馬青衫泪雜劇一卷(元)馬致遠撰;四丞相高會麗春堂一卷(元)王德信撰;孟德耀舉案齊眉雜劇一卷;包龍圖智勘後庭花雜劇一卷(元)鄭廷玉撰;死生交范張雞黍雜劇一卷(元)宫天挺撰;玉簫女兩世姻緣雜劇一卷(元)喬吉撰;宜秋山趙禮讓肥雜劇一卷(元)秦簡夫撰;鄭孔目風雪酷寒亭雜劇一卷(元)楊顯之撰;桃花女破法嫁周公雜劇一卷;陳季卿悮上竹葉舟雜劇一卷(元)范子安撰;布袋和尚忍字記雜劇一卷(元)鄭廷玉撰;謝金蓮詩酒紅梨花雜劇一卷(元)張壽卿撰;鐵拐李度金童玉女雜劇一卷(明)賈仲名撰;包待制智賺灰闌記雜劇一卷(元)李行道撰;崔府君斷寃家債主雜劇一卷;傷梅香騙翰林風月雜劇一卷(元)鄭德輝撰

第 2578 盛明雜劇三十卷 (明)沈泰編 明崇禎刻本(清曹貞吉批校,清王筠跋) 山東省圖書館 存 4 種 4 卷:鬱輪袍一卷(明)王衡撰;紅線女一卷(明)梁辰魚撰;崑崙奴一卷(明)梅鼎祚撰;花舫緣一卷(明)孟稱舜撰

第 2579 四聲猿四卷 (明)徐渭撰 明延閣刻本 山東大學圖書館

第 2580 徐文長四聲猿四卷 (明)徐渭撰(明)袁宏道評點 明萬曆四十二年(1614)鍾人傑刻本 山東大學圖書館

第 2581 墨憨齋新曲十種二十卷 明末刻乾隆五十七年(1792)重修本 山東大學圖書館

第 2582 繡刻演劇十本一百二十卷 (明)毛晉編 明末毛氏汲古閣刻實獲齋印本 山東大學圖書館

第 2583 新編目連救母勸善戲文三卷 (明)鄭之珍撰 明萬曆十年(1582)鄭氏高石山房刻本 山東省圖書館

第 2584 新編目連救母勸善戲文三卷 (明)鄭之珍撰 明萬曆十年(1582)鄭氏高石山房刻本 山東省圖書館

第 2585 新編目連救母勸善戲文三卷 (明)鄭之珍撰 明萬曆十年(1582)鄭氏高石山房刻本 山東大學圖書館

第 2586 新編目連救母勸善戲文三卷 (明)鄭之珍撰 明萬曆十年(1582)鄭氏高石山房刻本 山東師範大學圖書館

第 2587 新編目連救母勸善戲文三卷 (明)鄭之珍撰 明萬曆十年(1582)鄭氏高石山房刻本 蓬萊市文化局慕湘藏書館

第 2588 重校韓夫人題紅記二卷 (明)王驥德撰 明陳氏繼志齋刻本(慕湘跋) 蓬萊市文化局慕湘藏書館

第 2589 長命縷二卷 (明)梅鼎祚撰 明末刻本(有鈔配,慕湘跋) 蓬萊市文化局慕湘藏書館

第 2590 牡丹亭還魂記二卷 (明)湯顯祖撰 明萬曆刻本(慕湘跋) 蓬萊市文化局慕湘藏書館 存 1 卷:卷上

第 2591 邯鄲夢二卷 (明)湯顯祖撰 明萬曆繕性齋刻本(慕湘跋) 蓬萊市文化局慕湘藏書館

第 2592　邯鄲夢二卷　(明)湯顯祖撰　明萬曆繕性齋刻本(慕湘跋)　蓬萊市文化局慕湘藏書館

第 2593　夢花酣二卷　(明)范文若撰　明崇禎博山堂刻本　濟南周晶個人

第 2594　雪韻堂批點燕子箋記二卷　(明)阮大鋮撰　明末刻本(黄裳跋)　蓬萊市文化局慕湘藏書館

第 2595　粲花齋新樂府八卷　(明)吳炳撰　明末兩衡堂刻本　山東大學圖書館　存 2 種 4 卷:療妒羹記二卷;畫中人傳奇二卷

第 2596　粲花齋新樂府八卷　(明)吳炳撰　明末三美堂刻本　山東師範大學圖書館

第 2597　新鐫古今大雅北宫詞紀六卷　(明)陳所聞輯　明萬曆三十二年(1604)陳氏繼志齋刻本　山東省圖書館

第 2598　新鐫古今大雅北宫詞紀六卷　(明)陳所聞輯　明萬曆三十二年(1604)陳氏繼志齋刻本　山東大學圖書館

第 2599　新鐫古今大雅北宫詞紀六卷　(明)陳所聞輯　明萬曆三十二年(1604)陳氏繼志齋刻本　山東師範大學圖書館

第 2600　新鐫古今大雅南宫詞紀六卷　(明)陳所聞輯　明萬曆三十三年(1605)陳氏繼志齋刻本　山東大學圖書館

第 2601　新鐫古今大雅南宫詞紀六卷　(明)陳所聞輯　明萬曆三十三年(1605)陳氏繼志齋刻本　山東省圖書館卷一缺第 20-30 葉

第 2602　吳騷集四卷　(明)王穉登辑　二集四卷　(明)張琦、王輝輯　明萬曆刻本　蓬萊市文化局慕湘藏書館　存 2 卷:二集卷 3-4

第 2603　白雪齋選訂樂府吳騷合編四卷衡曲麈譚一卷　(明)張楚叔、張旭初輯　曲律一卷(明)魏良輔撰　明崇禎十年(1637)張師齡刻本　山東省圖書館

第 2604　白雪齋選訂樂府吳騷合編四卷衡曲麈譚一卷　(明)張楚叔、張旭初輯　曲律一卷(明)魏良輔撰　明崇禎十年(1637)張師齡刻本(有鈔配)　蓬萊市文化局慕湘藏書館

第 2605　海浮山堂詞稿四卷　(明)馮惟敏撰　明嘉靖刻本　山東省博物館　存 3 卷:大令一卷,小令一卷,歸田小令一卷

第 2606　海浮山堂詞稿四卷　(明)馮惟敏撰　明嘉靖刻本　山東省圖書館　存 2 卷:大令一卷,歸田小令一卷

第 2607　金山雅調北小令一卷　(明)薛崗撰　明鈔本　山東省博物館

第 2608　秋水菴花影集五卷　(明)施紹莘撰　明末刻本　山東省圖書館

第 2609　秋水菴花影集五卷　(明)施紹莘撰　明末刻本　山東大學圖書館

第 2610　混元教弘陽中華寶卷二卷　明北京眞老党六經鋪刻本　山東大學圖書館

第 2611　銷釋金剛科儀一卷　明刻本　山東省圖書館

第 2612　泰山東嶽十王寶卷二卷　明刻本　山東省圖書館

第 2613　詞林逸響四卷　(明)許宇輯　明天啓三年(1623)刻本　山東大學圖書館

第 2614　增定南九宫曲譜二十一卷附錄一卷　(明)沈璟撰　明龍驤刻本　山東省圖書館

第 2615　嘯餘譜十一卷　(明)程明善輯　明萬曆刻本　山東省圖書館

第 2616　百川學海一百種一百七十九卷　(宋)左圭編　明弘治十四年(1501)華珵刻本　山東大學圖

書館

第2617 百川學海一百種一百七十九卷 (宋)左圭編 明弘治十四年(1501)華珵刻本 山東省圖書館 存58種103卷:獨斷二卷(漢)蔡邕撰;李涪刊誤二卷(唐)李涪撰;九經補韻一卷(宋)楊伯嵒撰;河東先生龍城錄二卷(題唐)柳宗元撰;前定錄一卷續前定錄一卷(唐)鍾輅撰;國老談苑二卷(宋)王君玉撰;晝簾緒論一卷(宋)胡太初撰;官箴一卷(宋)呂本中撰;袪疑説一卷(宋)儲泳撰;因論一卷(唐)劉禹錫撰;宋景文公筆記三卷(宋)宋祁撰;鼠璞一卷(宋)戴埴撰;善誘文一卷(宋)陳錄撰;東坡先生志林集一卷(宋)蘇軾撰;螢雪叢説二卷(宋)俞成撰;蘇黄門龍川略志十卷(宋)蘇轍撰;西疇老人常言一卷(宋)何坦撰;欒城先生遺言一卷(宋)蘇籀撰;東谷所見一卷(宋)李之彦撰;雞肋一卷(宋)趙崇絢撰;孫公談圃三卷(宋)孫升述(宋)劉延世撰;選詩句圖一卷(宋)高似孫撰;石林詩話三卷(宋)葉夢得撰;六一居士詩話一卷(宋)歐陽修撰;東萊呂紫微詩話一卷(宋)呂本中撰;珊瑚鈎詩話三卷(宋)張表臣撰;劉攽貢父詩話一卷(宋)劉攽撰;後山居士詩話一卷(題宋)陳師道撰;許彦周詩話一卷(宋)許顗撰;司馬温公詩話一卷(宋)司馬光撰;庚溪詩話二卷(宋)陳巖肖撰;法帖釋文十卷(宋)劉次莊撰;海岳名言一卷(宋)米芾撰;寶章待訪錄一卷(宋)米芾撰;米元章書史一卷(宋)米芾撰;書斷四卷(唐)張懷瓘撰;續書譜一卷(宋)姜夔撰;試筆一卷(宋)歐陽修撰;書譜一卷(唐)孫過庭撰;法帖刊誤二卷(宋)黄伯思撰;高宗皇帝御製翰墨志一卷(宋)高宗趙構撰;法帖譜系二卷(宋)曹士冕撰;茶經三卷(唐)陸羽撰;煎茶水記一卷(唐)張又新撰;茶錄一卷(宋)蔡襄撰;東溪試茶錄一卷(宋)宋子安撰;酒譜一卷(宋)竇苹撰;本心齋疏食譜一卷(宋)陳達叟撰;筍譜一卷(宋)釋贊寧撰;菌譜一卷(宋)陳仁玉撰;蟹譜二卷(宋)傅肱撰;荔枝譜一卷(宋)蔡襄撰;橘錄三卷(宋)韓彦直撰;南方草木狀三卷(晉)嵇含撰;竹譜一卷(晉)戴凱之撰;菊譜一卷(宋)劉蒙撰;菊譜一卷(宋)范成大撰;菊譜一卷(宋)史正志撰

第2618 合刻山海經水經五十八卷 (明)吴琯編 明萬曆十三年(1585)吴琯刻本 山東省圖書館

第2619 合刻山海經水經五十八卷 (明)吴琯編 明萬曆十三年(1585)吴琯刻本 山東省圖書館

第2620 古今說海一百三十五種一百四十二卷 (明)陸楫等編 明嘉靖二十三年(1544)陸楫儼山書院雲山書院刻本(清棱伽山民批校) 山東省圖書館

第2621 金聲玉振集五十一種六十二卷 (明)袁褧編 明嘉靖二十九年至三十年(1550—1551)袁氏嘉趣堂刻本 山東省圖書館

第2622 金聲玉振集五十一種六十二卷 (明)袁褧編 明嘉靖二十九年至三十年(1550—1551)袁氏嘉趣堂刻本 山東省圖書館

第2623 文林綺繡五種五十九卷 (明)凌迪知編 明萬曆四年至五年(1576—1577)凌氏桂芝館刻本 山東省圖書館

第2624 文林綺繡五種五十九卷 (明)凌迪知編 明萬曆四年至五年(1576—1577)凌氏桂芝館刻本 山東省圖書館

第2625 文林綺繡五種五十九卷 (明)凌迪知編 明萬曆四年至五年(1576—1577)凌氏桂芝館刻本 山東省圖書館 存3種30卷:太史華句八卷(明)凌迪知輯;兩漢雋言十六卷(宋)林越輯;楚騷綺語六卷(明)張之象輯

第2626 三代遺書六種二十八卷 (明)趙標編 明萬曆二十二年(1594)趙氏刻本 山東省圖書館 存5種18卷:竹書紀年二卷(梁)沈約注;批點考工記二卷(漢)鄭玄注(元)吴澄考注(明)周夢暘批評;穆天

子傳六卷(晉)郭璞注;檀孟批點二卷(宋)謝枋得批點(明)楊慎注;六韜六卷

第 2627　稗海四十六種二百八十五卷續稗海二十四種一百四十一卷　(明)商濬編　明萬曆商氏半埜堂刻本　青州市圖書館　存 40 種 167 卷:博物志十卷(題晉)張華撰(宋)周日用注(存 6 卷:卷 5–10);西京雜記六卷(題晉)葛洪撰(存 1 卷:卷 1);搜神記八卷(題晉)干寶撰;小名錄二卷(唐)陸龜蒙撰(存 1 卷:卷 2);雲溪友議十二卷(唐)范攄撰;獨異志三卷(唐)李冗撰;杜陽雜編三卷(唐)蘇鶚撰(有鈔配);東觀奏記三卷(唐)裴庭裕撰;大唐新語十三卷(唐)劉肅撰(存 2 卷:卷 1–2);因話錄六卷(唐)趙璘撰;北夢瑣言二十卷(宋)孫光憲撰(存 10 卷:卷 7–12,17–20);樂善錄二卷(宋)李昌齡撰;過庭錄一卷(宋)范公稱撰;泊宅編三卷(宋)方勺撰;閑窻括異志一卷(宋)魯應龍撰;搜採異聞錄五卷(宋)永亨撰;青箱雜記十卷(宋)吳處厚撰(存 5 卷:卷 3–4,卷 8–10);侍兒小名錄拾遺一卷(宋)張邦畿撰;補侍兒小名錄一卷(宋)王銍撰;續補侍兒小名錄一卷(宋)溫豫撰;嬾真子五卷(宋)馬永卿撰(存 2 卷:卷 4–5);歸田錄二卷(宋)歐陽修撰(有鈔配);東坡先生志林十二卷(宋)蘇軾撰(存 8 卷:卷 1–4,卷 9–12);澠水燕談錄十卷(宋)王闢之撰(存 3 卷:卷 2–4);冷齋夜話十卷(宋)釋惠洪撰(存 4 卷:卷 1–4);老學庵筆記十卷(宋)陸游撰;雲麓漫抄四卷(宋)趙彥衛撰(存 2 卷:卷 1–2);石林燕語十卷(宋)葉夢得撰;避暑錄話二卷(宋)葉夢得撰;墨客揮犀十卷(宋)彭乘撰;異聞總錄四卷;酉陽雜俎二十卷(唐)段成式撰(存 11 卷:卷 1–11);鶴林玉露十六卷(宋)羅大經撰(存 2 卷:卷 1–2);侯鯖錄八卷(宋)趙令畤撰;暌車志六卷(宋)郭彖撰;江隣幾雜志一卷(宋)江休復撰;耕祿稿一卷(宋)胡錡撰;厚德錄四卷(宋)李元綱撰(存 1 卷:卷 1);西溪叢語二卷(宋)姚寬撰(存 1 卷:卷 2);野客叢書三十卷附錄一卷(宋)王楙撰(存 4 卷:卷 1–4)

第 2628　稗海四十八種二百八十八卷續二十二種一百六十一卷　(明)商濬編　明萬曆商濬刻清康熙振鷺堂重編補刻本　山東大學圖書館

第 2629　漢魏叢書三十八種二百五十一卷　(明)程榮編　明萬曆二十年(1592)程榮刻本　山東省圖書館

第 2630　漢魏叢書三十八種二百五十一卷　(明)程榮編　明萬曆二十年(1592)程榮刻本　山東大學圖書館

第 2631　漢魏叢書三十八種二百五十一卷　(明)程榮編　明萬曆二十年(1592)程榮刻本　青島市圖書館

第 2632　增定古今逸史五十五種二百二十三卷　(明)吳琯編　明吳琯刻本　山東省圖書館　存 42 種 163 卷,缺 13 種 60 卷:廣雅十卷(魏)張揖撰(隋)曹憲音解;刊誤二卷(唐)李涪撰;中華古今注三卷(後唐)馬縞撰;拾遺記十卷(題前秦)王嘉撰;雍錄十卷(宋)程大昌撰;汲冢周書十卷(晉)孔晁注;漢武故事一卷(題漢)班固撰;趙后外傳一卷(題漢)伶玄撰;海山記一卷;迷樓記一卷;開河記一卷;神僧傳九卷(明)成祖朱棣撰;本事詩一卷(唐)孟棨撰

第 2633　增定古今逸史五十五種二百二十三卷　(明)吳琯編　明吳琯刻本　山東省圖書館　存 9 種 46 卷:白虎通德論二卷(漢)班固撰;風俗通義四卷(漢)應劭撰;小爾雅一卷(漢)孔鮒撰(宋)宋咸注;獨斷一卷(漢)蔡邕撰;古今注三卷(題晉)崔豹撰;博物志十卷(題晉)張華撰(宋)周日用等注;續博物志十卷(題宋)李石撰;洛陽伽藍記五卷(北魏)楊衒之撰;汲冢周書十卷(晉)孔晁注

第 2634　祕冊彙函二十四種一百四十三卷　(明)沈士龍、胡震亨編　明萬曆刻本　山東省圖書館　存 4 種 27 卷:漢雜事祕辛一卷;易傳十卷(唐)李鼎祚撰;周易鄭康成注一卷(漢)鄭玄撰(宋)王應麟輯;泉

志十五卷(宋)洪遵撰

第 2635 格致叢書□□種□□卷 (明)胡文焕編 明萬曆胡氏文會堂刻本 山東省圖書館 存 146 種 469 卷:新刻爾雅三卷(晉)郭璞注;新刻小爾雅一卷(漢)孔鮒撰;新刻爾雅翼三十二卷(宋)羅願撰;新刻廣雅十卷(魏)張揖撰;新刻埤雅二十卷(宋)陸佃撰;新刻風俗通義十卷(宋)應劭撰;新刻白虎通德論二卷(漢)班固撰;新刻釋名八卷(漢)劉熙撰;新刻急就篇四卷(漢)史游撰(唐)顔師古注;新刻韓詩外傳十卷(漢)韓嬰撰;新刻詩説一卷;新刻詩譜一卷(漢)鄭玄撰;新刻獨斷一卷(漢)蔡邕撰;新刻絕代語釋別國方言十三卷(漢)揚雄撰(晉)郭璞注;新刻南方草木狀三卷(晉)嵇含撰;新刻古今注三卷(題晉)崔豹撰;新刻李氏刊誤二卷(唐)李涪撰;新刻顔氏家訓二卷(北齊)顔之推撰;新刻詩地理攷六卷(宋)王應麟撰;新刻錦帶補註一卷(宋)杜門撰;新刻詩攷一卷(宋)王應麟撰;新刻述異記二卷(題梁)任昉撰;新刻戴氏鼠璞二卷(宋)戴埴撰;新刻詩小序四卷;新刻胡氏詩識三卷(明)胡文焕輯;新刻詩傳綱領一卷(明)胡文焕輯;新刻詩經圖要一卷(明)胡文焕輯;新刻寰宇雜記三卷(明)胡文焕輯;新刻談藝録一卷(明)徐禎卿撰;新刻神異經一卷(漢)東方朔撰;新刻古今原始十五卷(明)趙釴撰;新刻事物紀原十卷(宋)高承撰;新刻芥隱筆記一卷;新刻古今事物攷八卷(明)王三聘輯;新刻物原一卷(明)羅頎撰;新刻事物異名二卷(明)佘庭璧輯;新刻博物志十卷(晉)張華撰;新刻續博物志十卷(晉)李石撰;新刻皇輿要覽四卷(明)胡文焕輯;新刻博古圖十卷總説一卷(宋)王黼等撰;新刻洞天清錄一卷;新刻歲時廣記四卷(宋)陳元靚撰;新刻星槎勝覽一卷;新刻金符經一卷;新刻選擇記一卷;新刻山海經十八卷(晉)郭璞撰;新刻山海經圖二卷(晉)郭璞撰(存 1 卷:卷下);新刻釋常談三卷(存 2 卷:卷中、下);新刻師曠禽經一卷(晉)張華撰;新刻北户錄二卷(唐)段公路撰;新刻獸經一卷(明)黃省曾撰;新刻茶經一卷(明)顧元慶輯;新刻古今碑帖攷一卷(明)朱長文輯;新刻山房十友圖贊一卷(明)顧元慶撰;新刻溪蠻叢笑一卷(宋)朱輔撰;新刻韻學事類十二卷(明)李攀龍輯;新刻文會堂詩韻五卷(明)胡文焕編;新刻文會堂詞韻二卷附一卷(明)胡文焕編;新刻詩學事類二十四卷(明)李攀龍輯;新刻聖賢跡圖二卷;新刻七十二賢像贊二卷;新刻文昌化書不分卷;新刻文昌化書事略一卷;新刻文房清事一卷;新刻文房圖讚一卷(宋)林洪撰;新刻續文房圖讚一卷(明)羅先登撰;赤松子中誡經一卷;梓潼帝君救劫寶章一卷附録一卷;新刻文選粹語二卷;新刻墨娥小錄十四卷;新刻四書圖要二卷(明)胡文焕輯;新刻趨避檢三卷(明)胡泰撰;新刻食鑑本草二卷(明)寧源編;新刻食物本草二卷(明)盧和撰;新刻靈樞經心得二卷;新刻翰府通識四卷(明)胡文焕輯;新刻農桑輯要七卷(明)胡文焕補;新刻羸蟲錄四卷;新刻諸葛武侯心法六卷附錄一卷;新刻治安藥石一卷;新刻武經四法一卷;新刻武經節要一卷;新刻星學樞要二卷;新刻風世俚言前集一卷後集一卷續集一卷(明)李大本輯;新刻三元參贊延壽書四卷;新刻悟眞篇一卷(宋)張伯端撰;新刻外篇一卷(宋)張伯端撰;新刻外篇續一卷(宋)張伯端撰;新刻黄庭内景五臟六腑説一卷;感應紀述靈驗一卷;陰符經三皇玉玦三卷;新刻全眞活法一卷(明)李道純撰;新刻養生類纂二卷(明)周守中纂;新刻養生月覽二卷(明)周守中輯;新刻臞仙神隱四卷(明)朱權撰;新刻造化論一卷;新刻攝生集覽一卷;新刻攝生要義一卷;新刻袖中錦一卷(題)太平老人撰;新刻文錦一卷(宋)唐庚撰;新刻資暇集三卷(明)李濟翁編;新刻松盛舊編一卷(明)胡經編;新刻陽宅新編一卷(明)周繼撰;新刻禪髓一卷(明)釋株宏撰;新刻禪偈一卷(明)釋株宏撰;新刻禪攷一卷(明)釋株宏撰;新刻禪學一卷(明)釋株宏撰;新刻三餘贅筆一卷(明)都印撰;新刻聽雨紀談一卷(明)都穆撰;新刻通天竅六十年圖一卷;新刻食色紳言一卷;新刻醒身格言一卷;新刻從祀攷一卷(明)胡文焕編;新刻從祀攷祭啟聖公一卷;新刻寶貨辨疑一卷;太微仙君功過格一卷附錄一卷;新刻天元玉曆;新刻拜會曆;新刻傳眞秘要;新刻脈訣;新刻綵線貫明珠秋檠錄一卷(明)董穀撰;新刻五倫書抄一卷(明)胡文焕纂;新刻五倫詩選一卷;新刻厚生訓纂六卷(明)周臣輯;新刻玉匣記一卷;新刻郭璞先生神會曆一卷;新刻宜齋野乘一卷(明)吴枋撰;新刻孔氏雜説一卷(明)孔平仲撰;新刻連珠曆一卷;新刻附曆合覽二卷;新刻晝簾緒論一卷(宋)胡太初撰;新刻問刑條例;新刻招擬假如行移體式四卷;新刻初仕錄一卷(明)吴遵撰;新刻刑統賦一卷(宋)傅霖撰;新刻法家□集一卷;新刻瑣言摘附一卷;新刻大明律圖一卷附一卷;新刻律例類抄六卷;新刻明例律一卷;新刻吕氏官箴一卷;新刻爲政九要一卷;新刻風騷旨格一卷(唐)釋齊己撰;新刻金鍼詩格一卷(唐)白居易撰;新刻梅氏詩評一卷(宋)梅堯臣撰;新刻王少伯詩格一卷(唐)王昌齡撰

第 2636　格致叢書□□種□□卷　(明)胡文焕編　明萬曆胡氏文會堂刻本　山東大學圖書館　存17種46卷:新刻士範一卷;新刻吕氏官箴一卷(宋)吕本中撰;新刻晝簾緒論一卷(宋)胡太初撰;新刻為政九要一卷(明)趙素撰;新刻苦廣成子一卷(宋)蘇軾注;新刻郭子翼莊一卷(明)高凳撰;新刻天隱子一卷(唐)司馬承禎撰;新刻錦帶補註一卷(宋)杜門撰;太微仙君功過格一卷附長春真人方便文;赤松子中誡經一卷;新刻愼言集二卷(明)敖英輯;新刻釋常談三卷(存2卷:卷中、卷下);新刻古今注三卷(晉)崔豹撰;新刻小爾雅一卷(漢)孔鮒撰(宋)宋咸注;新刻急就篇四卷(漢)史游撰(唐)顔師古注;新刻古今碑帖考一卷(明)朱晨撰;新刻詩人玉屑二十二卷(宋)魏慶之撰

第 2637　百家名書一百三種二百二十九卷　(明)胡文焕編　明萬曆胡氏文會堂刻本(清方功惠跋)　山東省圖書館

第 2638　尚白齋鐫陳眉公訂正祕笈二十一種四十九卷　(明)陳繼儒編　明萬曆三十四年(1606)沈氏尚白齋刻本　青島市圖書館　存18種28卷:玉照新志三卷(宋)王明清撰;宋周公謹雲烟過眼錄四卷(宋)周密撰;陳眉公重訂學古編一卷(元)吾丘衍撰;筆疇二卷(明)王達撰;陳眉公重訂書品一卷(梁)庾肩吾撰;樂郊私語一卷(元)姚桐壽撰;清暑筆談一卷(明)陸樹聲撰;貧士傳二卷(明)黄姬水撰;焚椒錄一卷(遼)王鼎撰;陳眉公重訂歸有園塵談一卷(明)徐學謨撰;娑羅館清言二卷(明)屠隆撰;續娑羅館清言一卷(明)屠隆撰;娑羅館逸稿二卷(明)屠隆撰;冥寥子游二卷(明)屠隆撰;甲乙剩言一卷(明)胡應麟撰;新刻陳眉公重訂廣莊一卷(明)袁宏道撰;陳眉公重訂瓶史一卷(明)袁宏道撰;寶顔堂訂正偶譚一卷(明)李鼎撰

第 2639　寶顔堂續祕笈五十種一百卷　(明)陳繼儒編　明萬曆刻本(有鈔配)　青島市圖書館

第 2640　合諸家眞評先秦十五種一百四十九卷附一種二卷　(明)黄汝亨編　明刻本　山東省圖書館

第 2641　快書五十種五十卷　(明)閔景賢編　明天啓六年(1626)快堂刻本　山東省圖書館

第 2642　廣快書五十種五十卷　(明)何偉然編　明崇禎刻本　山東大學圖書館

第 2643　漢魏别解十六卷　(明)黄澍、葉紹泰編　明崇禎十一年(1638)香谷山房刻本　山東省圖書館

第 2644　漢魏别解十六卷　(明)黄澍、葉紹泰編　明崇禎十一年(1638)香谷山房刻本　山東大學圖書館

第 2645　漢魏别解十六卷　(明)黄澍、葉紹泰編　明崇禎十一年(1638)香谷山房刻本　山東師範大學圖書館

第 2646　津逮祕書十五集一百四十一種七百四十八卷　(明)毛晉編　明崇禎毛氏汲古閣刻本　青島市圖書館

第 2647　津逮祕書十五集一百四十一種七百四十八卷　(明)毛晉編　明崇禎毛氏汲古閣刻本　泰安

市博物館　存119種577卷：詩序辨說一卷（宋）朱熹撰；詩傳孔氏傳一卷；詩說一卷（漢）申培撰；詩外傳十卷（漢）韓嬰撰；毛詩草木鳥獸蟲魚疏廣要二卷（明）毛晉撰；詩地理攷六卷（宋）王應麟撰（存4卷：卷3–6）；京氏易傳三傳（漢）京房撰（吳）陸績注；關氏易傳一卷（北魏）關朗撰（唐）趙蕤注；蘇氏易傳九卷（宋）蘇軾撰；周易集解十七卷（唐）李鼎祚撰；易釋文一卷（唐）陸德明撰；周易集解略例一卷（魏）王弼撰（唐）邢璹注；元包經傳五卷（北周）衛元嵩撰（唐）蘇源明、李江注；元包數總義二卷（宋）張行成撰；周易舉正三卷（唐）郭京撰；麻衣道者正易心法一卷；通鑑地理通釋十四卷（宋）王應麟撰（存7卷：卷1–7）；小學紺珠十卷（宋）王應麟撰；齊氏要術十卷（北魏）賈思勰撰；漢制攷四卷（宋）王應麟撰；道德指歸論六卷（題漢）嚴遵撰；青鳥先生葬經一卷（金）兀欽仄注；葬經翼一卷（明）繆希雍撰；古本葬經內篇一卷（金）兀欽仄注；周髀算經二卷（題漢）趙爽注（北周）甄鸞重述（唐）李淳風注釋　音義一卷（宋）李籍撰；數術記遺一卷（題漢）徐岳撰（北周）甄鸞注；古文參同契集解一卷箋註集解一卷（題漢）魏伯陽撰（明）蔣一彪輯；三相類集解一卷（漢）淳于叔通補遺（明）蔣一彪輯；黃帝授三子玄女經一卷；胎息經一卷（題）幻真先生注；風后握奇經一卷（漢）公孫弘注；耒耜經一卷（唐）陸龜蒙撰；五木經一卷（唐）李翺撰（唐）元革注；女孝經一卷；丸經二卷；通占大象曆星經二卷；忠經一卷（題漢）馬融撰（漢）鄭玄注；黃帝宅經二卷；墨經一卷（宋）晁貫之撰；全唐詩話六卷（宋）尤袤撰；六一詩話一卷（宋）歐陽修撰；滄浪詩話一卷（宋）嚴羽撰；後山詩話一卷（題宋）陳師道撰；彥周詩話一卷（宋）許顗撰；二老堂詩話一卷（宋）周必大撰；紫薇詩話一卷（宋）呂本中撰；石林詩話一卷（宋）葉夢得撰；中山詩話一卷（宋）劉攽撰；竹坡詩話一卷（宋）周紫芝撰；續詩話一卷（宋）司馬光撰；法書要錄十卷（唐）張彥遠撰；東觀餘論二卷附錄一卷（宋）黃伯思撰；廣川書跋十卷（宋）董逌撰；宣和書譜二十卷（存10卷：卷11–20）；圖畫見聞誌六卷（宋）郭若虛撰；歷代名畫記十卷（唐）張彥遠撰；宣和畫譜二十卷；圖繪寶鑑六卷補遺一卷（元）夏文彥撰（明）韓昂續；後畫錄一卷（唐）釋彥悰撰；續畫品一卷（陳）姚最撰；畫繼十卷（宋）鄧椿撰（存1卷：卷1）；畫史一卷（宋）米芾撰；西溪叢語二卷（宋）姚寬撰；益部方物略記一卷（宋）宋祁撰；捫蝨新話十五卷（宋）陳善撰；歲華紀麗四卷（題唐）韓鄂撰；玉蘂辨證一卷（宋）周必大撰；桯史十五卷附錄一卷（宋）岳珂撰；泉志十五卷（宋）洪遵撰；酉陽雜俎二十卷續集十卷（唐）段成式撰；誠齋襍記二卷（元）林坤撰；甘澤謠一卷附錄一卷（唐）袁郊撰；本事詩一卷（唐）孟棨撰；五色線二卷；却掃編三卷（宋）徐度撰；劇談錄二卷（唐）康駢撰；瑯環記三卷（元）伊士珍撰；洛陽伽藍記五卷（北魏）楊衒之撰；洛陽名園記一卷（宋）李格非撰；西京雜記六卷（題晉）葛洪撰；大唐創業起居注三卷（唐）溫大雅撰；漢雜事秘辛一卷；淳熙玉堂雜記三卷（宋）周必大撰；焚椒錄一卷（遼）王鼎撰；唐國史補三卷（唐）李肇撰；搜神記二十卷（題晉）干寶撰；搜神後記十卷（題晉）陶潛撰；錄異記八卷（前蜀）杜光庭撰；稽神錄六卷拾遺一卷（宋）徐鉉撰；周氏冥通記四卷（梁）陶弘景撰；東坡題跋六卷（宋）蘇軾撰；无咎題跋一卷（宋）晁補之撰；淮海題跋一卷（宋）秦觀撰；鶴山題跋七卷（宋）魏了翁撰；放翁題跋六卷（宋）陸游撰；姑溪題跋二卷（宋）李之儀撰；石門題跋二卷（宋）釋德洪撰；西山題跋三卷（宋）眞德秀撰；六一題跋十一卷（宋）歐陽修撰；元豐題跋一卷（宋）曾鞏撰；水心題跋一卷（宋）葉適撰；益公題跋十二卷（宋）周必大撰；後邨題跋四卷（宋）劉克莊撰（存1卷：卷1）；止齋題跋二卷（宋）陳傅良撰；魏公題跋一卷（宋）蘇頌撰；晦菴題跋三卷（宋）朱熹撰；容齋題跋二卷（宋）洪邁撰；海岳題跋一卷（宋）米芾撰；癸辛雜識前集一卷後集一卷續集二卷別集二卷（宋）周密撰；紹興內府古器評二卷（宋）張掄撰；揮麈前錄四卷後錄十一卷三錄三卷餘話二卷（宋）王明清撰；春渚紀聞十卷（宋）何薳撰；齊東野語二十卷（宋）周密撰；茅亭客話十卷（宋）黃休復撰；河南邵氏聞見前錄二十卷（宋）邵伯溫撰；河南邵氏聞見後錄三十卷（宋）邵博撰；錦帶書一卷（梁）蕭統撰；避暑錄話二卷（宋）葉夢得撰；貴耳集三卷（宋）張端義撰

第 2648　津逮祕書十五集一百四十一種七百四十八卷　(明)毛晉編　明崇禎毛氏汲古閣刻本　濟南市圖書館　存 11 種 16 卷:全唐詩話六卷(宋)尤袤撰;六一詩話一卷(宋)歐陽修撰;滄浪詩話一卷(宋)嚴羽撰;後山詩話一卷(題宋)陳師道撰;彥周詩話一卷(宋)許顗撰;二老唐詩話一卷(宋)周必大撰;紫薇詩話一卷(宋)呂本中撰;石林詩話一卷(宋)葉夢得撰;中山詩話一卷(宋)劉攽撰;竹坡詩話一卷(宋)周紫芝撰;續詩話一卷(宋)司馬光撰

第 2649　續百川學海十集一百十三種一百四十一卷　(明)吳永編　明刻本　山東省圖書館

第 2650　續百川學海十集一百十三種一百四十一卷　(明)吳永編　明刻本　山東省圖書館　存 36 種 48 卷:令旨解二諦義一卷(梁)蕭統撰;毛詩草木鳥獸蟲魚疏二卷(吳)陸璣撰;古今考一卷(宋)魏了翁撰;中華古今注三卷(後唐)馬縞撰;小爾雅一卷(漢)孔鮒撰;兼明書五卷(五代)丘光庭撰;兩同書一卷(唐)羅隱撰;希通錄一卷(宋)蕭参撰;資暇錄一卷(唐)李匡乂撰;鼠璞二卷(宋)戴埴撰;晉史乘一卷;楚史檮杌一卷;趙后遺事一卷(宋)秦醇撰;焚椒錄一卷(遼)王鼎撰;元氏掖庭記一卷(明)陶宗儀撰;鄴中記一卷(晉)陸翽撰;北轅錄一卷(宋)周煇撰;西使記一卷(元)劉郁撰;北邊備對一卷(宋)程大昌撰;蒙韃備錄一卷(宋)孟珙撰;夷俗考一卷(宋)方鳳撰;三楚新錄一卷(宋)周羽翀撰;江南別錄一卷(宋)陳彭年撰;遼志一卷(宋)葉隆禮撰;金志一卷(題宋)宇文懋昭撰;松漠紀聞一卷續一卷(宋)洪皓撰;明道雜志一卷續一卷(宋)張耒撰;東觀奏記三卷(唐)裴庭裕撰;幽閑鼓吹一卷(唐)張固撰;隋唐嘉話一卷(唐)劉餗撰;南唐近事一卷(宋)鄭文寶撰;開元天寶遺事一卷(五代)王仁裕撰;朝野遺記一卷(唐)張鷟撰;朝野僉言一卷;桂苑叢談一卷(唐)馮翊撰;樂郊私語一卷(元)姚桐壽撰

第 2651　唐宋叢書九十種三百二十一卷　(明)鍾人傑、張遂辰編　明刻本　濟南市圖書館　存 36 種 79 卷:鶴山渠陽讀書雜鈔二卷(宋)魏了翁撰;鼠璞二卷(宋)戴埴撰;武林舊事六卷(宋)周密撰;談苑四卷(宋)孔平仲撰;孔氏雜說二卷(宋)孔平仲撰;捫虱新話四卷(宋)陳善撰;野客叢談十二卷(宋)王楙撰;野老記聞一卷(宋)王楙撰;楓窗小牘二卷(宋)袁褧撰;研北雜志一卷(元)陸友撰;石林燕語一卷(宋)葉夢得撰;巖下放言一卷(宋)葉夢得撰;玉澗雜書一卷(宋)葉夢得撰;避暑錄話一卷(宋)葉夢得撰;隣幾雜誌一卷(宋)江休復撰;王氏談錄一卷(宋)王洙撰;籟紀一卷(陳)陳叔齊撰;尤射一卷(魏)繆襲撰;風后握奇經一卷(題漢)公孫弘解;相貝經一卷;禽經一卷(題晉)張華注;酒譜一卷(宋)竇苹撰;還冤記一卷(北齊)顏之推撰;前定錄一卷(唐)鍾輅撰;集異記一卷(唐)薛用弱撰;博異志一卷(唐)鄭還古撰;集異志一卷(唐)陸勳撰;括異志一卷;旌異志一卷;甘澤謠一卷(唐)袁郊撰;周氏冥通記四卷(梁)陶弘景撰;夢遊錄一卷(唐)任蕃撰;本事詩一卷(唐)孟棨撰;雲仙雜記十卷(題唐)馮贄撰;碧鷄漫志一卷(宋)王灼撰;玉照新志六卷(宋)王明清撰

第 2652　唐宋叢書九十種三百二十一卷　(明)鍾人傑、張遂辰編　明刻本(配明鈔本)　煙臺圖書館　存 6 種 32 卷:桂海虞衡志十三卷(宋)范成大撰;學古編一卷(元)吾丘衍撰;洞天清錄一卷(宋)趙希鵠撰;世範三卷(宋)袁采撰;異苑十卷(劉宋)劉敬叔撰;異林四卷(宋)李兼輯

第 2653　綠牕女史十四卷　(題)秦淮寓客編　明末心遠堂刻本　蓬萊市文化局慕湘藏書館　存 14 種:女孝經(唐)鄭□撰;女誡(漢)班昭撰;刺繡圖(吳)張淑媖撰;織錦璇璣圖(前秦)蘇蕙撰;女紅餘志(元)龍輔撰;打馬圖(題宋)李清照撰;麗姬傳(前秦)王嘉撰;錦字書(明)黃峨撰;筆陣圖(晉)衛鑠撰;墨竹譜(元)管道昇撰;花瑣事(明)薛素素撰;胡笳十八拍(漢)蔡琰撰;十索(梁)丁六娘撰;白頭吟(漢)卓文君撰

第 2654　居家必備十卷　明末刻本　山東大學圖書館

第 2655　居家必備十卷　明末刻本　山東省圖書館　存 8 卷:卷一家儀:居家儀禮(□)張一棟撰;涑

水家儀(宋)司馬光撰;鄭氏家範(元)鄭太和撰;訓學齋規(宋)朱熹撰;顏氏家訓(北齊)顏之推撰;蘇氏家話(明)蘇士濳撰;生日會約(明)高兆麟撰;女誡(漢)班昭撰;女範;卷二懿訓:遵生寶訓(明)高濂輯;座右箴言(明)高濂撰;居家制用(元)陸梳山撰;經鉏襍誌(宋)倪思撰;韋弦佩(明)屠本畯撰;視履約(明)屠本畯撰;模世語(明)陳繼儒撰;大藏治病藥(唐)釋靈澈撰;論相(宋)吳處厚撰;論陽宅(題)空青先生撰;勸善錄(宋)秦觀撰;辨惑論(宋)謝應芳撰;卷三治生上:齊民要術(北魏)賈思勰撰;種樹書(唐)郭橐駝撰;種果疏(元)俞宗本撰;種藥疏(元)俞宗本撰;瓜蔬疏(明)王世懋撰;稻品(明)黃省曾撰;耒耜經(唐)陸龜蒙撰;蠶經(明)黃省曾撰;納貓經(元)俞宗本撰;養魚經(明)黃省曾撰;田牧志(元)俞宗本撰;卷四治生下:田家五行(明)婁元禮撰;紀曆撮要;探春曆記(題漢)東方朔撰;田家曆(明)程羽文撰;農家諺(漢)崔寔撰;俗事方(明)瞿祐撰;袖中錦(題宋)太平老人撰;卷五奉養:天隱子養生書(唐)司馬承禎撰;保生要錄(宋)蒲處貫撰;攝生要錄(明)沈仕撰;四時攝生消息論(明)高濂撰;按摩導引訣(明)高濂撰;治萬病坐功訣(明)高濂撰;守庚申法(明)高濂撰;絶三尸符咒(明)高濂撰;服食方(明)高濂撰;解百毒方(明)高濂撰;褚氏遺書(南齊)褚澄撰;醫先(明)王文祿撰;葚度(明)王文祿撰;卷六趨避:宅經;太乙經;選擇曆説(明)高濂撰;三才避忌(明)高濂撰;四時宜忌(明)瞿祐撰;神咒錄(宋)皇甫周撰;百怪斷經(宋)俞誨撰;相地骨經;卷七飲饌:醞造譜(明)高濂撰;法製譜(明)高濂撰;脯鮓品(明)高濂撰;甜食品(明)高濂撰;粉麪品(明)高濂撰;粥糜品(明)高濂撰;湯品(明)高濂撰;茶譜(明)顧元慶撰;煎茶七類(明)徐渭撰;饌客約(明)王道焜撰;卷九藝學下:詩訣(明)茅一相輯;畫麈(明)沈顥撰;琴箋圖式(明)陶宗儀撰;棋經(宋)張擬撰;投壺新格(題宋)司馬光撰;蹴踘圖譜(明)汪雲程撰;宣和牌譜(明)瞿祐撰;譜雙(宋)洪遵撰;六博譜(明)潘之恒撰

第 2656 晁氏三先生集五種九卷 (明)晁瑮編 明嘉靖三十三年(1554)、三十七年(1558)晁瑮寶文堂刻本 叢書家集類 山東大學圖書館

第 2657 晁氏三先生集五種九卷 (明)晁瑮編 明嘉靖三十三年(1554)、三十七年(1558)晁瑮寶文堂刻本 叢書家集類 山東省圖書館 存 4 種 6 卷:晁文元公道院集要三卷(宋)晁迥撰;具茨晁先生詩集一卷(宋)晁冲之撰;晁氏客語一卷(宋)晁説之撰;晁氏儒言一卷(宋)晁説之撰

第 2658 合刻楊南峯先生全集十種二十二卷 (明)楊循吉撰 明萬曆三十七年(1609)徐景鳳刻本 山東大學圖書館 存 7 種 7 卷:齋中拙詠一卷;廬陽客記一卷;攢眉集一卷;金山雜志一卷;都下贈僧詩一卷;燈窗末藝一卷;菊花百詠一卷

第 2659 王氏家藏集五種六十五卷 (明)王廷相撰 明嘉靖刻本 山東省圖書館 存 2 種 25 卷:王氏家藏集四十一卷(存 18 卷:卷 18–24、卷 31–41);慎言十三卷(存 7 卷:卷 1–7)

第 2660 四六全書五種四十二卷 (明)李日華撰 明崇禎魯重民刻本 山東省圖書館

第 2661 四六全書五種四十二卷 (明)李日華撰 明崇禎魯重民刻本 山東省圖書館 存 5 種 39 卷:官制備攷二卷;輿圖摘要十五卷;姓氏譜纂七卷;時物典彙二卷;四六類編十六卷(存 13 卷:卷 1–13)

第 2662 袁中郎十集十六卷 (明)袁宏道撰(明)周應麐編 明周應麐刻本 山東省圖書館

第 2663 袁中郎十集十六卷 (明)袁宏道撰(明)周應麐編 明周應麐刻本 山東大學圖書館

第 2664 眉公十種藏書六十二卷 (明)陳繼儒撰 明崇禎醉綠居刻本 山東省圖書館

清　代

第 2665　通志堂經解一百四十種一千八百六十卷　(清)成德編　清康熙通志堂刻本　山東省圖書館

第 2666　通志堂經解一百四十種一千八百六十卷　(清)成德編　清康熙通志堂刻本　山東師範大學圖書館

第 2667　拜經樓叢抄七種八卷　(清)吴騫輯　清鈔本　山東省博物館

第 2668　易傳集解十七卷　(唐)李鼎祚撰　周易音義一卷(唐)陸德明撰　清乾隆二十一年(1756)盧見曾刻雅雨堂叢書本(清朱彬批校)　山東省博物館

第 2669　周易辯錄四卷　(明)楊爵撰　清鈔本(清李文藻批校並跋)　山東省圖書館

第 2670　御纂周易折中二十二卷首一卷　(清)李光地等撰　清康熙五十四年(1715)内府刻本　山東師範大學圖書館

第 2671　御纂周易折中二十二卷首一卷　(清)李光地等撰　清刻本(清陳介祺批校)　山東省圖書館

第 2672　周易古本集註十二卷首一卷末一卷續編一卷　(清)姜其垓撰　清鈔本　山東省圖書館

第 2673　周易本義析疑不分卷　(清)劉以貴撰　清鈔本(鄭時、王獻唐跋)　山東省圖書館

第 2674　讀易便解二卷　(清)盧見曾撰　清鈔本　山東省圖書館

第 2675　易例二卷　(清)惠棟撰　清活字印本　山東省圖書館

第 2676　周易觀瀾不分卷　(清)喬大凱撰　清鈔本　山東省博物館

第 2677　周易劄記四卷　(清)潘永季撰　清鈔本　山東省圖書館

第 2678　周易圖說象解不分卷　(清)劉蘭秀撰　清鈔本　山東省圖書館

第 2679　周易研翼不分卷　(清)王蕙蘭撰　稿本　山東省博物館

第 2680　周易示掌不分卷　(清)袁樸撰　稿本　山東省圖書館

第 2681　周易要義九卷　(清)宋書升撰　稿本　山東省博物館

第 2682　書經直解四卷　(清)張爾岐撰　清鈔本　山東省圖書館

第 2683　尚書古文疏證八卷　(清)閻若璩撰　朱子古文書疑一卷(清)閻詠輯　清乾隆十年(1745)眷西堂刻本　山東省圖書館

第 2684　尚書古文疏證八卷　(清)閻若璩撰　朱子古文書疑一卷(清)閻詠輯　清乾隆十年(1745)眷西堂刻本　山東省圖書館

第 2685　尚書古文疏證八卷　(清)閻若璩撰　朱子古文書疑一卷(清)閻詠輯　清乾隆十年(1745)眷西堂刻本　山東省圖書館

第 2686　尚書古文疏證八卷　(清)閻若璩撰　朱子古文書疑一卷(清)閻詠輯　清乾隆十年(1745)眷

西堂刻本　山東省圖書館

第 2687　尚書評註六卷附校正尚書評註訛字表一卷　(清)牛運震撰　稿本　山東省圖書館

第 2688　古文尚書考二卷　(清)惠棟撰　清竹因書塢鈔本(清李文藻校並跋)　山東省博物館

第 2689　古文尚書考二卷　(清)惠棟撰　清乾隆五十九年(1794)李谿亭鈔本(清李谿亭校並錄邵晉涵、任大鶴校跋)　山東省博物館

第 2690　同文尚書不分卷　(清)牟庭撰　清鈔本　山東省圖書館

第 2691　詩傳旁通十五卷　(元)梁益撰　繆氏雲自在龕鈔本(繆荃孫跋)　山東大學圖書館

第 2692　詩經大題不分卷　(清)田雯輯　稿本　山東省圖書館

第 2693　詩切不分卷　(清)牟庭撰　稿本　山東省博物館

第 2694　詩略說不分卷　(清)宋書升撰　稿本(王獻唐跋)　山東省博物館

第 2695　毛詩名物疏鈔不分卷　(清)趙執信撰　稿本　山東省博物館

第 2696　詩古音三卷　(清)楊峒撰　清鈔本(清李有經校並跋)　山東省博物館

第 2697　詩經古韻四卷　(清)孔繼堂撰　稿本　山東省圖書館

第 2698　周官經六卷　清乾隆三十七年(1772)孔廣林鈔本(姚朋圖、袁克文、倉永齡、王壽彭、陸增煒、楊承訓跋)　山東省圖書館

第 2699　周禮俗說六卷　(清)閻莘廬撰　稿本(清張春濤跋)　山東省圖書館

第 2700　周禮讀本六卷　(清)周樽輯　清乾隆五十八年(1793)留餘堂刻本(清王筠批校)　山東省博物館

第 2701　禮儀器制考釋五十八卷　(清)孔廣森撰　稿本　曲阜市文物管理局孔府文物檔案館　存42卷:樂制2卷,賓禮2卷,相見儀8卷,嘉禮2卷,昏儀4卷,射儀1卷,饗食儀2卷,宮室制1卷,器度制3卷,吉服制1卷,兇禮1卷,恤儀1卷,軍禮2卷,師田儀1卷,喪儀1卷,吊儀1卷,兇服制1卷,學儀5卷,家庭儀3卷

第 2702　禮記注疏補缺一卷　(清)孔廣森撰　稿本　曲阜市文物管理局孔府文物檔案館

第 2703　全本禮記體註十卷　(清)徐瑄撰　清聚錦堂刻本(清王筠批校並跋,姚朋圖跋)　山東省圖書館

第 2704　大戴禮記補注十三卷序錄一卷　(清)孔廣森撰　稿本　曲阜市文物管理局孔府文物檔案館

第 2705　禮服釋名一卷　(清)孔廣森撰　稿本　曲阜市文物管理局孔府文物檔案館

第 2706　律呂新義四卷附錄一卷　(清)江永撰　稿本　山東省博物館

第 2707　春秋公羊考釋一卷　(清)孔廣森撰　稿本　曲阜市文物管理局孔府文物檔案館

第 2708　御纂春秋直解十二卷　(清)傅恒等撰　清乾隆二十三年(1758)內府刻本　山東省圖書館

第 2709　春秋旁訓四卷　(清)徐立綱撰　清匠門書屋刻五經旁訓本(清李文藻批校)　山東省圖書館

第 2710　春秋管見八十五卷　(清)楊天祿撰　稿本(趙級三跋)　山東省圖書館

第 2711　春秋札記一卷　(清)鄭杲撰　稿本　山東省圖書館

第 2712　列國事語分類考釋一卷　(清)孔廣森撰　稿本　曲阜市文物管理局孔府文物檔案館

第 2713　孝經釋義一卷　(清)宋書升撰　稿本　山東省博物館

第 2714　重廣陳用之學士真本入經論語全解義十卷　(宋)陳祥道撰　清初鈔本(清朱筠批校)　山東

省圖書館

第 2715　七篇指略七卷　(清)王訓撰　清康熙十二年(1673)刻本　山東省圖書館

第 2716　中庸誓談一卷　(清)張士保撰　稿本　山東省圖書館

第 2717　四書講義持衡十五卷　(清)彭軏撰　清康熙五十年(1711)自刻本(清葉葆跋)　山東省圖書館

第 2718　四書朱子異同條辨四十卷　(清)李沛霖、李禎撰　清康熙近譬堂刻本　山東師範大學圖書館

第 2719　四書平語十卷　(清)袁之升撰　清鈔本　山東省圖書館

第 2720　四書會要錄三十卷　(清)黄瑞撰　清康熙五十九年(1720)述善堂刻本　平度市圖書館

第 2721　經義雜記三十卷　(清)臧琳撰　敘錄一卷(清)臧庸輯　清嘉慶四年(1799)臧氏拜經堂刻本(清王筠批校並跋)　山東省博物館

第 2722　槼軒經說十卷　(清)孔廣森撰　稿本　曲阜市文物管理局孔府文物檔案館　存 3 卷:卷 1-2、卷 4

第 2723　經義述聞三十二卷　(清)王引之撰　清道光七年(1827)壽藤書屋刻本(清王筠批校)　山東省博物館　存 21 卷:卷 3-7、卷 15-19、卷 22-32

第 2724　讀經劄記四卷　(清)單爲鏓撰　稿本　山東省博物館

第 2725　倦游菴槧記二十五卷　(清)周悦讓撰　稿本　山東省博物館

第 2726　方言釋義十三卷　(清)王維言撰　稿本　山東省圖書館

第 2727　釋名疏證八卷補遺一卷續釋名一卷　(清)畢沅撰　清乾隆五十四年(1789)畢氏靈巖山館刻本(清王筠、許瀚批校並跋)　山東省圖書館

第 2728　說文解字十五卷　(漢)許慎撰　清初毛氏汲古閣刻本(清汪灝跋並錄清何焯批校)　山東省圖書館

第 2729　說文解字十五卷　(漢)許慎撰　清初毛氏汲古閣刻本(清汪灝跋)　山東省博物館

第 2730　說文解字十五卷　(漢)許慎撰　清初毛氏汲古閣刻本(清桂馥錄清惠棟批校,王獻唐跋)　山東省博物館

第 2731　說文解字十五卷　(漢)許慎撰　清初毛氏汲古閣刻本(清牟庭批校)　山東省博物館

第 2732　說文解字十五卷　(漢)許慎撰　清同治十三年(1874)浦氏刻本(清陳介祺批校)　山東省博物館

第 2733　說文解字注三十卷六書音均表五卷　(清)段玉裁撰　清乾隆嘉慶間段氏經韻樓刻本(清王筠批校)　山東省圖書館

第 2734　說文解字繫傳四十卷　(南唐)徐鍇撰　附錄一卷　清乾隆四十七年(1782)汪啓淑刻本(清王筠批校並錄清朱文藻跋)　山東省圖書館

第 2735　說文繫傳考異四卷　(清)汪憲撰　附錄一卷　清鈔本　山東省博物館

第 2736　說文校議十五卷　(清)姚文田、嚴可均撰　清道光十九年(1839)王筠鈔本(清王筠批校並跋)　山東省圖書館

第 2737　說文諧聲後案二卷　(清)翟云升撰　稿本(清周樂清題詩)　山東省圖書館

第 2738　說文解字句讀未定稿不分卷　(清)王筠撰　稿本　青島市博物館

第 2739　釋例補正二十卷　(清)王筠撰　稿本　山東省圖書館

第 2740　說文繫傳校錄三十卷　(清)王筠撰　稿本　山東省圖書館

第 2741　說文校記一卷　(清)王筠撰　稿本　山東省博物館

第 2742　正字略定本一卷　(清)王筠撰　稿本　山東省圖書館

第 2743　正字略定本一卷　(清)王筠撰　稿本　山東省博物館

第 2744　六書蒙拾一卷　(清)王筠撰　稿本　山東省圖書館

第 2745　文字蒙求四卷　(清)王筠撰　稿本　山東省博物館

第 2746　文字蒙求四卷　(清)王筠撰　稿本(清陳山嵋跋)　山東省圖書館

第 2747　說文解字均隸十二卷　(清)丁楙五撰　稿本(清許瀚批校)　山東省博物館

第 2748　說文諧聲孳生述一卷　(清)陳立撰　稿本　山東省博物館

第 2749　說文類編不分卷　(清)尹彭壽撰　稿本(王獻唐跋)　山東省圖書館　存 1 冊:上冊

第 2750　新集古文四聲韻五卷　(宋)夏竦撰　清乾隆四十四年(1779)汪啓淑刻本(清桂馥批校)　山東省博物館

第 2751　篆書正四卷　(清)戴明說撰　清順治十四年(1657)胡正言刻本(清單爲濂跋)　山東省圖書館

第 2752　千文六書統要二卷附篆濾偏旁正譌歌一卷　(清)胡正言撰　清康熙十竹齋刻本　山東省圖書館

第 2753　莊氏心法一卷　(清)莊述祖撰　清陳介祺鈔本(清陳介祺批校)　山東省博物館

第 2754　隸篇不分卷　(清)翟云升撰　稿本　山東省博物館

第 2755　古籀韻編一卷汗簡韻編一卷　(清)邵元瀚輯　稿本　山東省圖書館

第 2756　元音統韻二十八卷　(明)陳藎謨撰　清康熙五十三年(1714)范廷瑚刻本　山東省圖書館

第 2757　韻彙校一卷　(清)王筠撰　稿本　山東省圖書館

第 2758　單縣時氏音學遺著不分卷　(清)時庸勱撰　稿本(王獻唐跋)　山東省博物館

第 2759　古韻分部諧聲二十一卷　清楊氏海源閣鈔本　山東省圖書館　存 14 卷:卷 1–14

第 2760　史記校不分卷　(清)王筠撰　手稿本(清胡培暈、孫葆田跋)　山東省圖書館

第 2761　史記校不分卷　(清)王筠撰　稿本　山東省圖書館

第 2762　漢書地理志水道圖說補正二卷　(清)吳承志撰　稿本　山東大學圖書館

第 2763　新唐書糾謬二十卷　(宋)吳縝撰　清乾隆三十四年(1769)鈔本(清邵晉涵校,清李文藻跋)　山東省博物館

第 2764　欽定國史忠義傳四十八卷　清國史館寫本　煙臺圖書館

第 2765　三元通紀一卷　(清)王馭超撰　稿本(清王筠批校)　山東省圖書館

第 2766　歷代紀年十卷　(宋)晁公邁撰　清初鈔本　山東省圖書館　存 9 卷:卷 2–10

第 2767　天位德元不分卷　清劉墉鈔本(清黃易跋)　濟南市圖書館

第 2768　古今甲子全譜一卷　(清)郭杭之撰　稿本　山東省圖書館

第 2769　續宋編年資治通鑑十八卷　(題宋)李燾撰　清鈔本　山東省圖書館

第 2770 繹史一百六十卷 (清)馬驌撰 清康熙刻本 山東省圖書館

第 2771 繹史一百六十卷 (清)馬驌撰 清康熙刻本 山東省圖書館

第 2772 繹史一百六十卷 (清)馬驌撰 清康熙刻本 山東師範大學圖書館

第 2773 繹史一百六十卷 (清)馬驌撰 清康熙刻本 淄博市圖書館

第 2774 繹史一百六十卷 (清)馬驌撰 清康熙刻本 煙臺圖書館

第 2775 繹史一百六十卷 (清)馬驌撰 清康熙刻本 兗州市圖書館 缺卷 87 上

第 2776 繹史一百六十卷 (清)馬驌撰 清康熙刻本 泰安市博物館 存 126 卷：卷 1–85、卷 120–160

第 2777 戰國策三十三卷 (漢)高誘注(宋)姚宏校正 清初影宋鈔本(清黃丕烈、顧廣圻跋) 山東省圖書館

第 2778 戰國策三十三卷 (漢)高誘注(宋)姚宏校正 清乾隆二十一年(1756)盧見曾刻雅雨堂叢書本(清朱彬錄清黃丕烈批校) 山東省博物館

第 2779 戰國策三十三卷 (漢)高誘注(宋)姚宏校正 清乾隆二十一年(1756)盧見曾刻雅雨堂叢書本(清朱彬校跋並錄清汪中批校,清王宲廷跋) 山東省圖書館

第 2780 國策補遺不分卷 (清)馬星翼撰 清鈔本 山東省圖書館

第 2781 靖康孤臣泣血錄一卷 (題宋)丁特起撰 清乾隆四十九年(1784)王宗炎鈔本 山東省博物館

第 2782 南燼紀聞一卷 (題宋)辛棄疾撰 竊憤錄一卷續錄一卷 清寶芸齋鈔本(王獻唐批校並錄清徐乾學批校) 山東省圖書館

第 2783 保越錄一卷 清鈔本 山東省圖書館

第 2784 酌中志略二十四卷 (明)劉若愚撰 清初鈔本 山東省圖書館

第 2785 圍城日錄二卷 (明)徐從治撰 清初鈔本 山東省博物館

第 2786 東事紀略一卷歸圍日記一卷 (清)張忻等撰 清初鈔本 山東省博物館

第 2787 全濰紀略一卷 (清)周亮工撰 清初鈔本 山東省圖書館

第 2788 東明聞見錄一卷 (明)瞿共美撰 清初鈔本 山東省圖書館

第 2789 行朝錄三卷 (清)黃宗羲撰 清初毛氏汲古閣鈔本(王仁俊跋) 山東省博物館

第 2790 明季野史彙編二十九種一百十六卷 清鈔本 山東省圖書館 存 10 種 11 卷：幸存錄一卷附錄一卷(明)夏允彝撰；續幸存錄一卷(明)夏完淳撰；也是錄一卷(明)鄧凱撰；求野錄一卷(明)鄧凱撰；嘉定屠城紀略一卷(清)朱子素撰；東明聞見錄一卷(明)瞿共美撰；粵遊見聞一卷(明)瞿共美撰；揚州十日一卷(明)王秀楚撰；吳耿尚孔四王合傳一卷；青燐屑一卷(明)應喜臣撰

第 2791 吳逆始末一卷 (清)許鴻盤撰 清鈔本 山東省圖書館

第 2792 水西記略一卷 (清)王鉞撰 清康熙刻本 青島市圖書館

第 2793 黃培文字獄案一卷 清鈔本 山東省圖書館

第 2794 盾鼻拾瀋不分卷 清鈔本 山東省圖書館

第 2795 洋泉平猺紀略一卷 (清)李德騫撰 清道光十四年(1834)刻本 山東省圖書館

第 2796 從戎紀略二卷 (清)周樂清撰 稿本 山東省圖書館

第 2797　譚花齋雜錄不分卷　清同治鈔本　山東省圖書館

第 2798　征剿紀略四卷　(清)尹嘉賓撰　清光緒鈔本　山東省圖書館

第 2799　毅軍紀略一卷　(清)宋慶撰　清光緒二十年(1894)鈔本　山東省圖書館

第 2800　草寇草一卷　(題清)小竺山人輯　稿本　山東省圖書館

第 2801　淄博平亂記一卷　清鈔本　山東省博物館

第 2802　太平天國文物二種不分卷　(清)鄭家相輯　稿本　山東大學圖書館

第 2803　軍機大臣奏稿一卷　清鈔本　山東省圖書館

第 2804　范文正公政府奏議二卷　(宋)范仲淹撰　清初鈔本　山東省博物館

第 2805　故明工科給事中范公奏摺一卷　(明)范淑泰撰　清初西郇鈔本　山東省圖書館

第 2806　王鰲永奏疏不分卷詩稿一卷　(清)王鰲永撰　清蒼檜閣鈔本　山東省圖書館

第 2807　清忠堂撫粵奏疏十四卷清忠堂署理總督奏疏一卷　(清)朱弘祚撰　清康熙刻本　山東師範大學圖書館

第 2808　心政錄七卷　(清)雅爾圖撰　清鈔本　山東省圖書館

第 2809　撫閩奏稿不分卷　(清)定長撰　清鈔本　山東省圖書館

第 2810　先都御史奏疏三十六卷　(清)楊以增撰(清)楊紹和輯　稿本　山東省圖書館　存 21 卷:卷 1–5、卷 9–10、卷 12–19、卷 22–23、卷 25、卷 29、卷 33、卷 35

第 2811　山東剿捻奏稿一卷　(清)曾國藩撰　清鈔本　山東省圖書館

第 2812　畫林雁塔不分卷　(清)孔尚任輯　清鈔本　山東省博物館

第 2813　鈍菴管見八卷補遺一卷　(清)王方撰　稿本　山東省圖書館

第 2814　聖學知統錄二卷翼錄二卷致知格物解二卷　(清)魏裔介撰　清康熙刻本　山東師範大學圖書館

第 2815　兩漢高士贊一卷　(清)張篤慶撰　清鈔本(清趙執信跋)　山東省博物館

第 2816　凌煙閣功臣圖一卷　(清)劉源繪　清康熙七年(1668)柱笏堂刻本　山東省博物館

第 2817　崇禎忠節錄三十二卷　(清)高承埏撰(清)高佑釲補　清鈔本　山東省圖書館

第 2818　本朝名家詩鈔小傳二卷　(清)鄭方坤撰　清鈔本　山東省圖書館

第 2819　與居錄一卷　(清)王祖昌撰　稿本(劉韶音批校並跋)　山東省圖書館

第 2820　畿輔人物志二十卷　(清)孫承澤撰　清初刻本　山東省圖書館

第 2821　北海耆舊傳十二卷　(清)張昭潛撰　清無爲齋鈔本　山東省圖書館

第 2822　歷仕錄一卷　(明)王之垣撰　清康熙四十一年(1702)王氏家塾刻本　山東省圖書館

第 2823　歷仕錄一卷　(明)王之垣撰　清康熙四十一年(1702)王氏家塾刻本　桓臺縣圖書館

第 2824　歷仕錄一卷　(明)王之垣撰　清康熙四十一年(1702)王氏家塾刻本　寧陽縣博物館

第 2825　畢少保公傳一卷　(明)蔣平階撰　清康熙刻本(清李堯臣跋)　山東省博物館

第 2826　建文年譜二卷後事一卷辨疑一卷　(明)趙士喆撰　清初刻本　山東省博物館

第 2827　顧亭林年譜校錄一卷　(清)王筠撰　稿本　山東省博物館

第 2828　厚齋自著年譜一卷　(清)張篤慶撰　稿本　山東省圖書館

第 2829　歸圍日記一卷　(清)張忻撰　清初刻本　山東省圖書館

第 2830　晉遊日記略不分卷　(清)畢際有撰　清初鈔本(清蒲松齡評,王獻唐跋)　山東省博物館

第 2831　西征記一卷(清康熙五十四年)　(清)張實撰　稿本　山東省圖書館

第 2832　甲寅年譜一卷(清雍正十二年)蘭省東歸記三卷(清乾隆十五年)　(清)牛運震撰　稿本　山東省博物館

第 2833　恩平程記一卷(清乾隆三十四年至三十五年)　(清)李文藻撰　稿本　山東省博物館

第 2834　李石桐先生赴岑溪日記不分卷(清乾隆四十六年至四十七年)　(清)李懷民撰　稿本　山東省博物館

第 2835　李少鶴日記不分卷(清乾隆五十一年、嘉慶二年)　(清)李憲喬撰　稿本　山東省博物館

第 2836　李少鶴日記不分卷(清乾隆五十七年至嘉慶二年)　(清)李憲喬撰　稿本　青島市博物館

第 2837　陰子翼先生日記三卷(清道光十□年)　(清)陰振猷撰　稿本　山東省圖書館

第 2838　般陽高中謀先生日誌不分卷　(清)高中謀撰　稿本　山東省圖書館

第 2839　宦遊雜記不分卷(清道光二十九年至咸豐八年)　(清)馬秀儒撰　稿本　山東省圖書館

第 2840　澗賓居士日記四卷　(清)澗賓居士撰　稿本　山東省圖書館

第 2841　高氏家模彙編二集二卷　(清)高中謀輯　清鈔本　山東省圖書館

第 2842　新城王氏世譜八卷　(清)王兆弘等纂修　清乾隆二十五年(1760)刻本　山東省圖書館

第 2843　黄縣王氏族譜不分卷　(清)王鎔經纂修　玉雪軒七律一卷　(清)王鎔經撰　稿本　山東省圖書館

第 2844　淄川李氏家譜一卷　(清)李文焕纂修　稿本　山東省圖書館

第 2845　郭氏族譜一卷　(清)郭通磐纂修　稿本　山東省圖書館

第 2846　宣城陳氏族譜一卷　(清)陳仕淳纂修　稿本　山東省圖書館

第 2847　黄氏家乘二十卷　(清)黄守平纂修　稿本　山東省圖書館

第 2848　趙氏族譜一卷　(清)趙濤、趙玉藻纂修　清初刻本　山東省圖書館

第 2849　城陽趙氏族譜不分卷　(清)趙錫琨、趙子蕃纂修　稿本　山東省圖書館

第 2850　鼎甲徵信錄二卷　(清)閻湘蕙輯　清鈔本　山東省圖書館

第 2851　歷科甲第錄不分卷　清楊氏海源閣鈔本　山東省圖書館

第 2852　紹興十八年戊辰科題名錄一卷附錄一卷　清乾隆四十八年(1783)謝袞康樂官署活字印本　山東省圖書館

第 2853　寶祐四年丙辰登科錄一卷附錄一卷　清乾隆四十八年(1783)謝袞康樂官署活字印本　山東省圖書館

第 2854　乾隆四十九年會試錄一卷　清乾隆刻本　山東省圖書館

第 2855　崇禎六年山東鄉試錄一卷　清鈔本　淄博市圖書館

第 2856　崇禎十二年山東鄉試錄一卷　清鈔本　淄博市圖書館

第 2857　崇禎十五年山東鄉試錄一卷　清鈔本　淄博市圖書館

第 2858　山西通省正印官員簡明履歷册一卷　清鈔本　山東省圖書館

第 2859　讀史備忘八卷　(明)范理撰　清雍正九年(1731)繼志堂刻本　山東省圖書館

第 2860　古今彝語十二卷　(明)汪應蛟撰　清康熙三十七年(1698)汪畲刻本　濟南市圖書館　存 6

卷:卷 7–12

第 2861 讀史前鈔甲本不分卷 清乾隆五十九年(1794)許鴻磐鈔本(清許鴻磐批) 山東省圖書館

第 2862 同庵史彙十卷 (清)蔣善輯並評 清康熙思永堂刻本 山東省圖書館

第 2863 史記菁華錄四卷 (清)姚祖恩輯 清道光二十三年(1843)刻本(清王筠校) 山東省博物館

第 2864 月令輯要二十四卷圖說一卷 (清)李光地、吳廷楨等輯 清康熙五十四年(1715)內府刻本 山東省圖書館

第 2865 月令輯要二十四卷圖說一卷 (清)李光地、吳廷楨等輯 清康熙五十四年(1715)內府刻本 山東省圖書館

第 2866 增删田家五行全書三卷 (清)顧培源撰 稿本 山東省圖書館

第 2867 天下郡國利病書一百二十卷 (清)顧炎武撰 清錢氏萃古齋鈔本 山東省圖書館

第 2868 天下郡國利病書一百二十卷 (清)顧炎武撰 清鈔本 山東省圖書館

第 2869 天下郡國利病書一百二十卷 (清)顧炎武撰 清鈔本 山東省圖書館 存 98 卷:卷 1–23、卷 29–49、卷 55–78、卷 91–120

第 2870 天下郡國利病書一百二十卷 (清)顧炎武撰 清鈔本 山東省圖書館 存 91 卷:卷 1–9、卷 16–42、卷 50–67、卷 77–104、卷 112–120

第 2871 一統志案說十六卷 (題清)顧炎武撰(清)徐乾學纂 清吳兆宜鈔本 文登市圖書館

第 2872 皇輿表十六卷 (清)喇沙里等纂修(清)揆敍等增修 清康熙內府刻本 山東省圖書館

第 2873 皇輿表十六卷 (清)喇沙里等纂修(清)揆敍等增修 清康熙內府刻本 山東省圖書館

第 2874 皇輿表十六卷 (清)喇沙里等纂修(清)揆敍等增修 清康熙內府刻本 曲阜師範大學圖書館

第 2875 皇輿表十六卷 (清)喇沙里等纂修(清)揆敍等增修 清康熙內府刻本 泰安市博物館

第 2876 [康熙]重修崇明縣志十四卷 (清)朱衣點、黃國彝纂修 清康熙刻本 山東省博物館

第 2877 齊乘六卷 (元)于欽撰 釋音一卷(元)于潛撰 清鈔本(清楊峒批校並跋) 山東省博物館

第 2878 歷城縣採訪册不分卷 (清)崔雲輝等輯 稿本 山東省圖書館

第 2879 [康熙]淄川縣志八卷首一卷 (清)張嵋、唐夢賚纂修 清康熙刻本 山東省博物館

第 2880 [康熙]淄乘徵不分卷 (清)畢際有纂 清康熙二十五年(1686)刻本 淄博市博物館

第 2881 [康熙]高苑縣志八卷 (清)宋弼纂修 清康熙刻本 山東省博物館

第 2882 [康熙]昌樂縣志六卷 (清)賀基昌、陶朗纂修 清康熙十一年(1672)刻本 山東省博物館

第 2883 [萬曆]安邱縣志二十八卷 (明)熊元、馬文煒纂修 清鈔本(高鴻裁校並跋) 山東省博物館

第 2884 [嘉靖]寧海州志二卷 (明)李光先、焦希程纂修 清鈔本 山東省圖書館

第 2885 [道光]掖乘十六卷 (清)侯登岸纂 稿本 山東省圖書館

第 2886 [萬曆]濰縣志十卷 (明)劉廷錫纂修 清鈔本 山東省博物館

第 2887 [康熙]青州府志二十卷 (清)張連登修(清)張貞、安致遠纂 清康熙四十八年(1709)刻本 青州市圖書館 存 15 卷:卷 1、卷 4–9、卷 11–15、卷 18–20

第 2888 [雍正]樂安縣志二十卷 (清)李方膺纂修 清雍正十一年(1733)刻本 中共山東省委黨校

圖書館

第 2889 [康熙]壽光縣志三十二卷 (清)劉有成修(清)安致遠纂 清康熙三十七年(1698)刻本 山東省圖書館

第 2890 [康熙]壽光縣志三十二卷 (清)劉有成修(清)安致遠纂 清康熙三十七年(1698)刻本 壽光市博物館

第 2891 [康熙]滕縣志十卷 (清)黃浚修(清)王特選纂 清康熙五十六年(1717)刻本 兗州市圖書館

第 2892 [乾隆]沂州府志三十六卷首一卷 (清)李希賢、潘遇萃等纂修 稿本 山東省博物館 存26卷:卷1-26

第 2893 [光緒]日照縣志十二卷首一卷 (清)陳懋、丁守存等纂修 稿本 山東省圖書館

第 2894 [光緒]萊蕪縣志四十二卷 (清)張梅亭、王希曾纂修 稿本 山東省圖書館

第 2895 [道光]濟寧直隸州志十卷首一卷末一卷 (清)徐宗幹、許瀚纂修 稿本 山東省圖書館 存8卷:首一卷,卷1-3、卷6-9(卷六缺1-144葉)

第 2896 [康熙]丘縣志八卷 (清)張珽、劉爾浩等纂修 清鈔本 山東省博物館

第 2897 泗州考古錄一卷 (清)許鴻磐撰 稿本(清王宷廷跋) 山東省博物館

第 2898 泗州考古錄一卷 (清)許鴻磐撰 清鈔本(王貢忱校) 山東省博物館

第 2899 閩小紀四卷 (清)周亮工撰 清康熙六年(1667)周氏賴古堂刻本(佚名批校) 山東省圖書館

第 2900 嶗山志八卷 (明)黃宗昌撰 清鈔本 山東省圖書館

第 2901 嶗山志一卷 (明)黃宗昌撰 清鈔本(佚名批校) 山東省圖書館

第 2902 濟南七十二泉考一卷 清鈔本 濟南市博物館

第 2903 趵突泉志二卷 (清)任弘遠撰 清乾隆七年(1742)刻本 山東省圖書館

第 2904 趵突泉志二卷 (清)任弘遠撰 清乾隆七年(1742)刻本 濟南市圖書館 存1卷:卷下

第 2905 水經注圖一卷附錄一卷 (清)汪士鐸撰 清咸豐十一年(1861)刻本(清汪士鐸批校並跋) 山東省圖書館

第 2906 今水經注四卷 (清)吳承志撰 稿本(吳慶坻跋) 山東大學圖書館

第 2907 山東全河備考四卷 (清)葉方恒撰 清康熙十九年(1680)刻本 濟寧市圖書館

第 2908 山東全河備考四卷 (清)葉方恒撰 清康熙十九年(1680)刻本 曲阜師範大學圖書館

第 2909 河工器具圖說四卷 (清)麟慶撰 稿本(周菊伍跋) 山東省圖書館

第 2910 三輔黃圖六卷補遺一卷 清孔則君影元鈔本(據元致和元年余氏勤有堂刻本影鈔,佚名批校) 山東省圖書館

第 2911 先秦宮殿考一卷 (清)牟庭撰 稿本(王獻唐跋) 山東省博物館

第 2912 東林書院志二十二卷 (明)高廷珍等撰 清雍正十一年(1733)刻本 曹縣圖書館

第 2913 楚蜀紀遊一卷 (清)呂烜撰 清鈔本 山東省圖書館

第 2914 知北遊草一卷 (清)張篤慶撰 清鈔本(清周稚廉跋) 山東省博物館

第 2915 伊蒿公粵遊紀略一卷 (清)張詮撰 清鈔本(清王士禛批) 山東省博物館

第 2916 中山傳信錄六卷 (清)徐葆光撰 贈送詩文一卷 清康熙六十年(1721)二友齋刻本 山東省圖書館

第 2917 中山傳信錄六卷 (清)徐葆光撰 贈送詩文一卷 清康熙六十年(1721)二友齋刻本 山東省圖書館

第 2918 大唐六典三十卷 (唐)玄宗李隆基撰(唐)李林甫等注 清鈔本 山東省博物館

第 2919 正續文獻通考識大編二十四卷 (清)方若珽輯 清康熙刻本 山東省圖書館

第 2920 政和五禮新儀二百四十卷目錄六卷 (宋)鄭居中等撰 清鈔本 山東省博物館 存 233 卷:卷 1–107、卷 111–147、卷 158–240、目錄六卷

第 2921 鏡鏡詅癡五卷 (清)鄭復光撰 清道光二十七年(1847)楊尚文刻連筠簃叢書本(清王筠批校) 山東省圖書館

第 2922 淄川蒲氏遺稿一卷 稿本 山東省博物館

第 2923 高宗純皇帝御筆目錄六卷 清內府鈔本 山東大學圖書館

第 2924 天一閣進呈書目不分卷 (清)范懋柱輯 清鈔本 山東省博物館

第 2925 虞山錢牧齋絳雲樓書目不分卷 (清)錢謙益藏 清鈔本(清王芑孫跋) 山東省博物館

第 2926 海源閣書目不分卷 (清)楊保彝藏並撰 稿本 山東省圖書館

第 2927 禁書總目不分卷 清刻本(韓連珍跋) 山東省圖書館

第 2928 違碍書籍目錄一卷 清刻本(王少岑批並跋) 山東省圖書館

第 2929 擬史籍考校例一卷 (清)許瀚撰 稿本(王獻唐跋) 山東省圖書館

第 2930 金石錄三十卷 (宋)趙明誠撰 清順治七年(1650)謝世箕刻本 濟南市圖書館

第 2931 隸釋二十七卷 (宋)洪适撰 清乾隆四十二年至四十三年(1777—1778)汪日秀樓松書屋刻本(清桂馥、陸繩夫批校並跋) 山東省博物館

第 2932 金石存十五卷 (清)吳玉搢撰 清乾隆三十七年(1772)孔繼涵壽雲簃鈔本 山東省圖書館 存 9 卷:卷 1–5、卷 12–15

第 2933 微波榭叢鈔不分卷 (清)孔繼涵輯 稿本 山東省博物館

第 2934 刻鵠軒集古錄一卷 (清)王筠撰 稿本 山東省博物館

第 2935 金石玉銘二十卷 (清)崇恩輯 稿本 山東省圖書館

第 2936 西清古鑑四十卷錢錄十六卷 (清)梁詩正、蔣溥等纂修 清乾隆十六年(1751)武英殿刻本 山東省圖書館

第 2937 筠清館金石文字五卷 (清)吳榮光撰 清道光二十二年(1842)吳氏筠清館刻本(清王筠、吳士棻批校,清尹彭壽跋) 山東省圖書館

第 2938 長安獲古編不分卷 (清)劉喜海撰 稿本(清戴熙、陳介祺批校) 山東省博物館

第 2939 攈古錄金文三卷 (清)吳式芬撰 稿本(清丁艮善校) 山東省博物館

第 2940 攀古小廬金文集釋一卷 (清)許瀚撰 稿本 山東省博物館

第 2941 簠齋藏古册目並題記一卷 (清)陳介祺撰 稿本 山東省博物館

第 2942 寶簠齋集各家彝器釋不分卷 (清)陳介祺撰 稿本 山東省博物館

第 2943 攀古小廬收藏鏡銘一卷 (清)許瀚藏 稿本 日照市圖書館

第 2944　石刻鋪敍二卷　(宋)曾宏父撰　清朱彝尊鈔本(清朱彝尊、丁杰、許瀚跋)　山東省博物館

第 2945　石刻鋪敍二卷　(宋)曾宏父撰　清鈔本(佚名過錄何焯批校朱彝尊跋)　山東省圖書館

第 2946　金薤琳琅二十卷　(明)都穆撰　補遺一卷　(清)宋振譽撰　清乾隆四十三年(1778)汪获洲刻本(清吳式芬跋並錄清何焯批校)　山東省博物館

第 2947　石鼓文音訓集證一卷　(清)尹彭壽撰　稿本　山東省圖書館

第 2948　化度寺碑考一卷　(清)翁方綱撰　清鈔本　山東省圖書館

第 2949　山東金石志五卷　(清)尹彭壽撰　稿本　山東省圖書館

第 2950　諸城金石小識一卷石刻存目一卷　(清)尹彭壽撰　稿本(清潘祖蔭跋)　山東省圖書館

第 2951　濰縣金石志八卷　(清)郭麐撰　稿本　濰坊市圖書館

第 2952　濰縣金石志八卷　(清)郭麐撰(清)陳介祺訂　稿本(王宷廷跋)　山東省圖書館

第 2953　秦漢瓦當文字二卷續一卷　(清)程敦撰　清乾隆五十二年(1787)横渠書院刻五十九年(1794)續刻本　山東省博物館

第 2954　秦漢瓦當文字二卷續一卷　(清)程敦撰　清乾隆五十二年(1787)横渠書院刻五十九年(1794)續刻本　濟南市圖書館　存 2 卷:秦漢瓦當文字二卷

第 2955　攀古小廬瓦當文字不分卷　(清)許瀚撰　稿本　山東省博物館

第 2956　簠齋漢量文字不分卷　(清)陳介祺輯　稿本　山東省博物館

第 2957　三代古陶文字釋四卷　(清)吳大澂撰　稿本　山東省博物館

第 2958　選錢齋錢譜十五卷　(清)吳鈞撰　稿本　山東省博物館

第 2959　古泉彙考八卷　(清)翁樹培撰(清)劉喜海補注　稿本(清李佐賢王懿榮批)　山東省圖書館

第 2960　古泉苑一百卷附皇朝錢法一卷　(清)劉喜海撰　稿本　山東省博物館

第 2961　古泉叢話三卷又一卷　(清)戴熙撰　清李京尹鈔本　山東省博物館

第 2962　古泉匯首集四卷元集十四卷亨集十四卷利集十八卷貞集十四卷　(清)李佐賢撰　稿本　利津縣文物管理所　存 17 卷:元集卷 1–2、卷 6,亨集卷 8–10,利集卷 2、卷 10–11、卷 13–15,貞集卷 5–6、卷 11–13

第 2963　古泉匯首集四卷元集十四卷亨集十四卷利集十八卷貞集十四卷　(清)李佐賢撰　稿本　山東省圖書館　存 2 卷:首集凡例一卷,亨集古刀一卷

第 2964　觀古閣泉拓不分卷　(清)鮑康輯　稿本　山東省博物館

第 2965　泉緣匯珍記不分卷　(清)張兆蘭輯　稿本(王獻唐跋)　山東省博物館

第 2966　泉緣匯珍記十二卷　(清)張兆蘭輯　稿本　山東省圖書館　存 10 卷:卷 1–2、卷 5–12

第 2967　漢銅印叢十二卷　(清)汪啓淑輯　清乾隆十七年(1752)刻鈐印本(松筠書館跋)　山東省圖書館

第 2968　集古官印攷十七卷集古虎符魚符攷一卷　(清)瞿中溶撰　清同治十三年(1874)瞿樹鎬刻本(清陳介祺批校)　山東省博物館　存 13 卷:卷 1–13

第 2969　雙虞壺齋印存不分卷　(清)吳式芬輯　清刻鈐印本　山東省博物館

第 2970　十鐘山房印舉二十九冊　(清)陳介祺輯　清同治十一年(1872)陳氏十鐘山房刻鈐印本　山東省博物館

第 2971 萬印樓印譜不分卷 (清)陳介祺輯 清光緒刻鈐印本 山東省博物館

第 2972 漢泥封考略二卷 (清)吳式芬、陳介祺藏並輯(清)翁大年考編 清鈔本(清陳介祺跋) 山東省博物館

第 2973 漢史億二卷 (清)孫廷銓撰 清康熙刻本 淄博市圖書館

第 2974 天史十三卷 (清)丁耀亢撰 清鈔本(清王宷廷跋) 山東省博物館

第 2975 史記論文一百三十卷 (清)吳見思撰 清康熙二十六年(1687)刻本 泰安市博物館 存 122 卷:卷 1–48、卷 57–130

第 2976 史記論文一百三十卷 (清)吳見思撰 清康熙二十六年(1687)刻本(清胡德琳批校) 煙臺圖書館 存 127 卷:卷 1–5、卷 9–130

第 2977 評鑑闡要十二卷 (清)劉統勳等撰 清乾隆三十六年(1771)武英殿刻本 山東省圖書館

第 2978 帝學八卷 (宋)范祖禹撰 清省園刻本 山東師範大學圖書館

第 2979 近思續錄十四卷 (清)劉源渌輯 清嘉慶十二年(1807)劉耀椿鈔本 山東省博物館

第 2980 讀書札記一卷 (清)孔廣森撰 稿本 曲阜市文物管理局孔府文物檔案館

第 2981 武經七書彙解七卷首一卷末一卷 (清)朱墉撰 清康熙懷山園刻本 山東師範大學圖書館

第 2982 江南經略八卷 (明)鄭若曾撰 清康熙鄭起泓、鄭定遠刻本 山東省圖書館缺卷 1 上、卷 2 上

第 2983 籌兵藥言一卷 (明)曹飛撰 清章介人鈔本(清左宗棠跋) 山東省圖書館

第 2984 兵鏡備考十三卷附或問二卷孫子集註一卷 (清)鄧廷羅撰 清刻本 山東省圖書館

第 2985 管子通一卷 (清)周悦讓撰 稿本 山東省圖書館

第 2986 巡漳讞詞不分卷 (清)徐士林撰 稿本 文登市圖書館

第 2987 守皖讞詞不分卷 (清)徐士林撰 稿本 文登市圖書館

第 2988 周髀算經淺注一卷 (清)鄭復光撰 清鈔本(清王筠校) 山東省博物館

第 2989 圖書説一卷 (清)王筠撰 稿本(王獻唐跋) 山東省圖書館

第 2990 大統錦靈經二卷 清鈔本(清汪萊、李鋭跋) 山東省博物館

第 2991 大清順治元年歲次甲申時憲曆一卷 清順治刻本 山東省圖書館

第 2992 大清順治二年歲次乙酉時憲曆一卷 清順治刻本 山東省圖書館

第 2993 大清順治三年歲次丙戌時憲曆一卷 清順治刻本 山東省圖書館

第 2994 大清順治四年歲次丁亥時憲曆一卷 清順治刻本 山東省圖書館

第 2995 大清順治五年歲次戊子時憲曆一卷 清順治刻本 山東省圖書館

第 2996 大清順治六年歲次己丑時憲曆一卷 清順治刻本 山東省圖書館

第 2997 大清順治七年歲次庚寅時憲曆一卷 清順治刻本 山東省圖書館

第 2998 大清順治八年歲次辛卯時憲曆一卷 清順治刻本 山東省圖書館

第 2999 大清順治九年歲次壬辰時憲曆一卷 清順治刻本 山東省圖書館

第 3000 大清順治十年歲次癸巳時憲曆一卷 清順治刻本 山東省圖書館

第 3001 大清順治十一年歲次甲午時憲曆一卷 清順治刻本 山東省圖書館

第 3002 大清順治十二年歲次乙未時憲曆一卷 清順治刻本 山東省圖書館

第 3003　大清順治十三年歲次丙申時憲曆一卷　清順治刻本　山東省圖書館

第 3004　大清順治十四年歲次丁酉時憲曆一卷　清順治刻本　山東省圖書館

第 3005　大清順治十五年歲次戊戌時憲曆一卷　清順治刻本　山東省圖書館

第 3006　大清順治十六年歲次己亥時憲曆一卷　清順治刻本　山東省圖書館

第 3007　大清順治十七年歲次庚子時憲曆一卷　清順治刻本　山東省圖書館

第 3008　大清順治十八年歲次辛丑時憲曆一卷　清順治刻本　山東省圖書館

第 3009　大清康熙四十四年歲次乙酉時憲曆一卷　清康熙刻本　山東省圖書館

第 3010　緝古算經一卷　(唐)王孝通撰並注　清乾隆四十二年(1777)孔廣森鈔本(清孔廣森校)　山東省圖書館

第 3011　數學九章十卷　(宋)秦九韶撰　清鈔本　曲阜市文物管理局孔府文物檔案館

第 3012　筭海說詳九卷　(清)李長茂撰　清康熙元年(1662)刻本　山東省圖書館

第 3013　卜法詳考四卷　(清)胡煦撰　清雍正六年(1728)刻本　山東師範大學圖書館

第 3014　太乙統宗寶鑑二十卷　(題元)曉山老人撰　清康熙鈔本　煙臺圖書館

第 3015　攬古軒書畫錄四卷　(清)于祉撰　稿本　山東省博物館

第 3016　書錄三卷外篇一卷　(宋)董史撰　清丁氏八千卷樓鈔本　山東省圖書館

第 3017　碧雲仙師筆法錄一卷　(清)趙執信撰　稿本　淄博市圖書館

第 3018　畫雜俎二十四卷　(清)袁樹輯　稿本　山東省圖書館　存 8 卷:卷 17–24

第 3019　芥子園畫傳五卷　(清)王槩輯　清康熙十八年(1679)芥子園甥館刻彩色套印本　山東大學圖書館

第 3020　芥子園畫傳二集八卷　(清)王槩、王蓍、王臬輯　清康熙四十年(1701)芥子園甥館刻彩色套印本　山東省圖書館

第 3021　種榆仙館印譜八卷　(清)陳鴻壽篆刻　清道光元年(1821)鈐印本　文登市圖書館

第 3022　印文詳解不分卷　(清)劉維坊篆刻　稿本　山東省圖書館

第 3023　誠一堂琴譜六卷琴談二卷　(清)程允基輯　清康熙刻本　山東師範大學圖書館

第 3024　清詒堂燈謎一卷　(清)王筠輯　稿本　山東省圖書館

第 3025　覆瓿社燈謎一卷　(清)王筠撰　稿本(清王彥侗跋)　山東省圖書館

第 3026　裝潢志一卷　(明)周嘉冑撰　清乾隆十三年(1748)求是齋刻本(清翁方綱跋,王獻唐跋)　山東省博物館

第 3027　茶書八種十四卷　清鈔本　山東省圖書館

第 3028　第一香筆記四卷　(清)朱克柔撰　清鈔本(清陸淦跋)　山東省圖書館

第 3029　許雲嶠先生養菊説一卷　(清)許鴻磐撰　稿本　山東省博物館

第 3030　墨子十六卷　(清)畢沅校注　清乾隆四十九年(1784)畢氏靈巖山館刻經訓堂叢書本(清黃丕烈跋並錄惠士奇批校)　山東省圖書館

第 3031　封氏聞見記十卷　(唐)封演撰　清乾隆二十一年(1756)盧見曾刻雅雨堂叢書本(清朱邦衡、黃丕烈批校並跋)　山東省博物館

第 3032　麈史三卷　(宋)王得臣撰　清鈔本(清李文藻批校)　山東省圖書館

第 3033 霏雪錄二卷 (明)劉績撰 清嘉慶鈔本(清黄丕烈跋) 山東省博物館

第 3034 因樹屋書影十卷 (清)周亮工撰 清康熙周氏賴古堂刻本 蓬萊市文化局慕湘藏書館

第 3035 因樹屋書影十一卷 (清)周亮工撰 清雍正三年(1725)懷德堂刻本 蓬萊市文化局慕湘藏書館 存 10 卷:卷 1–10

第 3036 因樹屋書影十一卷 (清)周亮工撰 清雍正三年(1725)懷德堂刻本 泰安市博物館 存 3 卷:卷 1、卷 3–4

第 3037 廣東新語二十六卷 (清)屈大均撰 清康熙三十九年(1700)木天閣刻本 山東省圖書館

第 3038 廣東新語二十六卷 (清)屈大均撰 清康熙三十九年(1700)木天閣刻本 山東省圖書館

第 3039 槐軒小草一卷 (清)王曰高撰 清康熙刻本 山東省圖書館

第 3040 池北偶談二十六卷 (清)王士禛撰 清康熙三十九年至四十年(1700—1701)臨汀郡署刻本 淄博市博物館

第 3041 池北偶談二十六卷 (清)王士禛撰 清康熙三十九年至四十年(1700—1701)臨汀郡署刻本 淄博市蒲松齡紀念館

第 3042 池北偶談二十六卷 (清)王士禛撰 清康熙三十九年至四十年(1700—1701)臨汀郡署刻本 桓臺縣圖書館

第 3043 池北偶談二十六卷 (清)王士禛撰 清康熙三十九年至四十年(1700—1701)臨汀郡署刻本 壽光市博物館

第 3044 庚寅漫錄一卷 (清)王士驥撰 清鈔本 山東省圖書館

第 3045 在園雜志四卷 (清)劉廷璣撰 清康熙五十四年(1715)自刻本 山東師範大學圖書館

第 3046 在園雜志四卷 (清)劉廷璣撰 清康熙五十四年(1715)自刻本 曲阜師範大學圖書館

第 3047 雪巖翁集八卷 (清)成芸撰 清鈔本 山東省圖書館

第 3048 稗記一卷 (清)梁彬撰 清嘉慶元年(1796)王定柱鈔本 山東省圖書館

第 3049 困學錄不分卷 (清)蔡柏撰 稿本 曹縣圖書館

第 3050 徐溝筆記一卷 (清)王筠撰 稿本 山東省博物館

第 3051 鏡吾錄不分卷 (清)張興留撰 稿本 山東省圖書館

第 3052 野客叢書考證三十卷附錄一卷 (清)蕭應椿撰 稿本(佚名批校) 山東省圖書館

第 3053 攀古小廬雜著十二卷 (清)許瀚撰 清刻本 山東省博物館

第 3054 聞見瑣錄一卷 (明)陶大年撰 清沈氏鳴野山房鈔本 山東省圖書館

第 3055 玉劍尊聞十卷 (清)梁維樞撰 清順治賜麟堂刻本 山東省圖書館

第 3056 古歡堂筆記一卷 (清)田同之撰 稿本 山東省博物館

第 3057 鑄錯山房筆記不分卷 (清)丁柔克撰 稿本 山東省圖書館

第 3058 橫陽札記四卷 (清)吳承志撰 稿本 山東大學圖書館

第 3059 誠齋雜記二卷 (題元)林坤撰 清初毛氏汲古閣鈔本 山東省圖書館

第 3060 山海經箋疏十八卷圖讚一卷訂譌一卷叙錄一卷 (清)郝懿行撰 清嘉慶十四年(1809)阮氏琅嬛僊館刻本(清王筠、朱次琦批) 山東省博物館 存 15 卷:卷 4–18

第 3061 江淮異人錄一卷 (宋)吳淑撰 清吳翌鳳鈔本(清吳翌鳳跋) 山東省博物館

第 3062　虞初新志二十卷　(清)張潮輯　清康熙刻本　青島市圖書館

第 3063　醉醒石十五回　(題明)東魯古狂生撰　清初刻本　蓬萊市文化局慕湘藏書館

第 3064　聊齋志異十六卷　(清)蒲松齡撰(清)王士禛評(清)呂湛恩注　清鈔本　淄博市蒲松齡紀念館　存 4 卷:卷 1–4

第 3065　聊齋志異二十四卷　(清)蒲松齡撰　清鈔本(康生校並跋)　山東出版總社圖書資料室

第 3066　聊齋志異十六卷　(清)蒲松齡撰(清)王士禛評　清乾隆三十一年(1766)趙起杲青柯亭刻本　淄博市博物館

第 3067　聊齋表文草一卷　(清)蒲松齡撰　稿本　淄博市蒲松齡紀念館

第 3068　四雪草堂重訂通俗隋唐演義二十卷一百回　(清)褚人穫撰　清康熙四雪草堂刻本　山東省圖書館

第 3069　四雪草堂重訂通俗隋唐演義二十卷一百回　(清)褚人穫撰　清康熙文盛堂刻本　蓬萊市文化局慕湘藏書館

第 3070　新刻出像京本忠義水滸傳十卷一百十五回　(元)施耐菴撰　清初金陵德聚堂刻本　蓬萊市文化局慕湘藏書館

第 3071　繡像京本雲合奇踪玉茗英烈全傳十卷八十回　(題明)徐渭撰　清初金陵大觀堂刻本　山東大學圖書館

第 3072　剿闖小史十卷　(題清)西吳懶道人口述　清鈔本　山東省博物館

第 3073　續金瓶梅後集十二卷六十四回　(清)丁耀亢撰(題清)湖上釣史評　清鈔本　山東省圖書館

第 3074　續金瓶梅後集十二卷六十四回　(清)丁耀亢撰(題清)湖上釣史評　清鈔本　山東省圖書館　存 7 卷 37 回:卷 6–12 第 28–64 回

第 3075　快心編初集五卷十回二集五卷十回三集六卷十二回　(題清)天花才子編輯(清)四橋居士評　清課花書屋刻本　山東省圖書館

第 3076　紅樓夢一百二十回　(清)曹霑撰(清)高鶚補　清刻本(清郭種德批校,王獻唐題跋)　平原縣圖書館

第 3077　評訂紅樓夢六卷一百二十回　(清)張樅恒撰　稿本　山東省圖書館

第 3078　雪月梅傳十卷五十回　(清)陳朗撰(清)董孟汾評釋　清乾隆四十年(1775)德華堂刻本　濟南市圖書館　存 9 卷 45 回:缺卷 2 第 6–10 回

第 3079　北堂書鈔一百六十卷　(唐)虞世南輯　清道光鈔本(清王朝跋並錄清嚴可均批校)　山東省博物館　存 35 卷:卷 15–24、卷 132–147、卷 149–157

第 3080　二酉彙刪二十四卷　(清)王訓撰　清康熙三年(1664)擇雅堂刻本　山東師範大學圖書館

第 3081　二酉彙刪二十四卷　(清)王訓撰　清康熙三年(1664)擇雅堂刻本　青島市圖書館

第 3082　三才彙編六卷　(清)龔在升撰(清)顧理美增補　清康熙五年(1666)毛氏汲古閣刻本　山東師範大學圖書館

第 3083　千家姓增補註釋一卷　(清)崔冕撰　清康熙鈔本　山東省圖書館

第 3084　淵鑑類函四百五十卷目錄四卷　(清)張英、王士禛等輯　清康熙四十九年(1710)內府刻本　山東省圖書館

第 3085 淵鑑類函四百五十卷目錄四卷 (清)張英、王士禛等輯 清康熙四十九年(1710)内府刻本 濰坊學院圖書館

第 3086 佩文韻府一百六卷 (清)張玉書、蔡升元等輯 清康熙五十一年至五十二年(1712—1713)内府刻本 青島市圖書館

第 3087 佩文韻府一百六卷 (清)張玉書、蔡升元等輯 清康熙五十一年至五十二年(1712—1713)内府刻本 山東省圖書館 存 98 卷:卷 1-11、卷 16-30、卷 34-69、卷 71-106

第 3088 佩文韻府一百六卷 (清)張玉書、蔡升元等輯 清康熙五十一年至五十二年(1712—1713)内府刻本 山東省圖書館 存 49 卷:卷 1-3、卷 12、卷 14、卷 16 下-17、卷 20 下-21、卷 24、卷 31-36、卷 45-51、卷 56-62、卷 73、卷 76-81、卷 83-85、卷 91-93 上、卷 96-97、卷 99 下、卷 102 下、卷 105-106

第 3089 韻府拾遺一百六卷 (清)汪灝、何焯等輯 清康熙五十九年(1720)内府刻本 山東省圖書館 存 19 卷:卷 1-6、卷 31-43

第 3090 讀書記數略五十四卷 (清)宫夢仁輯 清康熙刻本 山東師範大學圖書館

第 3091 欽定古今圖書集成一萬卷目錄四十卷 (清)蔣廷錫、陳夢雷等輯 清雍正四年(1726)内府銅活字印本 山東省圖書館 存 8913 卷,目錄 32 卷

第 3092 欽定古今圖書集成一萬卷目錄四十卷 (清)蔣廷錫、陳夢雷等輯 清雍正四年(1726)内府銅活字印本 山東省圖書館 存 1498 卷

第 3093 類林新詠三十六卷 (清)姚之駰撰 清康熙刻本 山東師範大學圖書館

第 3094 類林新詠三十六卷 (清)姚之駰撰 清康熙刻本 泰安市博物館 存 18 卷:卷 1-18

第 3095 類林新詠三十六卷 (清)姚之駰撰 清康熙刻本 茌平县圖書館 存 14 卷:卷 1-2、卷 6-12、卷 15-19

第 3096 稽古瑣言二卷續言三卷 (清)張開第輯 稿本(清鄭經跋) 山東省圖書館

第 3097 文苑彙典十卷 (清)張之駼輯 稿本 山東省圖書館

第 3098 事物類聚不分卷 (清)吳東發輯 稿本 山東省圖書館

第 3099 典制測蠡十六卷 (清)侯功超輯 清鈔本 山東省圖書館

第 3100 大方廣佛華嚴經八十卷大方廣佛華嚴經入不思議解脱境界普賢行願品一卷 (唐)釋實叉難陀譯 清康熙四明嗣法沙門深湛大師用永樂十七年至萬曆二十一年(1419—1593)雕版印様刺血填寫本 山東省圖書館

第 3101 金剛經淺説三卷 (清)張士保撰 稿本 山東省博物館

第 3102 有是齋老莊合牋四卷 (清)蘇質民撰 稿本(清吳允鴻跋) 山東省博物館

第 3103 南華指月五卷 (清)張士保撰 稿本 山東省博物館

第 3104 古蘭經 清鈔本 濟南清眞南大寺

第 3105 楚辭新集註八卷 (清)屈復撰 清乾隆三年(1738)刻本(卷一末有鈔配) 蓬萊市文化局慕湘藏書館

第 3106 屈騷心印五卷首一卷 (清)夏大霖撰 清乾隆三十九年(1774)一本堂刻本 壽光市博物館

第 3107 蔡中郎集十卷外紀一卷外集四卷 (漢)蔡邕撰 清咸豐二年(1852)楊氏海源閣仿宋刻本 聊城東昌學院圖書館

第 3108　曹子建集十卷　(魏)曹植撰(清)朱緒曾輯　敍錄一卷年譜一卷(清)朱緒曾輯　清道光朱緒曾鈔本(清朱緒曾校)　山東省圖書館

第 3109　陶詩集註四卷　(清)詹夔錫撰　東坡和陶詩一卷(宋)蘇軾撰　清康熙三十三年(1694)詹氏寶墨堂刻本　濟南市圖書館

第 3110　陶詩集註四卷　(清)詹夔錫撰　東坡和陶詩一卷(宋)蘇軾撰　清康熙三十三年(1694)詹氏寶墨堂刻本　蓬萊市文化局慕湘藏書館

第 3111　陶詩集註四卷　(清)詹夔錫撰　東坡和陶詩一卷(宋)蘇軾撰　清康熙三十三年(1694)詹氏寶墨堂刻本　蓬萊市文化局慕湘藏書館

第 3112　唐丞相曲江張文獻公集十二卷　(唐)張九齡撰　清雍正十三年(1735)張世緯、張世績、張世綱刻本　蓬萊市文化局慕湘藏書館

第 3113　寒山子詩集一卷　(唐)釋寒山子撰　豐干拾得詩一卷(唐)釋豐干、拾得撰　清乾隆十八年(1753)淨心道人鈔本(蟄菴居士跋)　山東省圖書館

第 3114　李太白文集三十卷　(唐)李白撰　清康熙五十六年(1717)繆曰芑雙泉草堂刻本　濟南市圖書館

第 3115　李太白文集三十卷　(唐)李白撰　清康熙五十六年(1717)繆曰芑雙泉草堂刻本　曲阜師範大學圖書館

第 3116　李太白文集三十卷　(唐)李白撰　清康熙五十六年(1717)繆曰芑雙泉草堂刻本(佚名批校)　曲阜師範大學圖書館

第 3117　韋蘇州集十卷　(唐)韋應物撰　清康熙項氏玉淵堂刻本　曲阜師範大學圖書館

第 3118　趙子常選杜律五言註三卷　(唐)杜甫撰(元)趙汸注　清初刻本(清查愼行批校並跋)　山東省博物館

第 3119　杜工部集二十卷　(唐)杜甫撰(清)錢謙益箋注　年譜一卷諸家詩話一卷唱酬題詠附錄一卷附錄一卷　清康熙六年(1667)季氏靜思堂刻本　山東大學圖書館

第 3120　杜工部集二十卷　(唐)杜甫撰(清)錢謙益箋注　清康熙六年(1667)季氏靜思堂刻本(清李文藻批校)　山東省博物館

第 3121　杜工部集二十卷　(唐)杜甫撰(清)錢謙益箋注　年譜一卷諸家詩話一卷唱酬題詠附錄一卷附錄一卷　清康熙六年(1667)季氏靜思堂刻本(佚名錄清王士祿、王士禛批注)　山東師範大學圖書館

第 3122　杜工部集二十卷　(唐)杜甫撰(清)錢謙益箋注　年譜一卷諸家詩話一卷唱酬題詠附錄一卷附錄一卷　清康熙六年(1667)季氏靜思堂刻本(佚名錄清王士愼、何焯、查禎行批校)　山東省圖書館

第 3123　杜工部集二十卷　(唐)杜甫撰(清)錢謙益箋注　年譜一卷諸家詩話一卷唱酬題詠附錄一卷附錄一卷　清康熙六年(1667)季氏靜思堂刻本(清桂馥批校)　山東省圖書館　存 13 卷:卷 1–5、卷 11–15,諸家詩話一卷,唱酬題詠附錄一卷,附錄一卷

第 3124　杜工部詩集二十卷集外詩一卷文集二卷　(唐)杜甫撰(清)朱鶴齡輯注　年譜一卷(清)朱鶴齡撰　清康熙葉永茹萬卷樓刻本　曹縣圖書館

第 3125　杜工部詩集二十卷集外詩一卷文集二卷　(唐)杜甫撰(清)朱鶴齡輯注　年譜一卷(清)朱鶴齡撰　清康熙葉永茹萬卷樓刻本　文登市圖書館　存 18 卷:卷 1–5、卷 8–20

第 3126　杜詩七言律註例四卷　(清)張篤行撰　稿本　山東省圖書館

第 3127　讀書堂杜工部詩集註解二十卷文集註解二卷　(唐)杜甫撰(清)張溍注　杜工部編年詩史譜目一卷　清康熙三十七年(1698)張氏讀書堂刻本　山東省博物館

第 3128　杜詩論文五十六卷　(清)吳見思撰(清)潘眉評　清康熙十一年(1672)岱淵堂刻本　山東省圖書館

第 3129　杜詩詳註二十五卷　(唐)杜甫撰(清)仇兆鰲輯注　首一卷附編二卷　清康熙刻本(佚名批校)　萊陽市圖書館

第 3130　知本堂讀杜詩二十四卷　(清)汪灝撰　清康熙汪氏自刻本　濰坊市圖書館　存 15 卷:卷 1–2、卷 4–16

第 3131　讀杜心解六卷首二卷　(清)浦起龍撰　清雍正二年至三年(1724—1725)浦氏寧我齋刻本　山東省圖書館

第 3132　讀杜心解六卷首二卷　(清)浦起龍撰　清雍正二年至三年(1724—1725)浦氏寧我齋刻本　濟南市圖書館

第 3133　讀杜心解六卷首二卷　(清)浦起龍撰　清雍正二年至三年(1724—1725)浦氏寧我齋刻本　海陽市圖書館

第 3134　讀杜心解六卷首二卷　(清)浦起龍撰　清雍正二年至三年(1724—1725)浦氏寧我齋刻本　青州市圖書館

第 3135　讀杜心解六卷首二卷　(清)浦起龍撰　清雍正二年至三年(1724—1725)浦氏寧我齋刻本　成武縣文物管理所

第 3136　讀杜心解六卷首二卷　(清)浦起龍撰　清雍正二年至三年(1724—1725)浦氏寧我齋刻本　單縣博物館

第 3137　讀杜心解六卷首二卷　(清)浦起龍撰　清雍正二年至三年(1724—1725)浦氏寧我齋刻本　泰安市博物館

第 3138　讀杜心解六卷首二卷　(清)浦起龍撰　清雍正二年至三年(1724—1725)浦氏寧我齋刻本(清李葆恂跋)　山東大學圖書館

第 3139　讀杜心解六卷首二卷　(清)浦起龍撰　清雍正二年至三年(1724—1725)浦氏寧我齋刻本(佚名批注)　泰安市博物館

第 3140　杜律啓蒙十二卷　(清)邊連寶集注　年譜一卷　清乾隆四十二年(1777)刻本　濟南市圖書館

第 3141　杜詩偶評四卷　(清)沈德潛撰　清乾隆十二年(1747)潘承松賦閒草堂刻本(佚名批校)　蓬萊市文化局慕湘藏書館

第 3142　杜詩精華六卷　(唐)杜甫撰(清)朱琦輯　清乾隆鈔本(朱琦批校)　山東省圖書館

第 3143　杜詩提要十四卷　(清)吳瞻泰撰　清嘉慶二十五年(1820)在茲堂刻本(清許瀚批校)　山東省博物館

第 3144　杜詩直解六卷　(清)沈寅、朱崑輯　清乾隆四十年(1775)鳳樓刻本　曹縣圖書館

第 3145　唐陸宣公集二十二卷　(唐)陸贄撰　清雍正元年(1723)年龔堯刻本　蓬萊市文化局慕湘藏

書館

第 3146　唐陸宣公集二十二卷　(唐)陸贄撰　清雍正元年(1723)年龔堯刻本(清王懿榮題簽,清王守訓題詩)　山東大學圖書館

第 3147　唐李元賓文集五卷　(唐)李觀撰　清西圃蔣氏鈔本(王貢忱錄清吳翌鳳批校)　山東省圖書館

第 3148　昌黎先生集考異十卷　(宋)朱熹撰　清康熙四十七年(1708)李光地刻本(清楊紹和、康綸鈞跋)　山東省圖書館

第 3149　新刊五百家註音辯昌黎先生文集四十卷　(唐)韓愈撰(宋)魏仲舉輯注　清乾隆四十九年(1784)刻本　萊陽市圖書館

第 3150　新刊五百家註音辯昌黎先生文集四十卷　(唐)韓愈撰(宋)魏仲舉輯注　清乾隆四十九年(1784)刻本(佚名批點)　山東省圖書館

第 3151　新刊五百家註音辯昌黎先生文集四十卷　(唐)韓愈撰(宋)魏仲舉輯注　清乾隆四十九年(1784)刻本(清吳汝綸批校)　山東省圖書館

第 3152　昌黎文式二卷　(唐)韓愈撰(宋)眞德秀輯(元)程端禮批點　清鈔本(清張昭潛跋)　山東省圖書館

第 3153　昌黎先生詩集注十一卷　(清)顧嗣立刪補　年譜一卷　清康熙三十八年(1699)顧氏秀野艸堂刻本　山東省圖書館

第 3154　昌黎先生詩集注十一卷　(清)顧嗣立刪補　年譜一卷　清康熙三十八年(1699)顧氏秀野艸堂刻本　山東省圖書館

第 3155　昌黎先生詩集注十一卷　(清)顧嗣立刪補　年譜一卷　清康熙三十八年(1699)顧氏秀野艸堂刻本　煙臺圖書館

第 3156　昌黎先生詩集注十一卷　(清)顧嗣立刪補　年譜一卷　清康熙三十八年(1699)顧氏秀野艸堂刻本　蓬萊市文化局慕湘藏書館

第 3157　昌黎先生詩集注十一卷　(清)顧嗣立刪補　年譜一卷　清康熙三十八年(1699)顧氏秀野艸堂刻本(湛巖過錄朱墨批注)　山東師範大學圖書館

第 3158　昌黎先生詩集注十一卷　(清)顧嗣立刪補　年譜一卷　清康熙三十八年(1699)顧氏秀野艸堂刻本(清張謙宜批校)　山東省圖書館

第 3159　韓子文鈔不分卷　(唐)韓愈撰(清)許鴻磐輯　清道光四年(1824)許鴻磐鈔本　山東省博物館

第 3160　呂和叔文集十卷　(唐)呂溫撰　清鈔本　山東省博物館

第 3161　白香山詩長慶集二十卷後集十七卷別集一卷補遺二卷　(唐)白居易撰　年譜一卷(清)汪立名撰　年譜舊本一卷(宋)陳振孫撰　清康熙四十一年至四十二年(1702—1703)汪立名一隅草堂刻本　濟南市圖書館

第 3162　白香山詩長慶集二十卷後集十七卷別集一卷補遺二卷　(唐)白居易撰　年譜一卷(清)汪立名撰　年譜舊本一卷(宋)陳振孫撰　清康熙四十一年至四十二年(1702—1703)汪立名一隅草堂刻本　山東師範大學圖書館

第 3163　香山詩鈔二十卷　(唐)白居易撰(清)楊大鶴選　清康熙四十年(1701)刻本　諸城市圖書館

第 3164　李義山詩集三卷　(唐)李商隱撰(清)朱鶴齡箋注　清乾隆五十八年(1793)三多齋刻本　萊陽市圖書館

第 3165　李義山詩集十六卷　(唐)李商隱撰(清)姚培謙箋注　清乾隆五年(1740)姚氏松桂讀書堂刻本　中共山東省委黨校圖書館

第 3166　李義山詩集十六卷　(唐)李商隱撰(清)姚培謙箋注　清乾隆五年(1740)姚氏松桂讀書堂刻本　濰坊市圖書館

第 3167　李義山詩集十六卷　(唐)李商隱撰(清)姚培謙箋注　清乾隆五年(1740)姚氏松桂讀書堂刻本(清李兆洛錄明胡震亨、清何焯等批校)　山東省圖書館

第 3168　玉谿生詩箋註三卷樊南文集箋註八卷　(唐)李商隱撰(清)馮浩箋注　首一卷　清乾隆德聚堂刻本　煙臺圖書館

第 3169　玉谿生詩箋註三卷樊南文集箋註八卷　(唐)李商隱撰(清)馮浩箋注　首一卷　清乾隆德聚堂刻本　泰安市博物館　存 3 卷:玉谿生詩箋註三卷

第 3170　李義山文集十卷　(唐)李商隱撰(清)徐樹穀箋(清)徐炯注　清康熙四十七年(1708)徐氏花谿草堂刻本　青州市圖書館

第 3171　李義山文集十卷　(唐)李商隱撰(清)徐樹穀箋(清)徐炯注　清康熙四十七年(1708)徐氏花谿草堂刻本(清佚名、民國馮廷正跋)　蓬萊市文化局慕湘藏書館

第 3172　溫飛卿詩集七卷別集一卷集外詩一卷　(唐)溫庭筠撰(明)曾益注(清)顧予咸補注(清)顧嗣立續注　清康熙三十六年(1697)顧氏秀野草堂刻本　山東師範大學圖書館

第 3173　溫飛卿詩集七卷別集一卷集外詩一卷　(唐)溫庭筠撰(明)曾益注(清)顧予咸補注(清)顧嗣立續注　清康熙三十六年(1697)顧氏秀野草堂刻本　煙臺圖書館

第 3174　溫飛卿詩集七卷別集一卷集外詩一卷　(唐)溫庭筠撰(明)曾益注(清)顧予咸補注(清)顧嗣立續注　清康熙三十六年(1697)顧氏秀野草堂刻本　煙臺圖書館

第 3175　溫飛卿詩集七卷別集一卷集外詩一卷　(唐)溫庭筠撰(明)曾益注(清)顧予咸補注(清)顧嗣立續注　清康熙三十六年(1697)顧氏秀野草堂刻本　蓬萊市文化局慕湘藏書館

第 3176　溫飛卿詩集七卷別集一卷集外詩一卷　(唐)溫庭筠撰(明)曾益注(清)顧予咸補注(清)顧嗣立續注　清康熙三十六年(1697)顧氏秀野草堂刻本　曲阜師範大學圖書館　缺 2 卷:別集一卷,集外詩一卷

第 3177　羅昭諫集八卷　(唐)羅隱撰　清康熙九年(1670)張瓚瑞榴堂刻本　山東師範大學圖書館

第 3178　羅昭諫集八卷　(唐)羅隱撰　清康熙九年(1670)張瓚瑞榴堂刻本　青島市圖書館

第 3179　香奩集一卷韓內翰別集一卷　(唐)韓偓撰　清初宋琬鈔本(清李觀軾跋)　山東省圖書館

第 3180　河東先生集十五卷　(宋)柳開撰　附錄一卷　清初鈔本(清何焯批校並跋)　山東省圖書館

第 3181　徂徠石先生全集二十卷　(宋)石介撰　附錄一卷　清康熙五十六年(1717)石鍵刻本　山東省圖書館

第 3182　蘇學士文集十六卷　(宋)蘇舜欽撰　清康熙三十七年(1698)徐惇孝、徐惇復白華書屋刻本　煙臺圖書館

第 3183　公是集五十四卷　(宋)劉敞撰　清王友亮鈔本(清王友亮、王寀廷跋)　山東省圖書館

第 3184　鄖溪集二十八卷　(宋)鄭獬撰　清鈔本(清徐時棟跋)　山東省圖書館　存 24 卷:卷 1-24

第 3185　曾文定公全集二十卷　(宋)曾鞏撰　首一卷　末一卷　清康熙三十二年(1693)彭期刻本　山東師範大學圖書館

第 3186　震川先生評選歐陽文忠公文鈔不分卷　(宋)歐陽修撰(明)歸有光輯並評　清咸豐楊氏海源閣鈔本　山東省圖書館

第 3187　宋六一先生文鈔不分卷　(宋)歐陽修撰(明)歸有光輯　清書巢居士鈔本　(書巢居士批校並跋)　山東省圖書館

第 3188　歐陽文醇讀本一卷　(宋)歐陽修撰　清嘉慶十七年(1812)松竹軒鈔本　山東省圖書館

第 3189　范忠宣公集二十卷奏議二卷遺文一卷補編一卷附錄一卷　(宋)范純仁撰　清康熙四十六年(1707)范氏歲寒堂刻本　煙臺圖書館

第 3190　范忠宣公集二十卷奏議二卷遺文一卷補編一卷附錄一卷　(宋)范純仁撰　清康熙四十六年(1707)范氏歲寒堂刻本　蓬萊市文化局慕湘藏書館　缺 2 卷:補編一卷,附錄一卷

第 3191　王荊文公詩五十卷　(宋)王安石撰(宋)李壁箋注　清乾隆五年(1740)至六年(1741)張宗松清綺齋刻本　山東省圖書館

第 3192　王荊文公詩五十卷　(宋)王安石撰(宋)李壁箋注　清乾隆五年(1740)至六年(1741)張宗松清綺齋刻本　蓬萊市文化局慕湘藏書館

第 3193　王荊文公詩五十卷　(宋)王安石撰(宋)李壁箋注　清乾隆五年(1740)至六年(1741)張宗松清綺齋刻本　濰坊學院圖書館

第 3194　東坡集四十卷後集二十卷奏議十五卷内制集十卷樂語一卷外制集三卷應詔集十卷續集十二卷　(宋)蘇軾撰　年譜一卷(宋)王宗稷撰　清光緒三十四年(1908)至宣統元年(1909)端方寶華盦刻朱印本(繆荃孫批校)　山東省圖書館　存 103 卷:東坡集四十卷,後集二十卷,奏議十五卷(存 7 卷:卷 9-15),内制集十卷,樂語一卷,外制集三卷,應詔集十卷,續集十二卷

第 3195　蘇東坡詩集注三十二卷　(宋)蘇軾撰(題宋)吕祖謙分編(題宋)王十朋纂集　年譜一卷(宋)王宗稷撰　清康熙三十七年(1698)朱從延文蔚堂刻本　煙臺圖書館

第 3196　施註蘇詩四十二卷總目二卷　(宋)蘇軾撰(宋)施元之、顧禧注(清)邵長蘅、顧嗣立、宋至刪補　蘇詩續補遺二卷(宋)蘇軾撰(清)馮景補注　王註正譌一卷(清)邵長蘅撰　東坡先生年譜一卷(宋)王宗稷撰　清康熙三十八年(1699)宋犖刻本　山東師範大學圖書館

第 3197　施註蘇詩四十二卷總目二卷　(宋)蘇軾撰(宋)施元之、顧禧注(清)邵長蘅、顧嗣立、宋至刪補　蘇詩續補遺二卷(宋)蘇軾撰(清)馮景補注　王註正譌一卷(清)邵長蘅撰　東坡先生年譜一卷(宋)王宗稷撰　清康熙三十八年(1699)宋犖刻本　煙臺圖書館

第 3198　宋黄文節公文集正集三十二卷外集二十四卷別集十九卷首四卷　(宋)黄庭堅撰　伐檀集二卷(宋)黄庶撰　清乾隆三十年(1765)緝香堂刻本　成武縣文物管理所　存 72 卷:正集卷 1-7、卷 11-18、卷 22-32,外集二十四卷,別集卷 3-19,卷首 3 卷,伐檀集二卷

第 3199　宋黄文節公文集正集三十二卷外集二十四卷別集十九卷首四卷　(宋)黄庭堅撰　伐檀集二卷(宋)黄庶撰　清乾隆三十年(1765)緝香堂刻本　青州市圖書館　存 36 卷:正集三十二卷,卷首四卷

第 3200 宋黄文節公文集正集三十二卷外集二十四卷别集十九卷首四卷 (宋)黄庭堅撰 伐檀集二卷(宋)黄庶撰 清乾隆三十年(1765)緝香堂刻本(佚名跋) 壽光市博物館

第 3201 吳郡樂圃朱先生餘稾十卷 (宋)朱長文撰 附編一卷 清康熙五十一年(1712)朱岳壽刻本 山東師範大學圖書館

第 3202 斜川集六卷 (宋)蘇過撰 訂誤一卷(清)吳長元撰 附錄二卷 清乾隆五十三年(1788)趙懷玉亦有生齋刻本 蓬萊市文化局慕湘藏書館

第 3203 洪龜父集二卷 (宋)洪朋撰 清鈔本(清鮑廷博批校) 山東省圖書館

第 3204 楊龜山先生集四十二卷 (宋)楊時撰 首一卷 清康熙四十六年(1707)楊氏刻本(民國元年久翁跋) 煙臺圖書館

第 3205 老圃集二卷遺文一卷 (宋)洪芻撰 清鈔本(佚名批校) 山東省圖書館

第 3206 宋孫仲益内簡尺牘十卷首一卷 (宋)孫覿撰(宋)李祖堯注 清乾隆十二年(1747)蔡焯等刻本 蓬萊市文化局慕湘藏書館

第 3207 胡澹菴先生文集六卷 (宋)胡銓撰 傳一卷 清乾隆鈔本 山東省圖書館

第 3208 盤洲文集八卷 (宋)洪适撰 清乾隆李平仲鈔本(清李文藻校並跋) 山東省圖書館

第 3209 石湖居士詩集三十四卷 (宋)范成大撰 清康熙二十七年(1688)顧氏依園刻本 山東省圖書館

第 3210 石湖居士詩集三十四卷 (宋)范成大撰 清康熙二十七年(1688)顧氏依園刻本 山東省圖書館

第 3211 石湖居士詩集三十四卷 (宋)范成大撰 清康熙二十七年(1688)顧氏依園刻本 山東省圖書館

第 3212 石湖居士詩集三十四卷 (宋)范成大撰 清康熙二十七年(1688)顧氏依園刻本 山東省圖書館

第 3213 石湖居士詩集三十四卷 (宋)范成大撰 清康熙二十七年(1688)顧氏依園刻本 山東師範大學圖書館

第 3214 石湖居士詩集三十四卷 (宋)范成大撰 清康熙二十七年(1688)顧氏依園刻本 蓬萊市文化局慕湘藏書館

第 3215 劍南詩鈔六卷 (宋)陸游撰(清)楊大鶴選 清康熙二十四年(1685)楊大鶴刻本 蓬萊市文化局慕湘藏書館

第 3216 朱子文集大全類編一百十一卷首一卷 (宋)朱熹撰(清)朱玉訂補 清雍正八年(1730)紫陽書堂刻本 山東師範大學圖書館

第 3217 朱子文集大全類編一百十一卷首一卷 (宋)朱熹撰(清)朱玉訂補 清雍正八年(1730)紫陽書堂刻本 菏澤市博物館

第 3218 朱子文集大全類編一百十一卷首一卷 (宋)朱熹撰(清)朱玉訂補 清雍正八年(1730)紫陽書堂刻本 菏澤市博物館 存 35 卷:朱文公問答全集三十五卷

第 3219 朱子古文讀本六卷 (宋)朱熹撰(清)周大璋輯 清康熙五十六年(1717)寶旭齋刻本 濰坊市圖書館

第 3220　朱子古文讀本六卷　(宋)朱熹撰(清)周大璋輯　清康熙五十六年(1717)寶旭齋刻本　成武縣文物管理所

第 3221　玉楮詩藁八卷　(宋)岳珂撰　清鈔本　山東省圖書館

第 3222　汪水雲詩一卷　(宋)汪元量撰　附錄一卷　清初錢謙益家鈔本　山東省博物館

第 3223　元張文忠公歸田類稿二十卷　(元)張養浩撰　附錄一卷　清乾隆五十五年(1790)周永年、毛埅刻本　山東省圖書館

第 3224　元張文忠公歸田類稿二十卷　(元)張養浩撰　附錄一卷　清乾隆五十五年(1790)周永年、毛埅刻本　中共山東省委黨校圖書館

第 3225　趙文敏公松雪齋全集十卷外集一卷續集一卷　(元)趙孟頫撰　附錄一卷　清康熙五十二年(1713)曹培廉城書室刻本(□芝軒主人炳漢跋)　蓬萊市文化局慕湘藏書館

第 3226　翰林珠玉六卷　(元)虞集撰　清道光顧沅藝海樓鈔本　山東省圖書館

第 3227　吳淵潁先生集十二卷　(元)吳萊撰(清)王邦采、王繩曾箋　清康熙六十年(1721)刻本　曲阜師範大學圖書館

第 3228　書林外集七卷　(元)袁士元撰　清乾隆三十五年(1770)鮑氏知不足齋鈔本　山東省博物館

第 3229　清閟閣全集十二卷　(元)倪瓚撰　清康熙五十二年(1713)曹培廉城書室刻本　山東師範大學圖書館

第 3230　趙徵君東山先生存稿七卷　(元)趙汸撰　附錄一卷　清康熙二十年(1681)趙吉士刻本　山東省圖書館

第 3231　宋學士全集三十二卷　(明)宋濂撰　附錄一卷　清康熙四十八年(1709)彭始摶刻本　煙臺圖書館

第 3232　王忠文公集二十五卷　(明)王禕撰　清康熙三十年(1691)王廷曾刻本　文登市圖書館

第 3233　文清公薛先生文集二十四卷　(明)薛瑄撰　行實錄五卷　清雍正十二年(1734)薛氏家刻乾隆印本(清王筠跋)　山東大學圖書館　缺 5 卷:行實錄五卷

第 3234　十科策略箋釋十卷　(明)劉定之撰　清雍正七年(1729)同昇堂刻本　即墨市博物館

第 3235　十科策略箋釋十卷　(明)劉定之撰　清乾隆二十一年(1756)三樂齋刻本　長清區圖書館

第 3236　白沙子全集十卷首一卷末一卷白沙子古詩教解二卷　(明)陳獻章撰　清乾隆三十六年(1771)碧玉樓刻本　濟南市圖書館

第 3237　白沙子全集十卷首一卷末一卷白沙子古詩教解二卷　(明)陳獻章撰　清乾隆三十六年(1771)碧玉樓刻本　蓬萊市文化局慕湘藏書館

第 3238　懷麓堂全集一百卷　(明)李東陽撰　清康熙二十年(1681)廖方達刻本　山東師範大學圖書館　缺 16 卷:詩後稿卷 5-10,詩文續稿十卷

第 3239　康對山先生集四十五卷首一卷　(明)康海撰　清康熙五十一年(1712)馬逸姿刻本　山東師範大學圖書館

第 3240　荊川文集十八卷　(明)唐順之撰　清康熙五十一年(1712)唐執玉刻本(清楊廷錫跋)　山東師範大學圖書館

第 3241　楊忠愍公集四卷　(明)楊繼盛撰　清康熙十二年(1673)楊聰福刻本　濟南市圖書館

第 3242 王弇州集二十卷 (明)王世貞撰(清)張汝瑚輯 清康熙二十一年(1682)郢雪書林刻本 山東師範大學圖書館

第 3243 交繡閣詩草四卷文一卷 (明)張夢鯉撰 清鈔本 山東省圖書館

第 3244 震川先生集三十卷別集十卷 (明)歸有光撰 附錄一卷 清康熙十年至十四年(1671—1675)歸莊、歸玠等刻本 山東省博物館

第 3245 震川先生集三十卷別集十卷 (明)歸有光撰 附錄一卷 清康熙十年至十四年(1671—1675)歸莊、歸玠等刻本 煙臺圖書館

第 3246 震川先生集三十卷別集十卷 (明)歸有光撰 附錄一卷 清康熙十年至十四年(1671—1675)歸莊、歸玠等刻本 蓬萊市文化局慕湘藏書館

第 3247 震川先生集三十卷別集十卷 (明)歸有光撰 附錄一卷 清康熙十年至十四年(1671—1675)歸莊、歸玠等刻本 山東師範大學圖書館

第 3248 震川先生集三十卷別集十卷 (明)歸有光撰 附錄一卷 清康熙十年至十四年(1671—1675)歸莊、歸玠等刻本(清李光洛批校並跋) 山東省圖書館

第 3249 黄髮翁全集四卷戲筆一卷首一卷末一卷 (明)畢木撰(清)畢盛鑒輯 清康熙鈔本 山東大學圖書館

第 3250 四溟詩鈔五卷 (明)謝榛撰 清鈔本(鄧汝功批校) 山東省博物館

第 3251 秋澄詩集一卷 (明)王教撰 清鈔本 山東省博物館

第 3252 呂新吾先生去僞齋文集十卷 (明)呂坤撰 清康熙十三年(1674)呂慎多刻本 山東省圖書館

第 3253 呂新吾先生去僞齋文集十卷 (明)呂坤撰 清康熙十三年(1674)呂慎多刻本 山東省圖書館

第 3254 曼衍齋全集 (明)莊元臣撰 清康熙永言齋鈔本 文登市圖書館

第 3255 燕喜堂集十五卷 (明)劉一相撰 清鈔本 山東省圖書館

第 3256 鏡山庵集二十五卷十八闋一卷 (明)高出撰 紹鏡集一卷(清)高瑆撰 清活字印本 山東省圖書館 存 21 卷:卷 1–9、卷 13–21、卷 24–25,紹鏡集一卷

第 3257 劉蕺山先生遺集二十四卷 (明)劉宗周撰 年譜二卷 清乾隆十七年(1752)雷鋐、鄭肇奎等刻本 山東省圖書館

第 3258 高陽集二十卷 (明)孫承宗撰 清順治十二年(1655)孫之澇刻本 山東省圖書館 存 18 卷:詩集卷 1–10,文集卷 1–8

第 3259 高陽集二十卷 (明)孫承宗撰 清順治十二年(1655)孫之澇刻本 山東省圖書館 存 8 卷:詩集卷 1–8

第 3260 賜閑堂集四卷 (明)王象晉撰 清順治九年(1652)王與敕等刻本 山東省博物館

第 3261 賜閑堂集四卷 (明)王象晉撰 清順治九年(1652)王與敕等刻本 山東省圖書館

第 3262 長馨軒集□□卷 (明)王雅量撰 清初鈔本(唐仰杜跋) 山東省圖書館 存 1 卷:卷 1

第 3263 紅雨樓題跋一卷 (明)徐𤊹撰 清康熙五十八年(1719)林佶蘭語堂鈔本(清林佶、劉喜海跋) 山東省圖書館

第 3264　左忠毅公集三卷　(明)左光斗撰　年譜二卷(清)左宰撰　左侍御公集一卷(明)左光先撰　清乾隆刻本(佚名批校)　山東省圖書館

第 3265　楊忠烈公文集六卷　(明)楊漣撰　清順治十七年(1660)李贊元刻本　文登市圖書館

第 3266　問山亭遺詩拾遺一卷　(明)王象春撰(清)王祖昌輯　清鈔本　山東省圖書館

第 3267　明德先生文集二十六卷制藝一卷　(明)呂維祺撰　附新安定變全城記一卷(清)張鼎延撰　清康熙二年(1663)呂兆璜、呂兆琳等刻本　山東省圖書館

第 3268　岱宗藏藁五十卷目錄二卷　(明)楊夢衮撰　清鈔本　山東省博物館

第 3269　轉情集二卷　(明)費元禄撰　清康熙九年(1670)甲秀園刻本　山東省圖書館

第 3270　倪文正公遺稿二卷　(明)倪元璐撰　清順治八年(1651)刻本　山東省圖書館

第 3271　黄子録六十六卷　(明)黄道周撰(清)洪思考正(清)柯蔭集解　清鈔本　山東省圖書館

第 3272　小築邇言八卷徐公經濟録一卷　(明)徐標撰(清)丁瑤泉增輯　清道光十年(1830)陳鈞鈔本　山東省博物館

第 3273　左懋第全集九卷　(明)左懋第撰　清乾隆刻本　中共山東省委黨校圖書館

第 3274　左懋第全集九卷　(明)左懋第撰　清乾隆刻本　萊陽市圖書館

第 3275　劉文烈公全集十二卷　(明)劉理順撰　清順治刻康熙重修本　山東省博物館

第 3276　嶠雅二卷　(明)鄺露撰　清海雪堂刻本　山東省圖書館

第 3277　傅徵君霜紅龕詩鈔一卷　(明)傅山撰　吳徵君蓮洋詩鈔一卷(清)吳雯撰　清乾隆三十二年(1767)刻本　蓬萊市文化局慕湘藏書館

第 3278　明初何大年手録所作詩冊原本不分卷　(明)何大年撰　舊鈔本　青州市圖書館

第 3279　四雖軒詩稿一卷柏邨詩集一卷　(明)王衮、王濼撰　清乾隆十九年(1754)李文藻鈔本　曲阜師範大學圖書館

第 3280　湘中草六卷　(明)湯傳楹撰　清康熙二十四年(1685)尤侗刻本　曲阜師範大學圖書館

第 3281　湘中草六卷　(明)湯傳楹撰　清康熙二十四年(1685)尤侗刻本　泰安市博物館

第 3282　牧齋有學集五十卷　(清)錢謙益撰　清康熙刻本　山東省圖書館

第 3283　牧齋有學集五十一卷　(清)錢謙益撰　清康熙金匱山房刻本　蓬萊市文化局慕湘藏書館

第 3284　牧齋有學集五十一卷　(清)錢謙益撰　清康熙金匱山房刻本　曲阜師範大學圖書館

第 3285　牧齋初學集詩註二十卷有學集詩註十四卷　(清)錢謙益撰(清)錢曾注　清春暉堂刻本　山東師範大學圖書館

第 3286　牧齋初學集詩註二十卷有學集詩註十四卷　(清)錢謙益撰(清)錢曾注　清春暉堂刻本　煙臺圖書館　存 14 卷:有學集詩註十四卷

第 3287　投筆集二卷　(清)錢謙益撰　清鈔本　山東大學圖書館

第 3288　不遠堂文集不分卷　(清)惲日初撰　清鈔本　山東大學圖書館

第 3289　尊水園集略十二卷補遺一卷　(清)盧世㴶撰　附一卷(清)王永吉撰　清順治十七年(1660)盧孝餘刻本　山東師範大學圖書館

第 3290　石臼前集九卷後集七卷　(清)邢昉撰　清康熙刻本　山東省圖書館

第 3291　王孟津詩文稿一卷　(清)王鐸撰　手稿本(王獻唐跋)　山東省博物館

第 3292 逋齋詩四卷二集二卷又二卷 (清)劉正宗撰 清順治刻本 山東省圖書館

第 3293 逋齋詩四卷二集二卷又二卷 (清)劉正宗撰 清順治刻本 青島市圖書館 存 2 卷:逋齋詩卷 1、卷 3

第 3294 四照堂文集五卷詩集二卷 (清)王猷定撰 清康熙二十二年(1683)王堃刻本 山東省圖書館

第 3295 陸舫詩草五卷 (清)丁耀亢撰 清康熙刻本 諸城市圖書館

第 3296 家政須知一卷 (清)丁耀亢撰 清康熙鈔本 諸城市圖書館

第 3297 江干草□□卷 (清)丁耀亢撰 清康熙十二年(1673)家刻本 諸城市圖書館 存 2 卷:卷 1–2

第 3298 青箱堂詩三十三卷文集十二卷遺稿續刻一卷年譜一卷 (清)王崇簡撰 清康熙刻本 山東師範大學圖書館 存 33 卷:青箱堂詩三十三卷

第 3299 鈍吟全集二十三卷 (清)馮班撰 清初毛氏汲古閣、康熙陸貽典等遞刻本(王獻唐跋) 山東省圖書館 存 7 種 12 卷:馮氏小集三卷;鈍吟集三卷;鈍吟別集一卷;鈍吟餘集一卷;遊仙詩二卷;鈍吟老人集外詩一卷;鈍吟老人文稿一卷

第 3300 青溪遺稿二十八卷 (清)程正揆撰 清康熙五十四年(1715)程大畢、程光珠刻本 山東省圖書館

第 3301 敬亭集十卷 (清)姜埰撰 清康熙姜氏念祖堂刻本(清王懿榮鈔補,清張鵬程跋) 山東省圖書館

第 3302 梅村集四十卷目錄二卷 (清)吳偉業撰 清康熙七年(1668)顧湄等刻本(清趙執信批校並跋) 山東省圖書館

第 3303 梅村詩鈔不分卷 (清)吳偉業撰 清康熙四十年(1701)朱綱鈔本 山東省圖書館

第 3304 吳詩集覽二十卷補註二十卷 (清)吳偉業撰(清)靳榮藩注 吳詩談藪二卷拾遺一卷(清)靳榮藩輯 清乾隆四十年(1775)凌雲亭刻本(清王筠批校) 山東省圖書館

第 3305 黃梨洲先生南雷文約四卷 (清)黃宗羲撰 清乾隆鄭性刻本 山東省圖書館

第 3306 鐵堂詩草二卷 (清)許珌撰(清)楊芳燦輯 清楊氏海源閣鈔本 山東省圖書館

第 3307 清止閣集九卷 (清)趙進美撰 清鈔本 山東省圖書館

第 3308 五公山人集十六卷 (清)王餘佑撰 清康熙三十四年(1695)枕釣齋刻本 蓬萊市文化局慕湘藏書館

第 3309 壯悔堂文集十卷遺稿一卷 (清)侯方域撰 清順治刻本 山東省圖書館

第 3310 四憶堂詩集六卷遺稿一卷 (清)侯方域撰 清康熙刻本 山東省圖書館

第 3311 蕉林詩集十八卷 (清)梁清標撰 清康熙十七年(1678)梁允植刻本 山東省圖書館

第 3312 水絃樓詩文稿一卷 (清)王啓叡撰 稿本 山東省博物館

第 3313 息軒草一卷 (清)王樛撰 稿本 山東省博物館

第 3314 黃山詩留十六卷 (清)法若眞撰 清康熙刻本 山東師範大學圖書館

第 3315 寒松堂全集十二卷 (清)魏象樞撰 清康熙刻本 山東省圖書館

第 3316　寒松堂全集十二卷　(清)魏象樞撰　清康熙刻本　山東師範大學圖書館

第 3317　佳山堂詩集十卷二集九卷　(清)馮溥撰　清康熙刻本　山東省博物館

第 3318　佳山堂詩集十卷二集九卷　(清)馮溥撰　清康熙刻本　山東省圖書館

第 3319　佳山堂詩集十卷二集九卷　(清)馮溥撰　清康熙刻本　濟南市圖書館

第 3320　鶴靜堂集十九卷　(清)周茂源撰　清康熙天馬山房刻本　山東省圖書館

第 3321　晴鶴堂詩鈔十六卷　(清)周體觀撰　清康熙十八年(1679)周曾刻本　山東省圖書館

第 3322　范忠貞公集十卷　(清)范承謨撰　清康熙范弘遇刻本　山東省圖書館

第 3323　潛菴先生遺稿五卷　(清)湯斌撰　清康熙刻本　蓬萊市文化局慕湘藏書館

第 3324　湯子遺書十卷　(清)湯斌撰　清康熙四十二年(1703)刻本　蓬萊市文化局慕湘藏書館

第 3325　偶更堂文集二卷詩稿二卷　(清)徐作肅撰　清康熙傳盛社刻本　泰安市博物館

第 3326　堯峯文鈔五十卷　(清)汪琬撰　清康熙三十二年(1693)林佶寫刻本　蓬萊市文化局慕湘藏書館

第 3327　話雨山房詩草二卷　(清)傅扆撰　稿本　山東省圖書館

第 3328　瀆槐堂近詩六卷　(清)傅扆撰　清鈔本　山東省圖書館

第 3329　表餘堂詩一卷　(清)王士祿撰　稿本(清王士禛評)　山東省博物館

第 3330　考功集選四卷　(清)王士祿撰　清康熙鈔本(清王士禛批校)　山東省圖書館

第 3331　澂懷閣詩一卷　(清)陳允衡撰　清初鈔本(清王士禛批並跋)　山東省博物館

第 3332　槐軒詩集十卷　(清)王曰高撰　清康熙八年(1669)自刻本　山東省圖書館　存 8 卷:卷 1-8

第 3333　但吟草八卷恭紀詩一卷　(清)蕭惟豫撰　清康熙五十年(1711)自刻本　青島市圖書館

第 3334　蠶尾續集二十卷　(清)王士禛撰　清鈔本　山東省圖書館

第 3335　阮亭詩選十七卷　(清)王士禛撰　清康熙元年(1662)自刻本　山東省圖書館

第 3336　漁洋山人詩續集十六卷　(清)王士禛撰　清康熙刻本　文登市圖書館

第 3337　古夫于亭藁二卷　(清)王士禛撰　清康熙四十六年(1707)成文昭刻本　濟南市圖書館

第 3338　漁洋山人精華錄十卷　(清)王士禛撰　清康熙三十九年(1700)林佶寫刻本　山東省博物館

第 3339　漁洋山人精華錄十卷　(清)王士禛撰　清康熙三十九年(1700)林佶寫刻本　山東省圖書館

第 3340　漁洋山人精華錄十卷　(清)王士禛撰　清康熙三十九年(1700)林佶寫刻本　濟南市圖書館

第 3341　漁洋山人精華錄十卷　(清)王士禛撰　清康熙三十九年(1700)林佶寫刻本　山東大學圖書館

第 3342　漁洋山人精華錄十卷　(清)王士禛撰　清康熙三十九年(1700)林佶寫刻本　桓臺縣圖書館

第 3343　漁洋山人精華錄十卷　(清)王士禛撰　清康熙三十九年(1700)林佶寫刻本　煙臺圖書館

第 3344　漁洋山人精華錄十卷　(清)王士禛撰　清康熙三十九年(1700)林佶寫刻本　蓬萊市文化局慕湘藏書館

第 3345　漁洋山人精華錄十卷　(清)王士禛撰　清康熙三十九年(1700)林佶寫刻本　濰坊學院圖書館

第 3346　漁洋山人精華錄十卷　(清)王士禛撰　清康熙三十九年(1700)林佶寫刻本　曲阜師範大學

圖書館

第 3347　漁洋山人精華錄十卷　(清)王士禛撰　清康熙三十九年(1700)林佶寫刻本(清鄧鍾岳批校)　山東省博物館

第 3348　漁洋山人精華錄箋注十二卷補一卷　(清)王士禛撰(清)金榮箋注　年譜一卷　清金氏鳳翽堂刻本　淄博市博物館

第 3349　漁洋山人精華錄箋注十二卷補一卷　(清)王士禛撰(清)金榮箋注　年譜一卷　清金氏鳳翽堂刻本　淄博市博物館

第 3350　漁洋山人精華錄箋注十二卷補一卷續補一卷續錄箋注一卷　(清)王士禛撰(清)金榮箋注　年譜一卷附錄一卷　清金氏鳳翽堂刻乾隆二年(1737)續刻本　濟南市圖書館

第 3351　漁洋山人精華錄箋注十二卷補一卷續補一卷續錄箋注一卷　(清)王士禛撰(清)金榮箋注　年譜一卷附錄一卷　清金氏鳳翽堂刻乾隆二年(1737)續刻本　青島市圖書館　缺 2 卷:續補一卷,續錄箋注一卷

第 3352　經義齋集十八卷　(清)熊賜履撰　清康熙二十九年(1690)刻本　兖州市圖書館

第 3353　尊聞堂集八十卷　(清)陳廷敬撰　清康熙刻本　文登市圖書館

第 3354　午亭文編五十卷　(清)陳廷敬撰　清康熙四十七年(1708)林佶寫刻本　山東省圖書館

第 3355　午亭文編五十卷　(清)陳廷敬撰　清康熙四十七年(1708)林佶寫刻本　曲阜師範大學圖書館

第 3356　松桂堂全集三十七卷南泩集三卷延露詞三卷　(清)彭孫遹撰　清乾隆八年(1743)彭景曾刻本(清周家祿跋)　曲阜師範大學圖書館　存 3 卷:延露詞三卷

第 3357　柯邨遺稿八卷　(清)丘元武撰　清康熙刻本　山東省圖書館

第 3358　蕉雨齋詩稿一卷　(清)張永躋撰　稿本　山東省博物館

第 3359　紀城文稾四卷　(清)安致遠撰　清康熙三十四年(1695)蘭雪堂刻本　山東省博物館

第 3360　道援堂詩集十三卷　(清)屈大均撰　清康熙刻本　山東省圖書館　存 5 卷:卷 1–5

第 3361　溉堂前集九卷後集六卷續集六卷文集五卷詩餘二卷　(清)孫枝蔚撰　清康熙刻康熙六十年(1721)增刻本　山東省圖書館　存 21 卷:前集九卷,後集六卷,續集六卷

第 3362　獨漉堂詩集十五卷文集十五卷　(清)陳恭尹撰　清康熙陳氏晚成堂刻本　濟南市圖書館　存 15 卷:詩集十五卷

第 3363　抱犢山房集六卷　(清)嵇永仁撰　清雍正刻本　山東省圖書館　存 5 卷:卷 1–5

第 3364　抱犢山房集六卷續離騷一卷雙報應二卷揚州夢二卷　(清)嵇永仁撰　清雍正刻本　蓬萊市文化局慕湘藏書館

第 3365　渠亭山人半部稾五卷　(清)張貞撰　清康熙刻本　中共山東省委黨校圖書館

第 3366　渠亭山人半部稾五卷　(清)張貞撰　清康熙刻本　安丘市博物館

第 3367　渠亭山人半部稾五卷　(清)張貞撰　清康熙刻本　濰坊市圖書館　存 1 卷:或語一卷

第 3368　珂雪詩五卷　(清)曹貞吉撰　清康熙刻本　蓬萊市文化局慕湘藏書館　存 1 卷:珂雪集一卷

第 3369　讀書堂綵衣全集四十六卷　(清)趙士麟撰　清康熙三十五年(1696)刻本　山東省圖書館

第 3370　柳村詩集十二卷　(清)董訥撰　清康熙刻本　山東省圖書館

第 3371　儲遯菴文集十二卷　(清)儲方慶撰　附録一卷　清康熙四十一年(1702)儲右文等刻本　山東省圖書館

第 3372　樂圃集七卷補遺一卷　(清)顔光敏撰　清康熙刻十子詩略本　山東省圖書館

第 3373　樂圃集七卷補遺一卷　(清)顔光敏撰　清康熙刻十子詩略本　曲阜師範大學圖書館

第 3374　未信堂近稿不分卷　(清)顔光敏撰　清康熙刻本　曲阜師範大學圖書館

第 3375　三魚堂文集十二卷外集六卷　(清)陸隴其撰　附録一卷　清康熙四十年(1701)琴川書屋刻本　青島市圖書館

第 3376　三魚堂文集十二卷外集六卷　(清)陸隴其撰　附録一卷　清康熙四十年(1701)琴川書屋刻本　泰安市博物館

第 3377　三魚堂文集十二卷外集六卷　(清)陸隴其撰　附録一卷　清康熙嘉會堂刻本　煙臺圖書館

第 3378　有懷堂文藁二十二卷詩藁六卷　(清)韓菼撰　清康熙四十二年(1703)刻本　山東省圖書館

第 3379　有懷堂文藁二十二卷詩藁六卷　(清)韓菼撰　清康熙四十二年(1703)刻本　山東師範大學圖書館

第 3380　鳳池園詩集八卷文集八卷　(清)顧汧撰　清康熙五十年(1711)刻本　泰安市圖書館　存 4 卷:詩集卷 1–4

第 3381　通志堂集二十卷　(清)納蘭性德撰　清康熙三十年(1691)徐乾學刻本　山東省圖書館

第 3382　焦螟集八卷　(清)朱彝尊撰　清康熙鈔本(清宋犖跋)　山東省博物館

第 3383　曝書亭集八十卷　(清)朱彝尊撰　附録一卷笛漁小稿十卷(清)朱昆田撰　清康熙五十三年(1714)朱稻孫刻本(清李文藻批校)　山東省博物館　存 68 卷:卷 1–15、卷 28–80

第 3384　李漁村先生稿一卷　(清)李澄中撰　稿本(清張石民評點)　山東省博物館

第 3385　白雲村文集四卷臥象山房詩正集七卷　(清)李澄中撰　清康熙四十四年(1705)龐塏等刻本　青州市圖書館

第 3386　臥象山房詩集二十四卷文集二卷艮齋筆記八卷雜傳一卷　(清)李澄中撰　稿本　山東省圖書館

第 3387　艮齋筆記八卷　(清)李澄中撰　清鈔本(張鏡夫跋)　青島市圖書館

第 3388　飴山文集十二卷附録一卷　(清)趙執信撰　清乾隆三十九年(1774)因園刻本　中共山東省委黨校圖書館

第 3389　野香亭集十三卷　(清)李孚青撰　清康熙刻本　泰安市博物館　存 9 卷:卷 5–13

第 3390　繡虎軒尺牘八卷二集八卷三集八卷　(清)曹煜撰　清康熙傳萬堂刻本　山東師範大學圖書館

第 3391　揖雲齋集不分卷　(清)鈕琇撰　稿本　山東省圖書館

第 3392　蓮洋集二十卷　(清)吳雯撰　年譜一卷附録一卷　清乾隆三十九年(1774)荆圃草堂刻本　濟南市圖書館

第 3393　聊齋文集□□卷　(清)蒲松齡撰　稿本(張元濟、王獻唐、王統照跋,溥儒繪圖)　山東省圖書館　存 1 卷:卷 7

第 3394 拟表九篇一卷 (清)蒲松齡撰 稿本 淄博市蒲松齡紀念館

第 3395 聊齋呈稿一卷 (清)蒲松齡撰 清鈔本 濟南市圖書館

第 3396 聊齋文集四卷 (清)蒲松齡撰 清鈔本(楊宣子跋) 山東省博物館

第 3397 聊齋詩集二卷詞集一卷 (清)蒲松齡撰 清鈔本(蕭龍友批,王滄佩、王獻唐跋) 山東省博物館

第 3398 闕里顔太史眞稿一卷 (清)顔光猷撰 清康熙水明樓刻本 曲阜師範大學圖書館

第 3399 漁洋山人評點崑崙山房詩稿三卷 (清)張篤慶撰 稿本(清王士禛批,王獻唐跋) 山東省圖書館

第 3400 崐崙山房集二卷 (清)張篤慶撰(清)王士禛評點 清鈔本 山東省博物館

第 3401 崑崙山房詩稿一卷 (清)張篤慶撰 清鈔本(筱堂跋) 山東省博物館

第 3402 湖海集十三卷 (清)孔尚任撰 清康熙孔氏介安堂刻本 濟南市圖書館

第 3403 湖海集十三卷 (清)孔尚任撰 清康熙孔氏介安堂刻本 曲阜師範大學圖書館

第 3404 春藹堂集十八卷 (清)陳奕禧撰 清康熙四十六年(1707)刻本 山東省圖書館

第 3405 御製避暑山莊詩二卷 (清)聖祖玄燁撰(清)揆敘等注 清康熙五十一年(1712)内府刻朱墨套印本 山東省圖書館

第 3406 御製避暑山莊詩二卷 (清)聖祖玄燁撰(清)揆敘等注 清康熙五十一年(1712)内府刻朱墨套印本 山東省圖書館

第 3407 馮舍人遺詩六卷 (清)馮廷櫆撰 清雍正十一年(1733)刻本 山東省圖書館

第 3408 馮舍人遺詩六卷 (清)馮廷櫆撰 清雍正十一年(1733)刻本(王獻唐跋) 山東省圖書館

第 3409 晴川集一卷 (清)馮廷櫆撰 清鈔本 山東省圖書館

第 3410 樂志堂文鈔四卷 (清)姜承烈撰 清康熙二十八年(1689)自刻本 山東省圖書館

第 3411 正誼堂文集十二卷 (清)張伯行撰 附錄一卷 清乾隆刻本 蓬萊市文化局慕湘藏書館

第 3412 懷清堂集二十卷 (清)湯右曾撰 清乾隆七年(1742)黄鍾刻本 山東省圖書館

第 3413 懷清堂集二十卷 (清)湯右曾撰 首一卷 清乾隆十一年(1746)湯學基等刻本 山東省圖書館

第 3414 懷清堂集二十卷 (清)湯右曾撰 首一卷 清乾隆十一年(1746)湯學基等刻本 山東省圖書館

第 3415 懷清堂集二十卷 (清)湯右曾撰 首一卷 清乾隆十一年(1746)湯學基等刻本 曲阜師範大學圖書館

第 3416 顔學山近稿一卷 (清)顔光斆撰 清康熙刻本 曲阜師範大學圖書館

第 3417 取此居文集二卷 (清)周正撰(清)李應廌評 清康熙刻本(清張謙宜批校並跋) 山東省圖書館

第 3418 在陸草堂文集六卷 (清)儲欣撰 清雍正元年(1723)儲掌文淑慎堂刻本 山東省圖書館

第 3419 善卷堂四六十卷 (清)陸繁弨撰 清乾隆三十五年(1770)刻本 萊陽市圖書館

第 3420 棗花田舍詩一卷 (清)曹霖撰 稿本 山東省博物館

第 3421 楓香集二卷 (清)朱緗撰 清康熙刻本 山東省圖書館

第 3422　楓香集二卷　(清)朱緗撰　清康熙刻本　濟南市圖書館

第 3423　葛莊編年詩三十六卷補遺一卷　(清)劉廷璣撰　清康熙刻本　泰安市博物館　存 35 卷:卷 1–35

第 3424　小方壺存稾十八卷　(清)汪森撰　清康熙刻本　山東省圖書館

第 3425　摛藻堂續藁五卷　(清)汪文柏撰　清康熙刻本　山東省圖書館

第 3426　樓邨詩集二十五卷　(清)王式丹撰　清雍正四年(1726)王懋訥刻本　山東省圖書館

第 3427　緯蕭草堂詩三卷　(清)宋至撰　清康熙刻本　濰坊學院圖書館

第 3428　思綺堂文集十卷　(清)章藻功撰　清康熙六十一年(1722)刻本　煙臺圖書館

第 3429　思綺堂文集十卷　(清)章藻功撰　清康熙六十一年(1722)刻本　兖州市圖書館

第 3430　思綺堂文集十卷　(清)章藻功撰　清康熙六十一年(1722)刻本　泰安市博物館

第 3431　二十四泉草堂集十二卷　(清)王苹撰　稿本　山東省圖書館

第 3432　二十四泉草堂集十二卷　(清)王苹撰　清康熙五十六年(1717)于熙學刻本　濟南市圖書館

第 3433　二十四泉草堂集十二卷　(清)王苹撰　清康熙五十六年(1717)于熙學刻本　煙臺圖書館　存 6 卷:卷 1–6

第 3434　蓼村集四卷　(清)王苹撰　清乾隆三十八年(1773)胡德琳刻本　濟南市圖書館

第 3435　蓼村集四卷　(清)王苹撰　清乾隆三十八年(1773)胡德琳刻本　泰安市博物館

第 3436　方望溪先生文稿不分卷　(清)方苞撰　稿本　山東大學圖書館

第 3437　望溪集不分卷　(清)方苞撰(清)王兆符、程崟輯　清乾隆十一年(1746)程崟刻本　蓬萊市文化局慕湘藏書館

第 3438　望溪集不分卷　(清)方苞撰(清)王兆符、程崟輯　清乾隆十一年(1746)程崟刻本　濰坊市圖書館

第 3439　餘園詩鈔六卷　(清)繆沅撰　清乾隆十年(1745)葆素堂刻本　泰安市博物館

第 3440　綠楊紅杏軒詩集四卷續集六卷　(清)蔣仁錫撰　清康熙刻本　山東省博物館

第 3441　匠門書屋文集三十卷　(清)張大受撰　清雍正七年(1729)顧詒祿刻本　山東師範大學圖書館

第 3442　蔗塘未定稿九卷外集八卷　(清)查爲仁撰並輯　清乾隆刻本　山東省圖書館

第 3443　香樹齋詩集十八卷續集三十六卷文集二十八卷續鈔五卷　(清)錢陳羣撰　清乾隆刻本　泰安市博物館

第 3444　西圃近稿一卷　(清)田同之撰　稿本　山東省博物館

第 3445　西圃文説三卷　(清)田同之撰　稿本　山東省博物館

第 3446　西圃詩册一卷　(清)田同之撰　稿本　山東省圖書館

第 3447　南堂詩鈔十二卷詞賦一卷　(清)施世綸撰　清雍正四年(1726)施廷翰刻本　山東省圖書館

第 3448　麗則集一卷　(清)孔毓埏撰　稿本　山東省博物館

第 3449　江湖夜雨集四卷　(清)郎廷槐撰　清康熙蘿筵齋刻本　山東省圖書館

第 3450　後村雜著三卷　(清)王文治撰　清康熙刻本　蓬萊市文化局慕湘藏書館

第 3451　紫幢軒詩三十二卷　(清)文昭撰　清康熙雍正間刻本　蓬萊市文化局慕湘藏書館　存 3 種

4卷:松風塵餘集二卷;在告集一卷;交春集一卷

第 3452 澗堂詩鈔一卷 (清)畢海珖撰 稿本(清趙執信校) 山東省博物館

第 3453 申椒集二卷 (清)孔傳鐸撰 清康熙四十五年(1706)刻本 曲阜師範大學圖書館

第 3454 補閒集二卷 (清)孔傳鋕撰 清康熙四十五年(1706)刻本 山東師範大學圖書館

第 3455 王碧瑩詩集一卷 (清)王順德撰 稿本 山東省博物館

第 3456 綠筠軒詩四卷 (清)張元撰 清鈔本 山東省圖書館

第 3457 綠筠軒詩二卷 (清)張元撰 清鈔本(清沈廷芳跋) 山東省博物館

第 3458 吟風弄月詩稿四卷 (清)畢宿燾撰 稿本(清畢所鐳跋) 山東省圖書館

第 3459 半舫齋古文八卷 (清)夏之蓉撰 清乾隆三十六年(1771)刻本 泰安市博物館 存5卷:卷1-5

第 3460 弢甫五嶽集二十卷 (清)桑調元撰 清乾隆修汲堂刻本 蓬萊市文化局慕湘藏書館

第 3461 夢堂詩稿十五卷 (清)英廉撰 清乾隆延福刻本 煙臺圖書館

第 3462 聽雨樓詩二卷 (清)張作哲撰 清鈔本(李果僭跋) 山東省博物館

第 3463 蒼雪山房稿一卷 (清)朱綱撰 (清)王士禛評 清刻本 山東省圖書館

第 3464 小山詩初藁二卷續藁四卷後藁二卷詩餘四卷文藁八卷 (清)王時翔撰 清乾隆十一年(1746)王景元刻本 泰安市博物館 存12卷:小山詩初藁二卷,續藁四卷,後藁二卷,文藁卷1-4

第 3465 海石堂集鈔一卷 (清)劉伍寬撰 清乾隆三十二年(1767)劉之垣鈔本 山東省圖書館

第 3466 南阜山人詩集類稿七卷 (清)高鳳翰撰 清乾隆二十八年(1763)高元質刻本 濰坊教育學院圖書館

第 3467 南阜山人詩集類稿七卷 (清)高鳳翰撰 清乾隆二十八年(1763)高元質刻本 泰安市博物館

第 3468 南阜山人全集四十四卷 (清)高鳳翰撰 清道光二十八年(1848)鈔本(清劉喜海跋) 山東省博物館

第 3469 固哉草亭詩一卷 (清)高斌撰 清乾隆五年(1740)自刻本 山東省圖書館

第 3470 鑄雪齋集六卷詩集八卷年譜一卷 (清)張希傑撰 稿本 山東省圖書館

第 3471 冰壑堂詩稿二卷 (清)朱令昭撰 稿本(王公舒、柳少師跋) 山東省圖書館 存1卷:卷2

第 3472 皇華集一卷附石湖草一卷 (清)朱令昭撰 稿本(清張希傑跋) 山東省圖書館

第 3473 湖上草堂詩稿一卷 (清)朱崇道撰 清鈔本(西安評並跋) 山東省圖書館

第 3474 樂善堂全集四十卷目錄四卷 (清)高宗弘曆撰 清乾隆二年(1737)內府刻本 山東省圖書館

第 3475 樂善堂全集定本三十卷 (清)高宗弘曆撰 清乾隆二十四年(1759)內府刻本 山東省圖書館

第 3476 御製詩初集四十四卷目錄四卷 (清)高宗弘曆撰 清乾隆十四年(1749)內府刻本 淄博市圖書館

第 3477 御製詩二集九十卷目錄十卷 (清)高宗弘曆撰 清乾隆二十四年(1759)內府刻本 山東省圖書館

第 3478　御製文初集三十卷目錄二卷　(清)高宗弘曆撰　清乾隆二十八年(1763)内府刻本　山東省圖書館

第 3479　御製文初集三十卷目錄二卷　(清)高宗弘曆撰　清乾隆二十八年(1763)内府刻本　泰安市博物館

第 3480　竹嘯軒詩鈔十八卷　(清)沈德潛撰　清乾隆刻本　山東省圖書館

第 3481　沈歸愚詩文全集七十四卷　(清)沈德潛撰　清乾隆教忠堂遞刻本　煙臺圖書館　存 14 種 69 卷:歸愚詩鈔二十卷;詩鈔餘集十卷(存 8 卷:卷 1–8);歸愚文鈔二十卷;文鈔餘集八卷(存 7 卷:卷 1–7);說詩晬語二卷;浙江通省志圖說一卷;歸田集一卷;矢音集四卷;八秩壽序壽詩一卷;九秩壽序壽詩一卷;黄山遊草一卷;台山遊草一卷;南巡詩一卷;自訂年譜一卷

第 3482　迂齋學古編四卷　(清)法坤宏撰　清乾隆三十九年(1774)海上廬刻本　中共山東省委黨校圖書館

第 3483　遂初稿二卷遂初驛程記二卷　(清)張啓愚撰　稿本　山東省圖書館

第 3484　鐵峯集一卷　(清)朱琦撰　稿本　山東省圖書館

第 3485　堯封賸稿一卷　(清)陳岠撰　清惜陰堂鈔本　山東省圖書館

第 3486　耀塵集二卷　(清)孔繼浩撰　清王士瓚鈔本　山東師範大學圖書館

第 3487　睫巢集六卷　(清)李鍇撰　清乾隆六年(1741)洪肇楙刻本　山東省圖書館

第 3488　蘭雪堂詩文集十三卷　(清)岳禮撰　清乾隆五十九年(1794)岳先福刻本　煙臺圖書館

第 3489　石笥山房逸稿七卷　(清)胡天游撰　清震無咎齋鈔本(清高均儒批校,關協華跋)　山東省圖書館

第 3490　浣桐詩鈔六卷　(清)朱一蜚撰　清乾隆二十四年(1759)朱錦昌刻本　山東省圖書館

第 3491　悦亭詩稿初集二卷　(清)李豫撰　清乾隆刻本　蓬萊市文化局慕湘藏書館

第 3492　培遠堂詩集四卷　(清)張藻撰　清乾隆刻本　蓬萊市文化局慕湘藏書館

第 3493　隨園詩草八卷禪家公案頌一卷　(清)邊連寶撰　清乾隆四十年(1775)刻本　蓬萊市文化局慕湘藏書館

第 3494　夢樓詩集二十四卷　(清)王文治撰　清乾隆六十年(1795)食舊堂刻本　山東省圖書館

第 3495　蓼溪詩略二卷　(清)王中孚撰　清乾隆刻本　山東省圖書館

第 3496　南澗先生文稿二卷　(清)李文藻撰　稿本　山東省博物館

第 3497　南澗文稿不分卷　(清)李文藻撰　稿本(王獻唐跋)　山東省博物館

第 3498　李南澗先生古文三卷　(清)李文藻撰(清)閻湘蕙輯　稿本(王獻唐跋)　山東省博物館

第 3499　李南澗先生古文三卷　(清)李文藻撰(清)閻湘蕙輯　稿本(王獻唐跋)　山東省圖書館　存 2 卷:卷 1–2

第 3500　海愚詩鈔十二卷　(清)朱孝純撰　清乾隆五十九年(1794)刻本　泰安市博物館

第 3501　西澗草堂集四卷詩集四卷尚書讀記一卷春秋一得一卷　(清)閻循觀撰　清乾隆三十八年(1773)樹滋堂刻本　中共山東省委黨校圖書館

第 3502　西澗草堂集四卷詩集四卷尚書讀記一卷春秋一得一卷　(清)閻循觀撰　清乾隆三十八年(1773)樹滋堂刻本　煙臺圖書館　存 4 卷:詩集四卷

第 3503 菊園詩草一卷 (清)王積熙撰 清鈔本 山東省圖書館

第 3504 摩墨亭稿一卷種李園近稿一卷 (清)顔崇椝撰 稿本 山東省圖書館

第 3505 楊書巖先生古文鈔二卷師經堂存詩一卷 (清)楊峒撰 清嘉慶鈔本(丁培基、李章甫跋) 山東省博物館

第 3506 壽藤齋詩三十五卷 (清)鮑倚雲撰 清嘉慶十三年(1808)鮑桂星刻本 蓬萊市文化局慕湘藏書館 缺 3 卷:卷 8、卷 13-14

第 3507 一詠軒詩草二卷 (清)吳進撰 附錄一卷 清乾隆五十年(1785)碧潤堂刻本(倪文碩跋) 曲阜師範大學圖書館

第 3508 李少鶴詩鈔二卷 (清)李憲喬撰 稿本 山東省博物館

第 3509 許雲嶠先生詩文稿一卷 (清)許鴻磐撰 稿本 山東省博物館

第 3510 許雲嶠文集一卷 (清)許鴻磐撰 稿本(王貢忱跋) 山東省博物館

第 3511 雲臥山房集不分卷 (清)周嘉猷撰 稿本 山東省圖書館

第 3512 藤梧館詩草一卷 (清)孔廣栻撰 稿本 山東省圖書館

第 3513 林於未定稿不分卷 (清)彭雲鶴撰 稿本(清喬勳、王濱、吳乃賡跋) 山東省圖書館

第 3514 卷施閣近詩一卷 (清)洪亮吉撰 稿本 山東省博物館

第 3515 未谷詩集一卷 (清)桂馥撰 稿本 山東省博物館

第 3516 晚學集四卷 (清)桂馥撰 稿本(清馬星翼跋) 山東省博物館

第 3517 袁江于役草一卷 (清)李廷芳撰 稿本 山東省圖書館

第 3518 李湘浦詩稿不分卷 (清)李廷芳撰 稿本(清紀昀、王芑孫跋) 山東省博物館

第 3519 碧梧紅豆草堂詩不分卷 (清)李廷芳撰 稿本(清孫星衍、吳鼒批校並跋) 山東省圖書館

第 3520 碧梧紅豆草堂詩一卷安蔬草堂五言排律一卷 (清)李廷芳撰 稿本(清張秉鈞跋) 山東省圖書館

第 3521 埽垢山房詩鈔十卷 (清)黄文暘撰 稿本 山東省圖書館

第 3522 挹翠堂詩稿不分卷 (清)畢所鐳撰 稿本 山東省圖書館

第 3523 秋水亭遺稿一卷 (清)王祖昌撰 清嘉慶鈔本(清王筠跋) 山東省博物館

第 3524 芙蓉山館詩稿六卷詞稿二卷 (清)楊芳燦撰 清乾隆五十七年(1792)刻本 蓬萊市文化局慕湘藏書館

第 3525 怡堂詩草不分卷 (清)李世治撰 稿本(陳毓桐跋) 山東省圖書館

第 3526 純甫文稿一卷 (清)朱曾喆撰 稿本(清成瓘、牟庭等批) 山東省圖書館

第 3527 花隱菴詩草一卷 (清)牛坤撰 稿本(胡兆松、王汝玉跋) 山東省圖書館

第 3528 花隱菴詩草一卷 (清)牛坤撰 稿本(牛東跋) 山東省圖書館

第 3529 一枝集四卷 (清)邵大緯撰 稿本 山東省博物館

第 3530 次白文稿一卷 (清)劉鴻翱撰 稿本 山東省圖書館

第 3531 述耐堂詩集八卷 (清)孔繼熥撰 稿本 山東省圖書館

第 3532 仙屏書屋初集詩錄十六卷後錄二卷 (清)黄爵滋撰 清道光二十七年(1847)翟金生泥活字印本 山東省圖書館

第 3533　養一齋集一卷　(清)潘德輿撰　清宫顯鈔本(清何家琪、宫昱跋)　山東省圖書館

第 3534　七十二硯齋癸甲集一卷　(清)吳步韓撰　稿本　山東省圖書館

第 3535　杞園吟稾八卷　(清)孔昭珩撰　稿本　山東省圖書館

第 3536　杞園吟稾六卷　(清)孔昭珩撰　清鈔本　山東省圖書館

第 3537　潑墨軒詩集一卷　(清)戴鑑撰　清慎道書屋鈔本(清許瀚跋)　山東省圖書館

第 3538　是眞語者齋吟草不分卷　(清)周樂撰　稿本(清張傑、周天爵、梁士僑、劉耀椿、王鳴鳳跋)　山東省圖書館

第 3539　萊陽竹枝詞一卷　(清)蒲日楷撰　稿本　山東省博物館

第 3540　静遠草堂詩稿不分卷　(清)周樂清撰　稿本(清李星沅、張家榘、孫湘、陳祖經跋)　山東省圖書館

第 3541　静遠草堂稿不分卷　(清)周樂清撰　稿本(清王懿榮跋)　山東省圖書館

第 3542　來青館詩鈔不分卷　(清)李慶翱撰　清鈔本　濟南市圖書館

第 3543　筠心集一卷　(清)劉汝藻撰　稿本　山東省圖書館

第 3544　求是齋文集一卷　(清)劉暉撰　清鈔本(路大荒跋)　山東省圖書館

第 3545　思過齋雜體詩存十二卷　(清)蕭培元撰　稿本(汪世澤、簡宗杰跋)　山東省圖書館　存 6 卷:卷 1–6

第 3546　二琴居士小集一卷　(清)王象瑜撰　稿本　山東省博物館

第 3547　尺牘偶存一卷　(清)郭綏之撰　稿本　山東省圖書館

第 3548　靖侯詩草一卷　(清)郭綏之撰　稿本　山東省圖書館

第 3549　枝棲吟草一卷　(清)杜義榮撰　稿本　山東省圖書館

第 3550　張香濤詩稿一卷　(清)張之洞撰　稿本(陳仁軒跋)　山東省圖書館

第 3551　大梁集六卷　(清)王廉撰　稿本　山東省圖書館

第 3552　大梁詩集一卷　(清)王廉撰　稿本　山東省圖書館

第 3553　午清吟館詩鈔二十二卷退一步齋詩鈔二卷　(清)餘慶撰　稿本　山東省圖書館

第 3554　初篁書廬文稿不分卷　(清)宋書昇撰　稿本　山東省博物館

第 3555　宋晉之遺稿不分卷　(清)宋書昇撰　稿本　山東省博物館

第 3556　惜陰書屋詩集四卷　(清)李毓恒撰(清)李繼璋輯　稿本　山東省圖書館

第 3557　校經室文集不分卷　(清)孫葆田撰　稿本　山東省圖書館

第 3558　筆諫堂文牘草稿不分卷　(清)柳堂撰　稿本　山東省圖書館

第 3559　春江吟草一卷　(清)孔繼堂撰　清鈔本　煙臺圖書館

第 3560　朱魯存先生遺集十卷　(清)朱道文撰　清鈔本　山東省圖書館

第 3561　宋詩鈔初集九十五卷　(清)呂留良、吳之振、吳爾堯編　清康熙十年(1671)吳氏鑑古堂刻本　山東大學圖書館

第 3562　滇南草一卷　(清)劉德新撰　清康熙二十一年(1682)木活字印本　山東大學圖書館

第 3563　秦澗泉詩集不分卷　(清)秦大士撰　稿本　山東大學圖書館

第 3564　遜齋文集十二卷　(清)吳承志撰　稿本　山東大學圖書館

第 3565　微波榭鈔詩三種八卷　(清)孔繼涵編　清孔繼涵鈔本(清孔繼涵校並跋)　山東省圖書館

第 3566　江左三大家詩鈔九卷　(清)顧有孝、趙澐編　清康熙刻本(佚名批校)　山東省圖書館

第 3567　八家詩選八卷　(清)吴之振編　清康熙十一年(1672)吴氏鑑古堂刻本　曲阜師範大學圖書館

第 3568　七子詩選十四卷　(清)沈德潛編　清乾隆刻本　蓬萊市文化局慕湘藏書館

第 3569　惜陰草亭硃批古文　清鈔本(佚名批校)　文登市圖書館

第 3570　燃脂集詩部未分卷　(清)王士禄撰(清)王啓涴抄並編次　清鈔本　濟南市博物館

第 3571　阮亭選古詩三十二卷　(清)王士禛輯　清康熙天藜閣刻本　青州市圖書館

第 3572　詩竹堂五七言古詩讀本不分卷　清乾隆三十一年(1766)孔繼涵鈔本　山東省博物館

第 3573　漢魏詩選不分卷　(清)李澄中輯　稿本　山東省圖書館

第 3574　扶輪廣集十四卷　(清)黄傳祖輯　清順治十二年(1655)黄氏儂麟草堂刻本　山東省圖書館

第 3575　扶輪廣集十四卷　(清)黄傳祖輯　清順治十二年(1655)黄氏儂麟草堂刻本(清曹貞吉批校)　山東省博物館

第 3576　詩原一集四卷二集五卷三集五卷四集四卷五集七卷　(清)顧大申輯　清順治和鶴堂刻本　山東省圖書館

第 3577　閨閣語林一卷　(清)王士禄輯　稿本　山東省博物館

第 3578　聖廟詩集一卷聖塋詩集一卷　(清)孔胤淳輯　清康熙六年(1667)刻本　曲阜師範大學圖書館

第 3579　詩林韶濩二十卷　(清)顧嗣立輯　清康熙四十四年(1705)顧氏秀野草堂刻本　山東師範大學圖書館

第 3580　御定歷代題畫詩類一百二十卷　(清)陳邦彦輯　清康熙四十六年(1707)内府刻本　山東省圖書館

第 3581　御定歷代題畫詩類一百二十卷　(清)陳邦彦輯　清康熙四十六年(1707)内府刻本　山東省圖書館

第 3582　御定歷代題畫詩類一百二十卷　(清)陳邦彦輯　清康熙四十六年(1707)内府刻本　山東省圖書館

第 3583　御定歷代題畫詩類一百二十卷　(清)陳邦彦輯　清康熙四十六年(1707)内府刻本　山東大學圖書館

第 3584　御定歷代題畫詩類一百二十卷　(清)陳邦彦輯　清康熙四十六年(1707)内府刻本　山東師範大學圖書館

第 3585　御選唐宋詩醇四十七卷目録二卷　(清)高宗弘曆輯　清乾隆十五年(1750)内府刻四色套印本　山東省圖書館

第 3586　風雅遺踪□□卷　(清)永恩輯　稿本　山東省圖書館　存 33 卷:卷 2-12、卷 14、卷 16-36

第 3587　小石帆亭五言詩續鈔八卷首一卷　(清)翁方綱輯　清光緒九年(1883)翁氏茹古閣鈔本　山東省圖書館

第 3588　歷朝名媛詩詞十二卷　(清)陸昶輯　清乾隆三十八年(1773)紅樹樓刻本　淄博市圖書館

第 3589　讀詩類編十八卷　(清)張映漢輯　稿本　山東省圖書館

第 3590　御定歷代賦彙一百四十卷外集二十卷逸句二卷補遺二十二卷目錄三卷　(清)陳元龍輯　清康熙四十五年(1706)內府刻本　曲阜師範大學圖書館　缺 22 卷:補遺二十二卷

第 3591　東萊先生古文關鍵二卷　(宋)呂祖謙輯(宋)蔡文子注(清)徐樹屏考異　清華綺刻本　山東省圖書館

第 3592　晚邨先生八家古文精選八卷　(清)呂留良輯(清)呂葆中批點　清康熙四十三年(1704)呂氏家塾刻本　山東省圖書館

第 3593　晚邨先生八家古文精選八卷　(清)呂留良輯(清)呂葆中批點　清康熙四十三年(1704)呂氏家塾刻本　青島市圖書館

第 3594　古文淵鑑六十四卷　(清)徐乾學等輯並注　清康熙內府刻五色套印本　山東省圖書館

第 3595　古文淵鑑六十四卷　(清)徐乾學等輯並注　清康熙內府刻五色套印本　山東省圖書館

第 3596　古文淵鑑六十四卷　(清)徐乾學等輯並注　清康熙內府刻五色套印本　山東省圖書館

第 3597　古文淵鑑六十四卷　(清)徐乾學等輯並注　清康熙內府刻五色套印本　山東師範大學圖書館

第 3598　古文淵鑑六十四卷　(清)徐乾學等輯並注　清康熙內府刻五色套印本　曲阜師範大學圖書館

第 3599　古文淵鑑六十四卷　(清)徐乾學等輯並注　清康熙內府刻五色套印本　曲阜市文物管理局孔府文物檔案館

第 3600　古文淵鑑六十四卷　(清)徐乾學等輯並注　清康熙內府刻五色套印本　泰安市博物館

第 3601　古文淵鑑六十四卷　(清)徐乾學等輯並注　清康熙內府刻五色套印本　山東大學圖書館　缺 4 卷:卷 6、卷 31、卷 57、卷 64

第 3602　古文淵鑑六十四卷　(清)徐乾學等輯並注　清康熙內府刻五色套印本　山東省圖書館　存 16 卷:卷 19–34

第 3603　古文約選不分卷　(清)允禮輯　清雍正十一年(1733)果親王府刻本　曲阜師範大學圖書館

第 3604　御選唐宋文醇五十八卷　(清)高宗弘曆輯　清乾隆三年(1738)內府刻四色套印本　山東省圖書館

第 3605　滋德堂古文續集二卷　(清)王縈緒輯　稿本(清秦璉跋)　山東省圖書館

第 3606　分類尺牘新語廣編二十四卷補編一卷　(清)汪淇、吳雯清輯並評　清康熙七年(1668)刻本　山東師範大學圖書館

第 3607　賴古堂名賢尺牘新鈔十二卷二選藏弆集十六卷三選結隣集十六卷　(清)周亮工輯　清康熙周氏賴古堂刻本　山東省圖書館　存 16 卷:二選藏弆集十六卷

第 3608　賴古堂名賢尺牘新鈔十二卷二選藏弆集十六卷三選結隣集十六卷　(清)周亮工輯　清康熙周氏賴古堂刻本　山東省圖書館　存 12 卷:新鈔十二卷

第 3609　賴古堂名賢尺牘新鈔十二卷二選藏弆集十六卷三選結隣集十六卷　(清)周亮工輯　清康熙周氏賴古堂刻本　山東師範大學圖書館　存 12 卷:新鈔十二卷

第 3610　憑山閣增輯留青新集三十卷　(清)陳枚輯　清康熙四十七年(1708)大觀堂刻本　煙臺圖書

館　存9卷:卷1–2、卷4、卷6–9、卷13–14

第3611　憑山閣留青二集選十卷　(清)陳枚輯　清康熙刻本　煙臺圖書館　缺卷三雜文部分

第3612　漢詩說十卷總說一卷　(清)沈用濟、費錫璜撰　清康熙掣鯨堂刻本(姚立邦批校)　山東省圖書館

第3613　唐文粹詩選六卷　(宋)姚鉉輯(清)王士禛刪纂　清康熙刻本　濰坊市圖書館

第3614　才調集十卷　(蜀)韋縠輯　清康熙四十三年(1704)垂雲堂刻本(清趙執信批校並跋)　山東省博物館

第3615　才調集十卷　(蜀)韋縠輯　清康熙四十三年(1704)垂雲堂刻本(佚名批注)　山東師範大學圖書館

第3616　才調集選三卷　(清)王士禛輯　清康熙刻本(清王宸跋並錄清趙執信、沈起元批校)　山東省圖書館

第3617　唐詩解五十卷　(明)唐汝詢輯　清順治十六年(1659)萬笈堂刻本　濟南市圖書館

第3618　唐詩解五十卷　(明)唐汝詢輯　清順治十六年(1659)萬笈堂刻本　山東師範大學圖書館

第3619　貫華堂選批唐才子詩甲集七言律八卷　(清)金人瑞輯(清)金雍注　清初刻本(馮文炌批校並跋)　山東省圖書館

第3620　唐詩韻匯不分卷　(清)施端教輯　清康熙嘯閣刻本　山東省圖書館

第3621　全唐詩九百卷目錄十二卷　(清)曹寅、彭定求等輯　清康熙四十四年至四十六年(1705—1707)揚州詩局刻本　山東省圖書館

第3622　全唐詩九百卷目錄十二卷　(清)曹寅、彭定求等輯　清康熙四十四年至四十六年(1705—1707)揚州詩局刻本　曲阜師範大學圖書館

第3623　全唐詩九百卷目錄十二卷　(清)曹寅、彭定求等輯　清康熙四十四年至四十六年(1705—1707)揚州詩局刻本　煙臺圖書館　缺第五函十冊

第3624　御選唐詩三十二卷目錄三卷　(清)聖祖玄燁輯(清)陳廷敬等注　清康熙五十二年(1713)內府刻朱墨套印本　山東省圖書館

第3625　御選唐詩三十二卷目錄三卷　(清)聖祖玄燁輯(清)陳廷敬等注　清康熙五十二年(1713)內府刻朱墨套印本　山東省圖書館

第3626　御選唐詩三十二卷目錄三卷　(清)聖祖玄燁輯(清)陳廷敬等注　清康熙五十二年(1713)內府刻朱墨套印本　山東省圖書館

第3627　御選唐詩三十二卷目錄三卷　(清)聖祖玄燁輯(清)陳廷敬等注　清康熙五十二年(1713)內府刻朱墨套印本　山東省圖書館

第3628　御選唐詩三十二卷目錄三卷　(清)聖祖玄燁輯(清)陳廷敬等注　清康熙五十二年(1713)內府刻朱墨套印本　山東省圖書館

第3629　御選唐詩三十二卷目錄三卷　(清)聖祖玄燁輯(清)陳廷敬等注　清康熙五十二年(1713)內府刻朱墨套印本　山東省圖書館

第3630　御選唐詩三十二卷目錄三卷　(清)聖祖玄燁輯(清)陳廷敬等注　清康熙五十二年(1713)內府刻朱墨套印本　山東省圖書館

第 3631　御選唐詩三十二卷目錄三卷　(清)聖祖玄燁輯(清)陳廷敬等注　清康熙五十二年(1713)內府刻朱墨套印本　山東大學圖書館

第 3632　御選唐詩三十二卷目錄三卷　(清)聖祖玄燁輯(清)陳廷敬等注　清康熙五十二年(1713)內府刻朱墨套印本　山東大學圖書館

第 3633　御選唐詩三十二卷目錄三卷　(清)聖祖玄燁輯(清)陳廷敬等注　清康熙五十二年(1713)內府刻朱墨套印本　山東師範大學圖書館

第 3634　御選唐詩三十二卷目錄三卷　(清)聖祖玄燁輯(清)陳廷敬等注　清康熙五十二年(1713)內府刻朱墨套印本　山東省圖書館　存 26 卷:目錄三卷,卷 1–23

第 3635　御選唐詩三十二卷目錄三卷　(清)聖祖玄燁輯(清)陳廷敬等注　清康熙五十二年(1713)內府刻朱墨套印本　山東省圖書館　缺 10 卷:卷 7–16

第 3636　御定全唐詩錄一百卷　(清)徐倬輯　清康熙四十五年(1706)內府刻本　山東省圖書館

第 3637　唐詩貫珠六十卷　(清)胡以梅輯並箋釋　清康熙五十四年(1715)素心堂刻本　山東師範大學圖書館

第 3638　中晚唐詩叩彈集十二卷續集三卷　(清)杜詔、杜庭珠輯　清康熙四十三年(1704)采山亭刻本　濟南市圖書館　存 12 卷:中晚唐詩叩彈集十二卷

第 3639　華國編唐賦選二卷　(清)孫濩孫輯　清雍正十一年(1733)自刻本　山東省圖書館

第 3640　寒瘦集一卷　(唐)孟郊、賈島撰(清)岳端輯評　清康熙三十八年(1699)紅蘭室刻朱墨套印本(王貢忱跋)　山東省圖書館

第 3641　宋詩英華四卷　清丁耀亢鈔本　山東省圖書館

第 3642　宋百家詩存二十卷　(清)曹庭棟輯　清乾隆刻本　曲阜師範大學圖書館

第 3643　辟疆園宋文選三十卷　(清)顧宸輯　清順治十八年(1661)顧氏辟疆園刻本　山東省圖書館　存 15 卷:卷 1–15

第 3644　御訂全金詩增補中州集七十二卷首二卷　(金)元好問輯(清)郭元釪補輯　清康熙五十年(1711)內府刻本　山東省圖書館

第 3645　御訂全金詩增補中州集七十二卷首二卷　(金)元好問輯(清)郭元釪補輯　清康熙五十年(1711)內府刻本　山東大學圖書館

第 3646　明人詩文選集一卷　(清)王化洽輯　稿本　山東省圖書館

第 3647　列朝詩集乾集二卷甲集前編十一卷甲集二十二卷乙集八卷丙集十六卷丁集十六卷閏集六卷　(清)錢謙益輯　清順治九年(1652)毛氏汲古閣刻本　山東大學圖書館

第 3648　列朝詩集乾集二卷甲集前編十一卷甲集二十二卷乙集八卷丙集十六卷丁集十六卷閏集六卷　(清)錢謙益輯　清順治九年(1652)毛氏汲古閣刻本　山東師範大學圖書館

第 3649　列朝詩集乾集二卷甲集前編十一卷甲集二十二卷乙集八卷丙集十六卷丁集十六卷閏集六卷　(清)錢謙益輯　清順治九年(1652)毛氏汲古閣刻本　青島市圖書館

第 3650　明詩別裁集十二卷　(清)沈德潛、周準輯　清乾隆四年(1739)刻本　山東省圖書館

第 3651　明詩別裁集十二卷　(清)沈德潛、周準輯　清乾隆四年(1739)刻本　中共山東省委黨校圖書館

第 3652　明詩别裁集十二卷　(清)沈德潛、周準輯　清乾隆四年(1739)刻本　煙臺圖書館

第 3653　明詩别裁集十二卷　(清)沈德潛、周準輯　清乾隆四年(1739)刻本　萊陽市圖書館

第 3654　明詩别裁集十二卷　(清)沈德潛、周準輯　清乾隆四年(1739)刻本　蓬萊市文化局慕湘藏書館

第 3655　明詩别裁集十二卷　(清)沈德潛、周準輯　清乾隆四年(1739)刻本　濰坊學院圖書館

第 3656　明人詩鈔正集十四卷續集十四卷　(清)朱琰輯　清乾隆二十五年(1760)樊桐山房刻本　山東省圖書館

第 3657　明人詩鈔正集十四卷續集十四卷　(清)朱琰輯　清乾隆二十五年(1760)樊桐山房刻本　山東省圖書館

第 3658　明人詩鈔正集十四卷續集十四卷　(清)朱琰輯　清乾隆二十五年(1760)樊桐山房刻本　煙臺圖書館

第 3659　明人詩鈔正集十四卷續集十四卷　(清)朱琰輯　清乾隆二十五年(1760)樊桐山房刻本　曲阜市文物管理局孔府文物檔案館

第 3660　明文在一百卷　(清)薛熙輯　清康熙三十二年(1693)古渌水園刻本　山東省圖書館

第 3661　明文在一百卷　(清)薛熙輯　清康熙三十二年(1693)古渌水園刻本　山東省圖書館

第 3662　同人集十二卷　(清)冒襄輯　清康熙冒氏水繪庵刻本　山東省圖書館

第 3663　今詩粹十五卷　(清)魏畊、錢价人輯　清初刻本(清王士禛批校)　山東省圖書館

第 3664　清詩初集十二卷　(清)蔣鑨、翁介眉輯(清)馬道畊重校　清康熙二十年(1681)刻四十二年(1703)馬道畊重修本　山東省圖書館

第 3665　篋衍集十二卷　(清)陳維崧輯　清康熙三十六年(1697)蔣國祥刻本　山東省圖書館

第 3666　感舊集十六卷　(清)王士禛輯　(清)盧見曾補傳　清乾隆十七年(1752)刻本　煙臺圖書館

第 3667　感舊集十六卷　(清)王士禛輯　(清)盧見曾補傳　清乾隆十七年(1752)刻本　曲阜師範大學圖書館

第 3668　感舊集十六卷　(清)王士禛輯　(清)盧見曾補傳　清乾隆十七年(1752)刻本　曹縣圖書館　存 7 卷:卷 5-6、卷 8、卷 11-12、卷 15-16

第 3669　感舊集十六卷　(清)王士禛輯　(清)盧見曾補傳　清乾隆十七年(1752)刻本(有鈔配)　棗莊市圖書館

第 3670　感舊集十六卷　(清)王士禛輯　(清)盧見曾補傳　清乾隆十七年(1752)刻本(趙愚軒跋)　中共山東省委黨校圖書館

第 3671　感舊集十六卷　(清)王士禛輯　(清)盧見曾補傳　清乾隆十七年(1752)刻本(佚名批校)　蓬萊市文化局慕湘藏書館

第 3672　皇清詩選三十卷首一卷　(清)孫鋐輯　清康熙二十七年(1688)鳳嘯軒刻本　山東師範大學圖書館

第 3673　綠雲山房二卿詩草□□卷　(清)勞蓉君、陳錦撰　稿本(周菊伍跋)　山東省圖書館　存 2 卷:卷 2-3

第 3674　千叟宴詩四卷　(清)聖祖玄燁等撰　清康熙六十一年(1722)內府刻本　曲阜師範大學圖

書館

第 3675　清閣臣和純廟御製詩不分卷　(清)董誥、阮元等撰　稿本　山東省圖書館

第 3676　朱蕭詩聯手稿一卷　(清)朱鍾琪、蕭應椿撰　稿本(孫松齡跋)　山東省圖書館

第 3677　禁林集八卷　(清)杭世駿輯　清乾隆二十三年(1758)刻本　曲阜師範大學圖書館

第 3678　靜遠草堂雜鈔不分卷　(清)周樂清輯　稿本(周菊伍跋)　山東省圖書館

第 3679　曹南詩社傳觀稿本不分卷　清末稿本　曹縣圖書館

第 3680　畿輔明詩十二卷　(清)王崇簡輯　清順治十七年(1660)刻本　蓬萊市文化局慕湘藏書館

第 3681　江左十五子詩選十五卷　(清)宋犖輯　清康熙四十二年(1703)宋氏宛委堂刻本　山東師範大學圖書館

第 3682　江左十五子詩選十五卷　(清)宋犖輯　清康熙四十二年(1703)宋氏宛委堂刻本　蓬萊市文化局慕湘藏書館

第 3683　龍眠風雅續集二十七卷末一卷　(清)潘江輯　清康熙二十九年(1690)潘氏石經齋刻本　山東省圖書館

第 3684　山左明詩鈔三十五卷　(清)宋弼輯　清乾隆三十六年(1771)刻本　曲阜師範大學圖書館

第 3685　國朝山左詩補鈔七卷　(清)宋弼輯　清鈔本　山東省圖書館

第 3686　安德詩搜一卷　(清)程先貞輯　稿本(清石璨跋)　山東省圖書館

第 3687　新城古文鈔不分卷　(清)耿曰椿輯　稿本　山東省圖書館

第 3688　泰山輯瑞集二卷　(清)林杭學輯　清康熙八年(1669)來恩樓刻本　山東省圖書館

第 3689　武定明詩鈔不分卷　(清)李衍孫輯　稿本(清張綍、杜惟儉跋)　山東省圖書館

第 3690　國朝武定詩鈔不分卷　(清)李衍孫輯　稿本　山東省圖書館

第 3691　武定詩補鈔不分卷　稿本　山東省圖書館

第 3692　南池集不分卷　(清)沈廷芳輯　清孫文丹鈔本(清孫文丹校並跋)　山東省圖書館

第 3693　濤音集八卷　(清)王士祿、王士禛輯　清乾隆五十七年(1792)掖縣儒學刻本　山東省圖書館

第 3694　瑯邪詩略□□編□□卷　(清)隋平輯(清)張侗删定　清鈔本　諸城市圖書館　存 1 卷:第一編卷 5

第 3695　卜氏三世詩草三卷　清鈔本(清許瀚題款)　山東省圖書館

第 3696　新城王氏遺稿不分卷　(清)王祖熙、王心潤等撰　稿本　山東省博物館

第 3697　福山王氏傳家集八卷　(清)王懿榮輯　清鈔本　山東省博物館

第 3698　棣華書屋近刻三卷　清乾隆刻本　山東省圖書館　存 2 種 2 卷:嶺南草一卷(明)朱絳撰;濟南草一卷(明)朱綱撰

第 3699　武定李氏家集不分卷　(清)李衍孫、李友驤撰　稿本　山東省圖書館

第 3700　石倉世纂三十三卷　(清)曹錫黼輯　清乾隆十四年(1749)曹氏五畝園刻本　山東省圖書館

第 3701　曹縣萬氏詩文集七卷　(清)萬名煒輯　清鈔本　山東省圖書館

第 3702　蓬萊葛氏詩文稿七卷　稿本　山東省圖書館

第 3703　艮背閣三世詩選三卷　(清)翟濤、高宴謀輯　稿本(王祖昌跋)　山東省圖書館

第 3704　顏氏三家集不分卷　稿本(王獻唐跋)　山東省博物館

第 3705　海岱人文三十九卷　(清)王懿榮輯　清鈔本　山東省博物館

第 3706　寧都三魏全集八十三卷　清康熙易堂刻本　山東省圖書館

第 3707　寧都三魏全集八十三卷　清康熙易堂刻本　濟寧市圖書館　存 3 種 22 卷:魏季子文集十六卷(清)魏禮撰(存 13 卷:卷 1–8、卷 10–14);魏興士文集六卷(清)魏世傑撰;魏敬士文集八卷(清)魏世儼撰(存 3 卷:卷 1–3)

第 3708　寧都三魏全集八十三卷　清康熙易堂刻本(有鈔配)　濟南市圖書館

第 3709　黃氏詩鈔六卷　(清)黃守平輯　稿本　中共山東省委黨校圖書館

第 3710　即墨黃氏七家詩鈔不分卷　稿本　中共山東省委黨校圖書館

第 3711　全唐詩話八卷　(題宋)尤袤撰(清)孫濤續輯　清乾隆三十九年(1774)清芬堂刻本　蓬萊市文化局慕湘藏書館　存 6 卷:卷 1–6

第 3712　苕溪漁隱詩評叢話後集四十卷　(宋)胡仔輯　清鈔本　山東省圖書館

第 3713　詩法初津三卷　(清)葉弘勳撰　清初刻本　文登市圖書館

第 3714　詩法火傳十六卷　(清)马上巘撰　清順治十八年(1661)刻本　蓬萊市文化局慕湘藏書館

第 3715　五代詩話十二卷　(清)王士禛輯　清乾隆十三年(1748)養素堂刻本　蓬萊市文化局慕湘藏書館

第 3716　燃燈記聞一卷　(題清)王士禛授(清)何世璂錄　清鈔本　山東省圖書館

第 3717　談龍錄一卷　(清)趙執信撰　清李文藻鈔本　曲阜師範大學圖書館

第 3718　初白菴詩評三卷　(清)查慎行撰(清)張載華輯　清乾隆四十二年(1777)張氏涉園觀樂堂刻本　蓬萊市文化局慕湘藏書館

第 3719　聲詩微旨一卷　(清)田同之撰　稿本　山東省博物館

第 3720　漁洋詩話拾唾不分卷　(清)安濬德輯　稿本　山東省圖書館

第 3721　隨園詩話摘艷一卷　(清)袁枚撰　清道光元年(1821)梁懷興鈔本(茅笏亭跋)　山東省圖書館

第 3722　小石帆亭著錄六卷　(清)翁方綱撰　清乾隆五十七年(1792)刻本　蓬萊市文化局慕湘藏書館

第 3723　高密三李詩話不分卷　(清)李懷民、李憲暠、李憲喬撰　稿本　山東省博物館

第 3724　偶論四名家詩四卷　(清)李憲喬撰　稿本　山東師範大學圖書館　存 2 卷:曝書亭集錄一卷,帶經堂集錄一卷

第 3725　尊西詩話未定草不分卷　(清)張曰斑撰　稿本　濟南市圖書館

第 3726　校補金石例四種十七卷　(清)李瑤編　清道光十二年(1832)李瑤泥活字印本　山東省圖書館　存 4 種 15 卷:金石例十卷(元)潘昂霄撰;墓銘舉例四卷(明)王行撰(存 2 卷:卷 1–2);金石要例一卷(清)黃宗羲撰;金石例補二卷(清)郭麐撰

第 3727　風入松八十一闋一卷　(題明)雪蓑子撰　清鈔本(王獻唐校補並跋)　山東省圖書館

第 3728　休園詩餘一卷　(清)鄭俠如撰　清康熙刻本　山東師範大學圖書館

第 3729　珂雪詞二卷補遺一卷　(清)曹貞吉撰　清康熙刻本(有鈔配)　青島市圖書館

第 3730　詩竹詞一卷　(清)田同之撰　稿本(清李憲暠批校)　山東省博物館

第 3731　新鐫出像詞林白雪八卷　(明)竇彦斌輯　清鈔本　山東省圖書館

第 3732　詞綜三十六卷　(清)朱彝尊、汪森輯　清康熙十七年(1678)汪氏裘杼樓刻三十年(1691)增刻乾隆九年(1744)汪氏碧梧書屋重修本　曲阜師範大學圖書館

第 3733　御選歷代詩餘一百二十卷　(清)沈辰垣、王奕清等輯　清康熙四十六年(1707)内府刻本　山東省圖書館

第 3734　御選歷代詩餘一百二十卷　(清)沈辰垣、王奕清等輯　清康熙四十六年(1707)内府刻本　山東省圖書館

第 3735　古今詞選十二卷　(清)沈時棟輯　清康熙五十五年(1716)沈氏瘦吟樓刻本　山東師範大學圖書館

第 3736　紅萼軒詞牌一卷　(清)孔傳鐸輯　清刻本　曲阜師範大學圖書館

第 3737　絶妙好詞箋七卷　(宋)周密輯(清)查爲仁、厲鶚箋　清乾隆十五年(1750)查氏澹宜書屋刻本　蓬萊市文化局慕湘藏書館

第 3738　絶妙好詞箋七卷　(宋)周密輯(清)查爲仁、厲鶚箋　清乾隆十五年(1750)查氏澹宜書屋刻本　蓬萊市文化局慕湘藏書館

第 3739　歷代詞鈔一卷　(清)孫星衍輯　清鈔本　山東省圖書館

第 3740　西圃詞説一卷　(清)田同之撰　稿本　山東省博物館

第 3741　詞律二十卷　(清)萬樹撰　清康熙二十六年(1687)萬氏堆絮園刻本　山東師範大學圖書館

第 3742　詞律二十卷　(清)萬樹撰　清康熙二十六年(1687)萬氏堆絮園刻本　蓬萊市文化局慕湘藏書館

第 3743　詞律二十卷　(清)萬樹撰　清康熙二十六年(1687)萬氏堆絮園刻本　煙臺圖書館　存 17 卷:卷 1-15、卷 19-20

第 3744　詞律二十卷　(清)萬樹撰　清康熙二十六年(1687)萬氏堆絮園刻保滋堂印本(佚名批校)曲阜師範大學圖書館

第 3745　詞譜四十卷　(清)王奕清等撰　清康熙五十四年(1715)内府刻朱墨套印本　山東省圖書館

第 3746　詞譜四十卷　(清)王奕清等撰　清康熙五十四年(1715)内府刻朱墨套印本　山東省圖書館

第 3747　詞譜四十卷　(清)王奕清等撰　清康熙五十四年(1715)内府刻朱墨套印本　蓬萊市文化局慕湘藏書館

第 3748　祭皋陶一卷　(清)宋琬編(題清)海上隨緣居士評　清康熙刻本　蓬萊市文化局慕湘藏書館

第 3749　西堂樂府七卷　(清)尤侗撰　清康熙刻本　蓬萊市文化局慕湘藏書館

第 3750　西堂樂府七卷　(清)尤侗撰　清康熙刻本　曲阜師範大學圖書館

第 3751　寫心雜劇十八卷　(清)徐爔撰　清乾隆五十四年(1789)徐氏夢生堂刻本　蓬萊市文化局慕湘藏書館

第 3752　蕩婦秋思一卷葬花一卷　(清)孔昭虔撰　稿本　山東省博物館

第 3753　蕩婦秋思一卷葬花一卷　(清)孔昭虔撰　清鈔本(清孔昭薰跋)　山東省圖書館

第 3754　藥繪圖一卷　清鈔本　山東省圖書館

第 3755 鏡香園毛聲山評第七才子書十二卷首一卷 (元)高明撰(清)毛宗崗評 清乾隆十一年(1746)張元振刻本(慕湘跋) 蓬萊市文化局慕湘藏書館

第 3756 玉茗堂還魂記二卷 (明)湯顯祖撰 清乾隆五十年(1785)冰絲館刻本 山東省圖書館

第 3757 吳吳山三婦合評牡丹亭還魂記二卷 (明)湯顯祖撰(清)陳同、談則、錢宜評點 或問一卷 (清)吳儀一撰 清康熙夢園刻本 山東省圖書館

第 3758 吳吳山三婦合評牡丹亭還魂記二卷 (明)湯顯祖撰(清)陳同、談則、錢宜評點 或問一卷 (清)吳儀一撰 清康熙夢園刻本 煙臺圖書館 缺 1 卷:或問一卷

第 3759 桃符記一卷 (明)沈璟撰 清鈔本(《古本戲曲叢刊初集》底本) 蓬萊市文化局慕湘藏書館

第 3760 桃花扇傳奇二卷 (清)孔尚任撰(清)王縈緒重訂 清燕山堂鈔本(清許少懷批校) 山東省圖書館

第 3761 小忽雷傳奇二卷 (清)顧彩、孔尚任撰 清鈔本 曲阜師範大學圖書館

第 3762 南陽樂傳奇二卷 (清)夏綸撰 清乾隆十年(1745)叠翠書堂刻本(有鈔配) 蓬萊市文化局慕湘藏書館

第 3763 惺齋新曲六種十三卷 (清)夏綸撰 清乾隆十八年(1753)夏氏世光堂刻本 蓬萊市文化局慕湘藏書館

第 3764 勸善金科十本二十卷首一卷 (清)張照等撰 清乾隆内府刻五色套印本 山東省圖書館

第 3765 勸善金科十本二十卷首一卷 (清)張照等撰 清乾隆内府刻五色套印本 蓬萊市文化局慕湘藏書館

第 3766 鼎峙春秋不分卷 (清)周祥鈺等撰 清鈔本 蓬萊市文化局慕湘藏書館

第 3767 鼎峙春秋不分卷 (清)周祥鈺等撰 清内府朱墨鈔本(慕湘跋) 蓬萊市文化局慕湘藏書館 存第 5 本卷下

第 3768 秋水堂雙翠圓傳奇二卷 (清)夏秉衡撰 清乾隆秋水堂刻本 蓬萊市文化局慕湘藏書館

第 3769 介山記二卷 (清)宋廷魁撰 清乾隆刻本 蓬萊市文化局慕湘藏書館

第 3770 沈蒉漁四種曲八卷 (清)沈起鳳撰 清古香林刻本 蓬萊市文化局慕湘藏書館

第 3771 桃花影傳奇二卷 (清)查揆撰 清刻本(清齊舟批校並跋) 山東省圖書館

第 3772 青衿俠傳奇一卷 (清)紀聖宣撰 清鈔本 山東省博物館

第 3773 耐閒堂重訂西樓夢傳奇二卷 清初耐閒堂刻本(黄裳、慕湘跋) 蓬萊市文化局慕湘藏書館

第 3774 補天石傳奇八種八卷 (清)周樂清撰 稿本(吕恩湛、張綍跋) 山東省圖書館

第 3775 燈宴不分卷 清盱江漁隱絹鈔本(有彩圖) 山東省圖書館

第 3776 適暮稿一卷 (明)王克篤撰 清嘉慶二十一年(1816)王志超鈔本 山東省圖書館

第 3777 醒夢戲曲一卷 (清)高珩撰 清初刻本(僧濟顛批校並跋) 山東省圖書館

第 3778 西藏聞見錄一卷 (清)林喬蔭撰 清嘉慶十八年(1813)鈔本 山東省圖書館

第 3779 歷代史略鼓兒辭二卷 (清)賈鳧西撰 清鈔本 山東省博物館

第 3780 賈鳧西鼓詞一卷 (清)賈鳧西撰 清鈔本 山東省博物館

第 3781 東郭傳詞一卷 (清)蒲松齡撰 清鈔本 山東省博物館

第 3782 聊齋禳妬咒二卷 (清)蒲松齡撰 清鈔本 山東省圖書館

第 3783　慈悲曲一卷　(清)蒲松龄撰　清鈔本　山東省博物館

第 3784　庚戌水災傳鼓兒辭一卷　(清)馬益撰　清鈔本　山東省圖書館

第 3785　二十一史彈詞輯註十卷　(明)楊愼撰(清)孫德威輯注　清康熙四十年(1701)刻本　蓬萊市文化局慕湘藏書館

第 3786　二十一史彈詞輯註十卷　(明)楊愼撰(清)孫德威輯注　清康熙四十年(1701)刻本　濰坊市圖書館　存 8 卷:卷 1-6、卷 9-10

第 3787　廿一史彈詞註十卷　(明)楊愼撰(清)張三異增定(清)張仲璜注　明紀彈詞註一卷(清)張三異撰(清)張仲璜注　清雍正五年(1727)張坦麟刻本　山東省博物館

第 3788　石破天驚不分卷　清王筠鈔本　山東省圖書館

第 3789　果報錄十二卷一百回　(清)海蘭濤撰　清活字印本　山東大學圖書館

第 3790　名曲選尤不分卷　清鈔本(清王文治跋)　山東省圖書館

第 3791　太古傳宗琵琶調西廂記曲譜二卷宮詞曲譜二卷絃索調時劇新譜二卷　(清)湯斯質輯(清)朱廷鏐、朱廷璋重訂　清乾隆十四年(1749)允祿刻本　山東省圖書館　存 4 卷:太古傳宗琵琶調西廂記曲譜二卷,宮詞曲譜二卷

第 3792　吟碧居曲譜八卷　(清)秦恩復輯　清鈔本　山東省圖書館

第 3793　新編南詞定律十三卷首一卷　(清)吕士雄等撰　清康熙五十九年(1720)刻朱墨套印本　山東大學圖書館

第 3794　新定九宮大成南北宮詞譜八十一卷閏一卷總目三卷　(清)周祥鈺、鄒金生等輯　清乾隆十一年(1746)允祿刻朱墨套印本　山東省圖書館

第 3795　中州全韻十九卷　(明)范善溱輯　清鈔本　山東大學圖書館

第 3796　說郛一百二十卷　(明)陶宗儀編　清順治三年(1646)李際期宛委山堂刻本　山東大學圖書館

第 3797　說郛一百二十卷　(明)陶宗儀編　清順治三年(1646)李際期宛委山堂刻本　文登市圖書館　存 12 卷:卷 38-49

第 3798　楝亭藏書十二種六十九卷　(清)曹寅編　清康熙四十五年(1706)揚州詩局刻本　山東省圖書館

第 3799　楝亭藏書十二種六十九卷　(清)曹寅編　清康熙四十五年(1706)揚州詩局刻本　山東省圖書館　存 8 種 55 卷:琴史六卷(宋)朱長文撰;釣磯立談一卷;新編錄鬼簿二卷(元)鍾嗣成撰;梅苑十卷(宋)黄大輿輯;禁扁五卷(元)王士點撰;頤堂先生糖霜譜一卷(宋)王灼撰;聲畫集八卷(宋)孫紹遠輯;分門纂類唐宋時賢千家詩選二十二卷(宋)劉克莊輯

第 3800　欽定古香齋袖珍十種九百五卷　清乾隆内府刻本　山東省圖書館　存 3 種 72 卷:五經八卷;四書十九卷;春明夢餘錄七十卷(清)孫承澤撰(存 45 卷:卷 26-70)

第 3801　欽定古香齋袖珍十種九百五卷　清乾隆内府刻本　山東省圖書館　存 2 種 27 卷:五經八卷;四書十九卷

第 3802　武英殿聚珍版書一百三十八種二千四百十六卷　清乾隆武英殿活字印本(易緯、漢官舊儀、魏鄭公諫續錄、帝範注清乾隆三十八年武英殿刻本)　山東省圖書館　存 90 種 1492 卷:經部:易原八

卷（宋）程大昌撰；郭氏傳家易說十一卷（宋）郭雍撰；誠齋易傳二十卷（宋）楊萬里撰；易象意言一卷（宋）蔡淵撰；尚書詳解二十六卷首一卷（宋）夏僎撰；融堂書解二十卷（宋）錢時撰；禹貢指南四卷（宋）毛晃撰；禹貢說斷四卷（宋）傅寅撰；詩總聞二十卷（宋）王質撰；續呂氏家塾讀詩記三卷（宋）戴溪撰；欽定詩經樂譜全書三十卷樂律正俗一卷；大戴禮記十三卷（漢）戴德撰（北周）盧辯注；春秋經解十五卷（宋）孫覺撰（存 11 卷：卷 5–15）；春秋辨疑四卷（宋）蕭楚撰；鄭志三卷（魏）鄭小同撰；輶軒使者絕代語釋別國方言十三卷（漢）揚雄撰（晉）郭璞注；史部：兩漢刊誤補遺十卷（宋）吳仁傑撰；三國志辨誤三卷；五代史纂誤三卷（宋）吳縝撰；御選明臣奏議四十卷；鄴中記一卷（晉）陸翽撰；水經注四十卷首一卷（北魏）酈道元撰；元和郡縣志四十卷（唐）李吉甫撰；元豐九域志十卷（宋）王存等撰；輿地廣記三十八卷（宋）歐陽忞撰；嶺表錄異三卷（唐）劉恂撰；唐會要一百卷（宋）王溥撰；五代會要三十卷（宋）王溥撰；宋朝事實二十卷（宋）李攸撰；直齋書錄解題二十二卷（宋）陳振孫撰；欽定重刻淳化閣帖十卷；欽定四庫全書考證一百卷；子部：傅子一卷（晉）傅玄撰；公是弟子記四卷（宋）劉敞撰；明本釋三卷（宋）劉荀撰；項氏家說十卷附錄二卷（宋）項安世撰；農書二十二卷（元）王禎撰（存 12 卷：卷 1–12）；海島算經一卷（晉）劉徽撰（唐）李淳風注；孫子算經三卷（唐）李淳風注；五曹算經五卷（唐）李淳風注；五經算術二卷（北周）甄鸞撰（唐）李淳風注；夏侯陽算經三卷（口）夏侯陽撰；寶真齋法書贊二十八卷（宋）岳珂撰；墨法集要一卷（明）沈繼孫撰；鶡冠子三卷（宋）陸佃解；能改齋漫錄十八卷（宋）吳曾撰；雲谷雜紀四卷首一卷末一卷（宋）張淏撰；甕牖閒評八卷（宋）袁文撰；考古質疑六卷（宋）葉大慶撰；澗泉日記三卷（宋）韓淲撰；敬齋古今黈八卷（元）李冶撰；涑水紀聞十六卷（宋）司馬光撰；歸潛志十四卷（元）劉祁撰；老子道德經二卷（魏）王弼注；文子纘義十二卷（宋）杜道堅撰；集部：張燕公集二十五卷（唐）張說撰；南陽集六卷（宋）趙湘撰；元憲集三十六卷（宋）宋庠撰；祠部集三十五卷（宋）強至撰；彭城集四十卷（宋）劉攽撰；淨德集三十八卷（宋）呂陶撰；忠肅集二十卷（宋）劉摯撰；山谷內集詩注二十卷外集詩注十七卷別集詩注二卷（宋）黃庭堅撰（宋）任淵等注（存 2 卷：山谷別集詩注二卷）；柯山集五十卷（宋）張耒撰；陶山集十六卷（宋）陸佃撰；學易集八卷（宋）劉跂撰；西臺集二十卷（宋）畢仲游撰；毘陵集十六卷（宋）張守撰；簡齋集十六卷（宋）陳與義撰；茶山集八卷（宋）曾幾撰；文定集二十四卷（宋）汪應辰撰；雪山集十六卷（宋）王質撰；攻媿集一百十二卷（宋）樓鑰撰；乾道稿二卷淳熙稿二十卷章泉稿五卷（宋）趙蕃撰（存 7 卷：乾道稿二卷，章泉稿五卷）；止堂集十八卷（宋）彭龜年撰；絜齋集二十四卷（宋）袁燮撰；南澗甲乙稿二十二卷（宋）韓元吉撰；蒙齋集二十卷（宋）袁甫撰；恥堂存稿八卷（宋）高斯得撰；金淵集六卷（元）仇遠撰；牧庵集三十六卷（元）姚燧撰；文苑英華辨證十卷（宋）彭叔夏撰；悅心集四卷（清世宗）胤禛輯；歲寒堂詩話二卷（宋）張戒撰；碧溪詩話十卷（宋）黃徹撰；浩然齋雅談三卷（宋）周密撰；詩倫二卷（清）汪薇輯

第 3803　眞有益齋鈔書四種四卷　（清）黃安濤編　稿本（王獻唐校並跋）　山東省圖書館

第 3804　悔堂手鈔二十種三十五卷　（題）悔堂老人編　稿本　山東省圖書館

第 3805　古逸叢書　（清）黎庶昌輯　清光緒中遵義黎氏日本東京使署影刻皮紙印本　蓬萊市文化局慕湘藏書館　存 4 種 25 卷：爾雅三卷（晉）郭璞注；春秋穀梁傳十二卷（晉）范甯集解（唐）陸德明音義　考異一卷（民國）楊守敬撰；周易六卷（宋）程頤傳；姓解三卷（宋）邵思撰

第 3806　高子全書八種五十一卷　（明）高攀龍撰　清乾隆七年（1742）華希閔劍光閣刻本　山東師範大學圖書館

第 3807　田間全集五種七十卷　（清）錢澄之撰　清康熙斟雉堂刻本　青島市圖書館　存 3 種 12 卷：

田間易學六卷;田間詩學四卷;莊屈合詁二卷

第 3808　世德堂遺書七種二十三卷　(清)王鉞撰　清康熙刻本　山東省圖書館

第 3809　世德堂遺書七種二十三卷　(清)王鉞撰　清康熙刻本　山東師範大學圖書館

第 3810　嶧尉公遺書三種四卷　(清)吳學庭撰　稿本(清趙桂生跋)　山東省圖書館

收藏單位拼音索引

1274、1276、1280、1287、1289、1293、1295、1298、1300、1307、1315、1321、1330、1333、1339、1360、1369、1374、1386、1394、1397、1400、1402、1407、1414、1419、1423、1430、1444、1446、1453、1454、1459、1462、1472、1481、1483、1486、1492、1493、1494、1495、1497、1500、1502、1503、1512、1534、1546、1549、1557、1565、1586、1588、1619、1629、1639、1660、1661、1662、1667、1677、1687、1688、1696、1703、1707、1716、1721、1727、1730、1739、1744、1747、1753、1755、1757、1768、1781、1785、1788、1790、1795、1807、1809、1815、1823、1829、1831、1849、1854、1855、1857、1860、1873、1881、1884、1892、1894、1913、1929、1933、1934、1959、1963、1964、1970、1977、1987、2013、2014、2034、2052、2056、2069、2070、2093、2094、2110、2121、2130、2132、2134、2141、2142、2151、2157、2159、2163、2167、2169、2170、2172、2175、2177、2187、2189、2198、2201、2205、2207、2216、2218、2226、2230、2231、2232、2236、2244、2245、2246、2261、2269、2273、2274、2275、2286、2287、2296、2299、2300、2301、2304、2307、2322、2328、2334、2336、2346、2348、2351、2358、2363、2369、2376、2378、2381、2384、2385、2393、2395、2396、2399、2403、2405、2413、2419、2427、2435、2437、2440、2444、2448、2455、2459、2461、2465、2467、2478、2488、2500、2502、2504、2508、2509、2518、2524、2529、2531、2532、2533、2538、2546、2548、2558、2563、2568、2572、2573、2579、2580、2581、2582、2585、2595、2598、2600、2609、2610、2613、2616、2628、2630、2636、2642、2644、2654、2656、2658、2663、2691、2762、2802、2906、2923、3019、3058、3071、3119、3138、3146、3233、3249、3287、3288、3341、3436、3561、3562、3563、3564、3583、3601、3631、3632、3645、3647、3789、3793、3795、3796

山東省博物館　0001、0002、0003、0004、0005、0006、0007、0008、0009、0010、0011、0012、0013、0016、0020、0021、0024、0027、0028、0029、0032、0034、0035、0036、0037、0038、0039、0042、0044、0046、0047、0051、0053、0054、0055、0056、0057、0058、0060、0063、0067、0069、0077、0079、0081、0083、0084、0085、0088、0089、0090、0091、0092、0097、0098、0100、0101、0102、0109、0110、0112、0113、0115、0116、0117、0118、0119、0150、0158、0187、0203、0220、0228、0230、0238、0252、0257、0267、0277、0297、0313、0315、0362、0363、0394、0411、0418、0429、0459、0486、0489、0501、0516、0527、0530、0532、0533、0554、0556、0557、0561、0566、0567、0598、0615、0616、0621、0682、0695、0702、0715、0718、0744、0791、0802、0807、0826、0834、0836、0855、0876、0888、0895、0928、0948、0959、0993、1013、1016、1037、1041、1052、1056、1058、1074、1076、1087、1088、1097、1103、1147、1148、1167、1195、1205、1211、1212、1310、1335、1352、1354、1356、1366、1373、1377、1390、1399、1487、1505、1550、1559、1690、1710、1718、1719、1724、1743、1797、1802、1812、1828、1851、1901、1902、1907、1920、1926、1936、1950、1967、1982、1983、1984、2000、2038、2045、2059、2060、2079、2118、2122、2145、2147、2150、2217、2220、2258、2290、2401、2416、2430、2431、2458、2499、2513、2541、2605、2607、2667、2668、2676、2679、2681、2688、2689、2693、2694、2695、2696、2700、2706、2713、2721、2723、2724、2725、2729、2730、2731、2732、2735、2741、2743、2745、2747、2748、2750、2753、2754、2758、2763、2778、2781、2785、2786、2789、2801、2804、2812、2815、2816、2825、2826、2827、2830、2832、2833、2834、2835、2863、2876、2877、2879、2881、2882、2883、2886、2892、2896、2897、2898、2911、2914、2915、2918、2920、2922、2924、2925、2931、2933、2934、2938、2939、2940、2941、2942、2944、2946、2953、2955、2956、2957、2958、2960、2961、2964、2965、2968、2969、2970、2971、2972、2974、2979、2988、2990、3015、3026、3029、3031、3033、3050、3053、3056、3060、3061、3072、3079、3101、3102、3103、3118、3120、3127、3143、3159、3160、3222、3228、3244、3250、3251、3260、3268、3272、3275、3291、3312、3313、3317、3329、3331、3338、3347、3358、3359、3382、3383、3384、3396、3397、3400、3401、3420、3440、

3444、3445、3448、3452、3455、3457、3462、3468、3496、3497、3498、3505、3508、3509、3510、3514、3515、3516、3518、3523、3529、3539、3546、3554、3555、3572、3575、3577、3614、3696、3697、3704、3705、3719、3723、3730、3740、3752、3772、3779、3780、3781、3783、3787

山東省圖書館 0014、0015、0022、0026、0031、0040、0045、0048、0050、0052、0061、0064、0065、0066、0070、0071、0072、0073、0075、0076、0078、0082、0094、0103、0105、0106、0108、0111、0114、0121、0122、0124、0125、0126、0128、0130、0132、0133、0139、0140、0141、0142、0143、0144、0145、0146、0147、0149、0151、0152、0153、0154、0156、0157、0159、0160、0161、0162、0163、0164、0165、0167、0168、0169、0170、0171、0173、0176、0178、0179、0180、0181、0182、0183、0185、0186、0190、0191、0192、0193、0194、0195、0196、0197、0198、0199、0202、0205、0206、0207、0209、0210、0211、0212、0214、0215、0216、0217、0219、0221、0222、0224、0226、0227、0229、0232、0233、0235、0236、0237、0239、0241、0242、0243、0244、0245、0246、0248、0249、0250、0253、0256、0259、0260、0263、0268、0269、0270、0274、0275、0278、0280、0282、0283、0284、0286、0287、0288、0289、0291、0295、0296、0298、0299、0300、0301、0302、0304、0307、0310、0312、0316、0317、0318、0319、0320、0323、0324、0325、0326、0327、0328、0329、0330、0331、0338、0339、0340、0341、0342、0344、0346、0347、0349、0354、0355、0358、0359、0360、0361、0365、0366、0368、0369、0370、0373、0374、0375、0378、0383、0384、0387、0389、0392、0393、0395、0396、0398、0399、0402、0404、0405、0406、0407、0408、0409、0410、0412、0413、0414、0415、0416、0419、0422、0423、0424、0427、0428、0430、0432、0433、0434、0435、0439、0441、0442、0443、0444、0445、0447、0451、0453、0455、0456、0457、0458、0460、0461、0463、0464、0465、0466、0467、0468、0471、0472、0474、0476、0477、0481、0482、0483、0485、0487、0488、0490、0494、0497、0502、0503、0504、0505、0508、0511、0512、0513、0514、0515、0518、0519、0522、0523、0524、0526、0529、0534、0535、0536、0538、0539、0540、0541、0543、0545、0546、0547、0549、0550、0551、0552、0553、0558、0559、0560、0562、0563、0568、0573、0574、0576、0577、0578、0580、0583、0585、0586、0588、0589、0590、0591、0592、0593、0594、0596、0597、0599、0601、0604、0605、0606、0609、0610、0611、0613、0614、0617、0618、0620、0622、0623、0624、0629、0631、0632、0633、0634、0635、0636、0637、0639、0641、0642、0646、0648、0649、0652、0655、0656、0657、0658、0659、0660、0664、0666、0667、0668、0669、0670、0672、0673、0676、0678、0679、0683、0685、0687、0688、0689、0690、0692、0694、0696、0697、0700、0701、0703、0706、0712、0713、0714、0716、0717、0719、0722、0724、0725、0726、0727、0728、0729、0730、0732、0734、0735、0737、0738、0739、0742、0743、0746、0747、0748、0749、0750、0753、0755、0756、0757、0758、0759、0760、0761、0765、0766、0767、0768、0769、0772、0773、0774、0776、0778、0779、0780、0782、0783、0785、0786、0788、0794、0797、0800、0801、0803、0804、0805、0808、0809、0810、0811、0812、0813、0814、0823、0827、0828、0829、0830、0831、0837、0838、0840、0841、0844、0845、0850、0851、0852、0854、0856、0860、0861、0862、0863、0865、0871、0872、0873、0875、0877、0878、0881、0884、0886、0887、0889、0891、0893、0896、0905、0910、0911、0912、0913、0914、0916、0918、0925、0927、0929、0931、0932、0933、0936、0938、0939、0940、0942、0943、0944、0947、0949、0950、0951、0952、0953、0955、0956、0957、0960、0961、0963、0965、0966、0967、0971、0972、0973、0974、0976、0977、0978、0979、0980、0981、0982、0983、0984、0985、0986、0987、0988、0989、0992、0994、0995、0997、0998、0999、1000、1001、1004、1005、1006、1008、1009、1010、1011、1014、1017、1018、1022、1024、1025、1026、1028、1030、1031、1033、1036、1038、1039、1040、1043、1044、1047、1048、1050、1059、1062、1064、1065、1066、1067、1071、1072、1077、1078、1079、1080、1082、1085、1089、1090、1091、1092、1093、1094、1095、1096、

1098、1100、1101、1104、1105、1106、1108、1113、1115、1116、1117、1118、1119、1120、1121、1122、1124、1128、1130、1131、1133、1134、1135、1136、1137、1138、1139、1140、1141、1142、1143、1144、1146、1149、1150、1151、1152、1153、1155、1156、1157、1159、1160、1162、1164、1166、1168、1170、1173、1175、1182、1184、1185、1186、1187、1189、1191、1192、1193、1194、1196、1198、1201、1202、1204、1206、1209、1210、1213、1215、1216、1217、1218、1219、1220、1221、1225、1227、1228、1229、1230、1234、1235、1237、1238、1239、1240、1244、1246、1249、1250、1251、1252、1253、1254、1259、1260、1262、1263、1265、1266、1268、1270、1272、1273、1275、1277、1278、1279、1283、1284、1286、1288、1291、1292、1294、1296、1299、1304、1305、1306、1311、1318、1319、1320、1327、1328、1329、1332、1336、1337、1338、1344、1347、1349、1350、1351、1357、1358、1362、1363、1364、1365、1370、1372、1375、1376、1378、1379、1381、1382、1383、1384、1385、1388、1389、1395、1396、1398、1403、1404、1406、1412、1413、1415、1416、1417、1418、1420、1422、1424、1425、1426、1428、1429、1431、1432、1433、1434、1435、1437、1438、1439、1440、1441、1443、1447、1448、1449、1450、1451、1456、1458、1460、1461、1463、1464、1465、1466、1467、1469、1471、1473、1474、1475、1476、1477、1478、1479、1480、1482、1485、1488、1489、1490、1491、1496、1499、1501、1504、1506、1508、1509、1510、1511、1514、1516、1517、1522、1524、1525、1526、1527、1528、1529、1531、1533、1536、1537、1538、1539、1540、1541、1542、1543、1544、1547、1548、1552、1553、1554、1555、1556、1560、1561、1563、1564、1566、1567、1570、1572、1573、1575、1576、1577、1578、1579、1580、1584、1585、1587、1589、1590、1591、1592、1593、1594、1595、1596、1597、1600、1601、1602、1604、1605、1606、1607、1608、1610、1611、1612、1613、1614、1616、1617、1618、1621、1622、1623、1626、1627、1628、1632、1636、1640、1641、1643、1644、1645、1646、1647、1649、1650、1651、1653、1654、1655、1656、1657、1658、1663、1664、1665、1666、1669、1670、1671、1672、1673、1674、1676、1679、1680、1682、1683、1684、1685、1686、1691、1693、1694、1695、1699、1700、1701、1702、1705、1706、1709、1712、1715、1720、1722、1723、1726、1728、1729、1731、1734、1735、1737、1738、1740、1741、1742、1745、1746、1748、1750、1751、1756、1758、1759、1760、1762、1764、1765、1766、1767、1771、1772、1773、1774、1775、1776、1777、1778、1780、1782、1783、1784、1789、1791、1792、1794、1796、1798、1799、1800、1801、1803、1804、1806、1808、1810、1811、1813、1814、1817、1819、1820、1821、1822、1824、1826、1830、1833、1834、1835、1836、1837、1839、1940、1841、1843、1844、1845、1846、1848、1853、1856、1858、1859、1861、1862、1864、1868、1869、1870、1872、1883、1885、1886、1887、1888、1889、1890、1891、1893、1895、1896、1897、1898、1899、1903、1904、1905、1908、1909、1910、1912、1914、1915、1916、1917、1918、1922、1927、1928、1935、1937、1938、1940、1941、1942、1944、1945、1946、1948、1949、1951、1952、1955、1956、1957、1958、1965、1966、1968、1969、1971、1972、1973、1974、1976、1978、1979、1980、1981、1986、1989、1990、1991、1992、1994、1995、1996、1997、1998、1999、2001、2002、2004、2005、2006、2007、2012、2015、2018、2021、2022、2023、2024、2025、2029、2030、2031、2033、2035、2036、2037、2039、2040、2042、2044、2046、2047、2048、2049、2050、2051、2053、2054、2055、2057、2058、2061、2062、2063、2064、2065、2066、2067、2068、2072、2073、2074、2075、2076、2077、2081、2083、2084、2085、2086、2089、2090、2091、2092、2096、2097、2101、2102、2104、2105、2108、2109、2111、2112、2113、2115、2116、2117、2119、2124、2125、2126、2127、2131、2135、2136、2137、2138、2140、2143、2144、2146、2148、2149、2153、2154、2155、2156、2161、2162、2164、2168、2174、2176、2178、2179、2180、2181、2182、2186、2188、2190、2191、2193、2195、2196、2197、2200、2202、2203、2204、2210、2212、2214、2215、2219、2222、2223、2224、2225、2228、2229、2235、2240、2241、2242、2247、2248、2250、2251、2252、2253、2259、

3624、3625、3626、3627、3628、3629、3630、3634、3635、3636、3639、3640、3641、3643、3644、3646、3650、3656、3657、3660、3661、3662、3663、3664、3665、3673、3675、3676、3678、3683、3685、3686、3687、3688、3689、3690、3691、3692、3693、3695、3698、3699、3700、3701、3702、3703、3706、3712、3716、3720、3721、3726、3727、3731、3733、3734、3739、3745、3746、3753、3754、3756、3757、3760、3764、3771、3774、3775、3776、3777、3778、3782、3784、3788、3790、3791、3792、3794、3798、3799、3800、3801、3802、3803、3804、3808、3810

山東師範大學圖書館 0018、0107、0137、0148、0166、0172、0175、0188、0201、0218、0247、0293、0303、0332、0345、0348、0351、0367、0380、0417、0437、0448、0507、0520、0528、0542、0548、0569、0600、0603、0638、0661、0663、0671、0684、0704、0723、0745、0751、0770、0775、0777、0781、0784、0821、0847、0848、0853、0859、0868、0870、0890、0892、0898、0901、0906、0909、0924、0935、0946、0954、0975、1034、1046、1055、1069、1070、1073、1083、1102、1107、1111、1127、1129、1190、1208、1223、1224、1231、1236、1241、1245、1247、1256、1261、1267、1269、1271、1281、1285、1290、1301、1309、1312、1313、1314、1322、1331、1340、1345、1346、1348、1353、1359、1361、1368、1391、1393、1405、1408、1468、1470、1515、1519、1545、1568、1574、1583、1603、1633、1678、1681、1708、1763、1786、1816、1842、1847、1852、1863、1871、1875、1878、1900、1911、1919、1923、1953、2008、2041、2087、2114、2185、2206、2208、2213、2227、2233、2262、2280、2282、2329、2340、2345、2349、2355、2356、2362、2366、2371、2372、2379、2382、2386、2387、2411、2428、2434、2445、2450、2501、2505、2555、2564、2586、2596、2599、2645、2666、2670、2718、2772、2807、2814、2978、2981、3013、3023、3045、3080、3082、3090、3093、3121、3157、3162、3172、3177、3185、3196、3201、3213、3216、3229、3238、3239、3240、3242、3247、3285、3289、3298、3314、3316、3379、3390、3441、3454、3486、3579、3584、3597、3606、3609、3615、3618、3633、3637、3648、3672、3681、3724、3728、3735、3741、3806、3809

山東藝術學院圖書館 0322、1020

山東中醫藥大學圖書館 0867、0964、0970、0990、0996

單縣博物館 1877、3136

壽光市博物館 2890、3043、3106、3200

泰安市博物館 0403、0438、0705、1326、1411、1513、1532、2017、2100、2443、2647、2776、2875、2975、3036、3094、3137、3139、3169、3281、3325、3376、3389、3423、3430、3435、3439、3443、3459、3464、3467、3479、3500、3600

泰安市圖書館 1258、1316、2020、3380

濰坊教育學院圖書館 3466

濰坊市博物館 0595

濰坊市圖書館 1015、1631、2951、3130、3166、3219、3367、3438、3613、3786

濰坊學院圖書館 0653、3085、3193、3345、3427、3655

文登市圖書館 0309、0334、0376、0425、0510、0647、0654、0681、0691、0711、0731、0798、0843、0902、0907、1002、1027、1086、1171、1342、1355、1380、1442、1452、1521、1562、1609、1620、1692、1704、1725、1733、1779、1787、1793、1818、1838、1874、1880、1882、1906、1924、1925、1930、2003、2009、2028、2032、2071、2095、2123、2139、2158、2184、2199、2209、2211、2277、2283、2337、2377、2453、2468、2489、2871、2986、2987、3021、3125、3232、3254、3265、3336、3353、3569、3713、3797

圖書在版編目(CIP)數據

山東省珍貴古籍名錄.第1批/山東省圖書館,山東省古籍保護中心編.—濟南:齊魯書社,2009.6

ISBN 978-7-5333-2209-0

Ⅰ.山… Ⅱ.①山…②山… Ⅲ.古籍—圖書目錄—山東省 Ⅳ.Z838

中國版本圖書館CIP數據覈字(2009)第081075號

山東省珍貴古籍名錄(第一批)

山東省圖書館 山東省古籍保護中心 編

出版發行	齊魯書社
社 址	濟南經九路勝利大街39號
郵 編	250001
網 址	www.qlss.com.cn
電子郵箱	qlss@sdpress.com.cn
印 刷	山東省新華印刷廠
開 本	889mm×1230mm 1/16
印 張	11.75
字 數	300千字
版 次	2009年6月第1版
印 次	2009年6月第1次印刷
標準書號	ISBN 978-7-5333-2209-0
定 價	48.00元